\これならわかる/

スッキリ図解
障害者総合支援法

第3版

二本柳覚 編著
鈴木裕介 著

SE
SHOEISHA

本書内容に関するお問い合わせについて

このたびは翔泳社の書籍をお買い上げいただき、誠にありがとうございます。弊社では、読者の皆様からのお問い合わせに適切に対応させていただくため、以下のガイドラインへのご協力をお願い致しております。下記項目をお読みいただき、手順に従ってお問い合わせください。

●ご質問される前に

弊社Webサイトの「正誤表」をご参照ください。これまでに判明した正誤や追加情報を掲載しています。

正誤表　https://www.shoeisha.co.jp/book/errata/

●ご質問方法

弊社Webサイトの「刊行物Q&A」をご利用ください。

刊行物Q&A　https://www.shoeisha.co.jp/book/qa/

インターネットをご利用でない場合は、FAX または郵便にて、下記“愛読者サービスセンター”までお問い合わせください。

電話でのご質問は、お受けしておりません。

●回答について

回答は、ご質問いただいた手段によってご返事申し上げます。ご質問の内容によっては、回答に数日ないしはそれ以上の期間を要する場合があります。

●ご質問に際してのご注意

本書の対象を越えるもの、記述個所を特定されないもの、また読者固有の環境に起因するご質問等にはお答えできませんので、あらかじめご了承ください。

●郵便物送付先およびFAX番号

送付先住所　〒160-0006　東京都新宿区舟町5

FAX番号　03-5362-3818

宛先　（株）翔泳社 愛読者サービスセンター

●免責事項

※本書の内容は2023年4月現在の法令等に基づいて記載しています。

※本書に記載されたURL等は予告なく変更される場合があります。

※本書の出版にあたっては正確な記述に努めましたが、著者および出版社のいずれも、本書の内容に対してなんらかの保証をするものではなく、内容やサンプルに基づくいかなる運用結果に関してもいっさいの責任を負いません。

※本書に記載されている会社名、製品名は、一般に各企業の商標または登録商標です。

※本書ではTM、®、©は割愛させていただいております。

はじめに

私が社会福祉の世界に入ろうと思ったのは中学生の頃でした。当時、具体的に何がしたいかまでは定まっていませんでしたが、とある発表会で自身が「福祉という言葉が、いい意味でなくなる社会が達成できるようにしたい」と話したことをいまだに覚えています。30年近く前の時代は「福祉を受ける対象が差別や偏見の対象になっている」と子どもながら感じていたからこそ出た言葉だったのでしょう。

それから時代は流れ、誰もが自分らしく暮らせる社会にしていこうとする世の中の空気や、それを支えようとする制度は、その当時に比べれば相当に高まっていると感じます。その一方で、「誰もが自分らしく暮らせる社会」を築くため、考えていかなければならない新たな課題も次々とあらわになってきました。そのため、環境を作る土台となる法制度の整備は必須といえます。今回の改正でも障害者総合支援法のみならず、関連法令の改正が数多く行われ、就労選択支援など、新たな制度も誕生することとなりました。今後も時代に合わせ、法律・制度は変わり続けることでしょう。

しかしながら、制度は活用されて初めて価値が生まれます。どのような制度があるのか、自分にはどう使えるのかを、使う側が理解できなければ、どれだけ制度があっても意味がありませんし、使われなければ改善点があっても気づくことができません。作られた制度を評価するのは、実際に利用する当事者の方々なのです。

本書は初版から一貫して、専門職だけでなく、障害を抱える方やそのご家族などにも活用いただけるよう、わかりやすく法制度を解説することを意識して執筆をしてきました。本書が、多くの皆さんと制度をつなぐ役割を果たすとともに、より良い制度へ変えていくための一助になることを願っています。

最後に、この本が多くの皆さんに読まれ、第3版まで出すことができたのも、「障害者総合支援法で本を書きませんか？」とお声がけいただき、現在に至るまで多大なご助力を頂いている翔泳社の小澤利江子さんあってのものだと思っています。この場を借りてお礼申し上げます。

著者を代表して　二本柳 覚

第3章 障害者総合支援法で使えるサービス

第4章 障害児のためのサービス

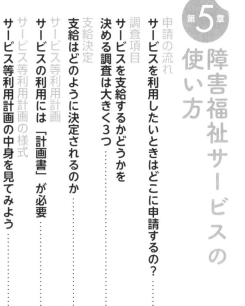

第1章

障害者総合支援法ってなに？

障害者総合支援法は、障害者を支えるサービス等が定められた法律です。障害者自立支援法の改正法として、平成25（2013）年に施行されました。

ここでは、成立までの流れや基本的な内容について整理していきます。

障害者総合支援法って?

健常者と障害者がともに地域で生き生きと暮らす社会を目指すため、様々な政策を規定した法律です。

障害者総合支援法とは

障害者総合支援法は、正しくは「障害者の日常生活及び社会生活を総合的に支援するための法律」といいます。これは障害者自立支援法の改正法として平成24年に成立した、**障害者に対する福祉サービスなどを規定した法律**です。

法の目的は、地域社会で健常者と障害者が分け隔てなく生活できるようにしようとしたとき、必要となる各種サービス等を充実させることです。障害者の日常生活や社会生活を総合的に支援することを目的としています。そのため、特定の障害について規定するのではなく、**身体、知的、精神のいわゆる3障害のほか、発達障害や難病も対象**となっています。また、誰もが地域で自分の望む生活をすることができるよう、各種施設や医療機関から地域に戻るための支援システムなども組み込まれています。

個人に合ったオーダーメードの支援を受けることができる

障害者総合支援法では、障害者それぞれの生活のしづらさに合わせてサービスが展開できるよう、障害支援区分を創設し、在宅・通所・入所サービスを組み合わせ、個人個人の状況に合った、**オーダーメードの支援**を受けることができるようになっています。

また、障害者総合支援法は、単に障害者のサービスを規定しているだけではありません。**市町村や都道府県に対して責務**を与え、障害者が地域で生活しやすい社会にするため必要となる計画を作成させることも盛り込まれています。

令和4年に2回めの大きな改正法案が成立し、新たなサービスなどが整備されることとなりましたが、その効果は実際に運用してみないとわからないのが実情です。当事者や各関係団体など、多方面からの様々な声を拾い上げ、より良い法律へと、社会全体で作り上げていく姿勢が大切といえるでしょう。

障害者総合支援法の目的

第1条　この法律は、障害者基本法の基本的な理念にのっとり、身体障害者福祉法、知的障害者福祉法、精神保健及び精神障害者福祉に関する法律、児童福祉法その他障害者及び障害児の福祉に関する法律と相まって、障害者及び障害児が基本的人権を享有する個人としての尊厳にふさわしい日常生活又は社会生活を営むことができるよう、必要な障害福祉サービスに係る給付、地域生活支援事業その他の支援を総合的に行い、もって障害者及び障害児の福祉の増進を図るとともに、障害の有無にかかわらず国民が相互に人格と個性を尊重し安心して暮らすことのできる地域社会の実現に寄与することを目的とする。(色字は筆者)

障害者総合支援法における給付・事業

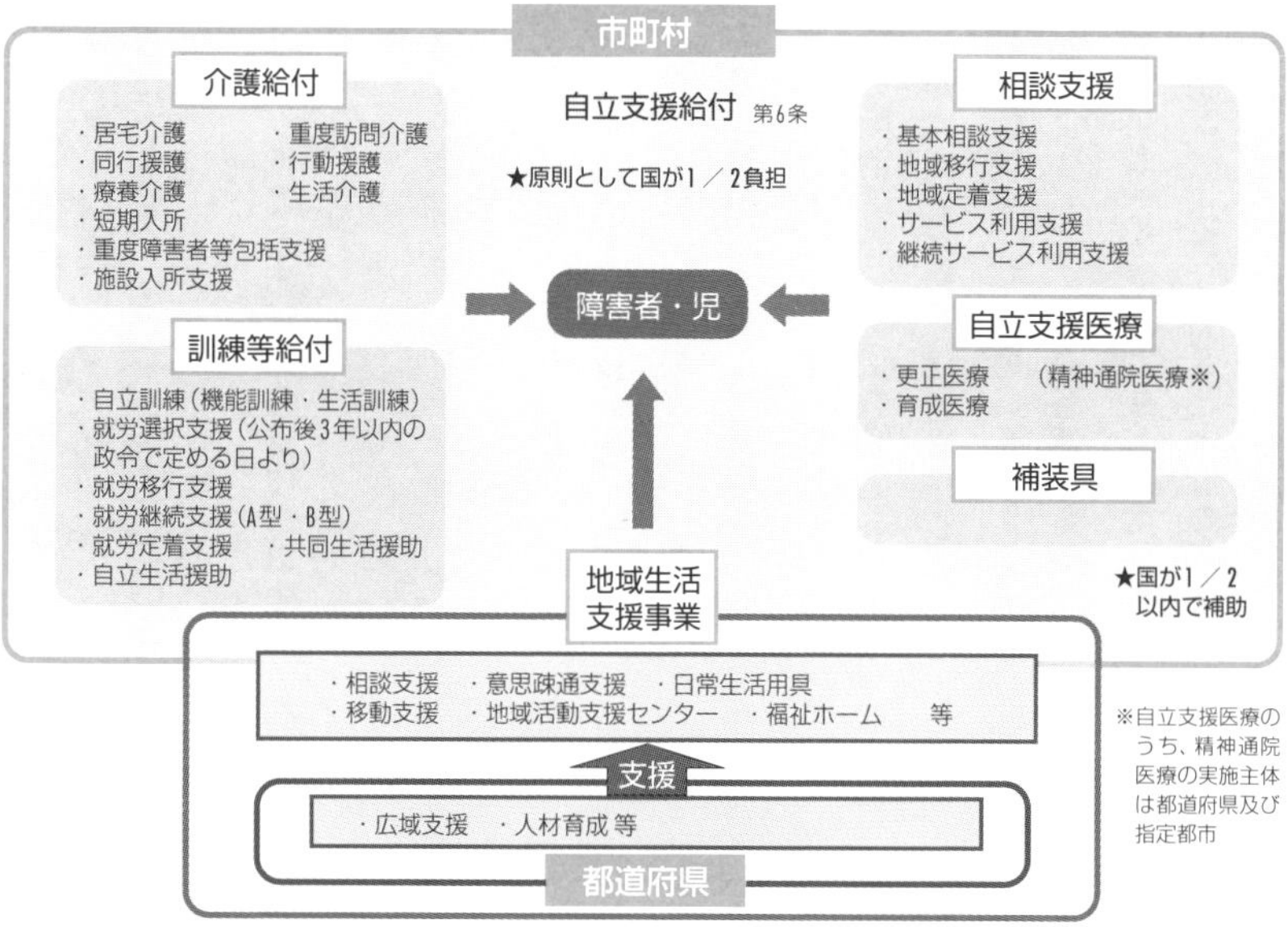

出典：厚生労働省HPをもとに著者作成

障害者総合支援法は、障害者を「個人」として尊重するものであり、地域で日常生活を送るために必要なサービスを提供するための法律です。

障害者総合支援法はなぜできたの？

障害があっても地域で生活できるようにするために、何度も法改正が行われました。

昔は施設入所支援が中心！

日本の障害者施策は、以前は施設入所を中心としたものが進められていました。しかし、1950年代後半に、北欧で**ノーマライゼーション**という考え方が生まれてから変化が訪れます。「障害のあるなしにかかわらず、一人の人間として同じように暮らすための取り組みが必要」とするノーマライゼーションの理念が国際的に浸透してくると、日本でも、施設への入所をよしとする考え方から、障害者も社会参加ができる環境づくりをしようとする考え方に変わっていきました。その流れのなかで、施設ではなく、地域で生活を続けられるようにするための支援が求められました。

障害者施策は変わり続けている

この流れのなか、福祉制度は行政がサービスを決める「措置制度」から、利用者がサービスを決める「契約制度」へと転換され始めました。身体や知的障害を対象として利用者がサービスを選択し、契約する「支援費制度」が平成15年から始まることになりました。

しかしその結果、利用者の急増による財源確保やサービス量の格差、精神障害は対象外などの問題が生じ、わずか3年で制度改正をすることとなり、障害者自立支援法（障害者総合支援法の前身）が制定されました。

しかし、障害者自立支援法でも、応益負担の導入や、サービス利用決定の基準・結果が実情に合わないなどの問題が上がり、サービスを利用する障害者の生活にも大きな影響を与えることとなりました。このため国は、障害者自立支援法を見直すこととし、平成25年より障害者総合支援法を施行しました。しかし、障害者を取り巻く情勢は日々変わっており、**定期的な見直しは必須**となっています。今回の法改正でも、施行後5年を目処として見直しを行うことになっており、制度の点検や新たな課題への対応について考え続けることになります。

障害者総合支援法の歴史

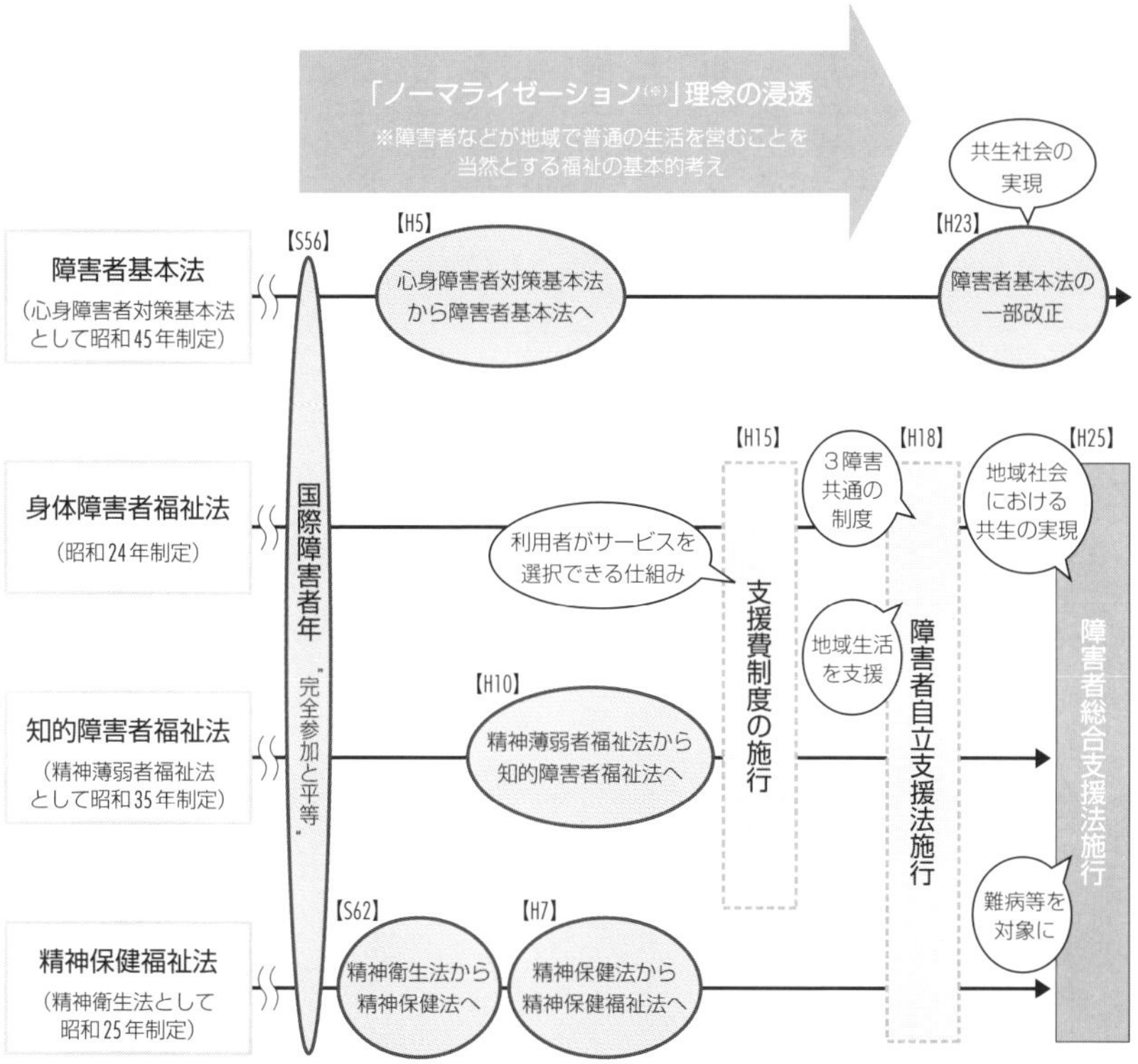

出典:厚生労働省「障害福祉施策の動向について」(令和元年度)をもとに著者作成

措置制度から契約制度へ

●措置制度の仕組み

●契約制度の仕組み

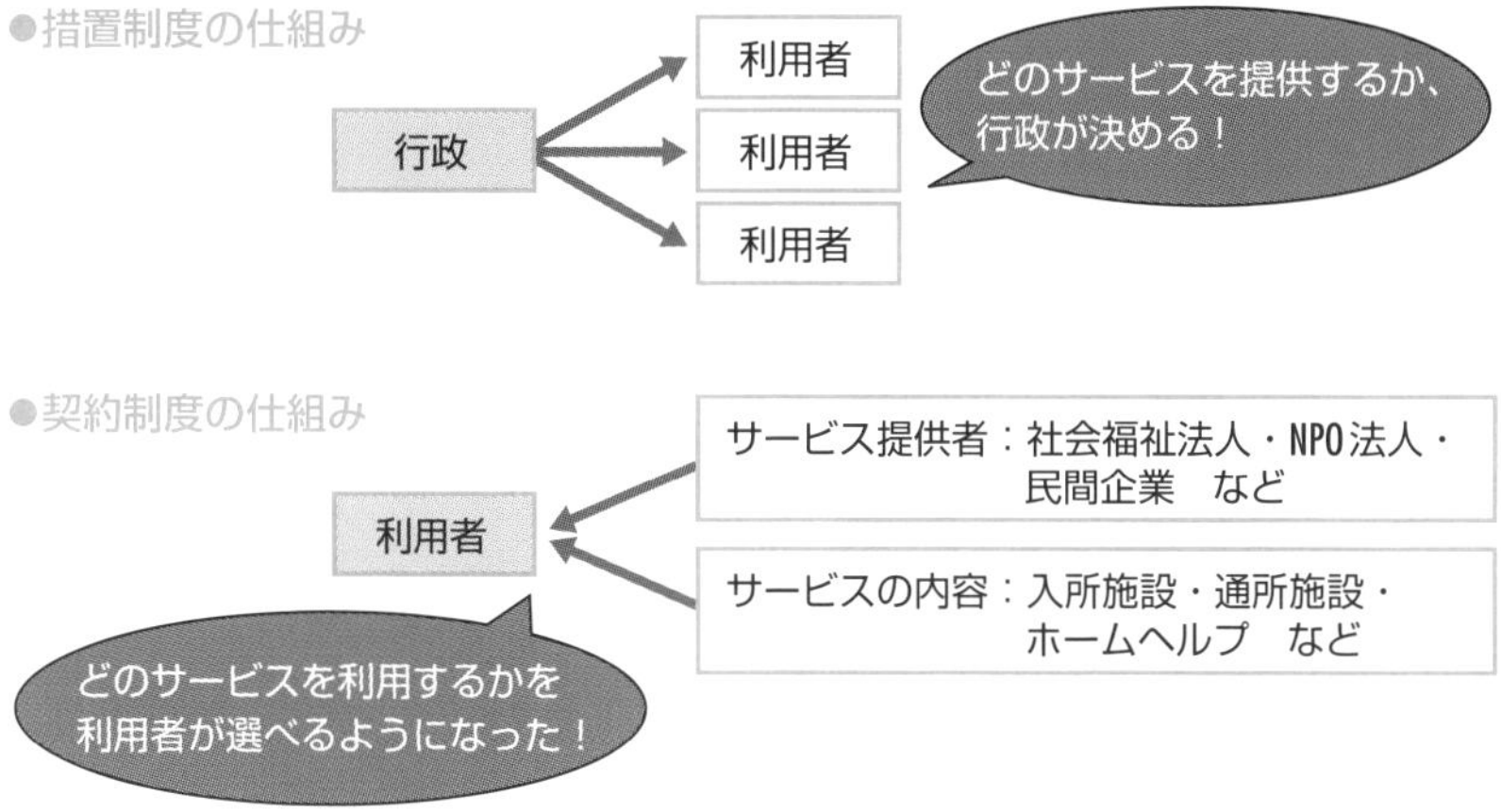

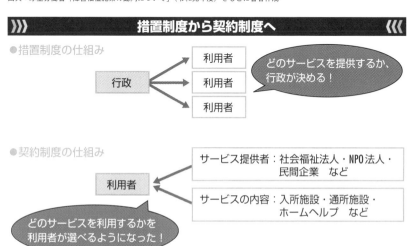

基本理念ってなに？

理念とは法の根本となるものです。基本理念では「社会で生活する」ことが第一に置かれました。

「施設」ではなく「地域」で暮らす

障害者自立支援法（以下、自立支援法）の成立前までは、障害者の社会参加の必要性が求められていたものの、なかなかうまくいかない状況がありました。施設なども保護的な役割が強く、社会で暮らせる能力があっても施設から社会へ飛び出すことに二の足を踏む人たちが大勢いたのです。

障害者が社会で自立して生活するためには、地域で暮らすための制度や、働きやすくするための環境づくりが必要であると考えられていました。そのため自立支援法の第1条には、**彼らの持っている能力や適性に応じて社会で自立した生活ができるよう、また、障害の有無にかかわらず、安心して地域で暮らせるようにしていく**ことが明記されていました。

「自立」ではなく「個人の尊厳」

しかしながら、「自立」という言葉は「働く」というイメージが強くありました。そのため、本来重要視しなければならない〝障害の有無にかかわらず安心して地域で暮らせる〟というところに主眼が置かれたものとは言いにくかったのです。

また、平成23年に改正された障害者基本法では、様々な社会的障壁――例えば段差があるから車いすでお店に入れないとか、障害者への偏見が強い、視覚障害があるのに点字で書いてある情報誌がないなど、物理的問題、社会的問題を問わず、障害者が日常生活を送るにあたって困る状況をなくすことが必要とされました。

そこで、障害者総合支援法（以下、総合支援法）では、障害者基本法の改正点もふまえた基本理念が設定されました。法律の目的でも**「基本的人権を享有する個人としての尊厳」**を支援すると表現し、社会で生活する一人の人間として尊重し、社会で生活をするために必要な支援をするための法律であることを明確にしたのです。

障害者基本法（平成23年改正）のポイント

①すべての国民が、障害の有無にかかわらず、等しく基本的人権を享有する、かけがえのない個人として尊重されるものであるとの理念
②すべての国民が、障害の有無によって分け隔てられることなく、相互に人格と個性を尊重し合いながら共生する社会を実現
③可能な限りその身近な場所において必要な（中略）支援を受けられること
④社会参加の機会の確保
⑤"どこで誰と生活するか"についての選択の機会が確保され、地域社会において他の人々と共生することを妨げられないこと
⑥社会的障壁の除去

この改正点を意識して新しく追加されたものが、下に示した障害者総合支援法の「基本理念」です。

障害者総合支援法の基本理念

第1条の2
障害者及び障害児が日常生活又は社会生活を営むための支援は、全ての国民が、障害の有無にかかわらず、等しく基本的人権を享有するかけがえのない個人として尊重されるものであるとの理念にのっとり、全ての国民が、障害の有無によって分け隔てられることなく、相互に人格と個性を尊重し合いながら共生する社会を実現するため、全ての障害者及び障害児が可能な限りその身近な場所において必要な日常生活又は社会生活を営むための支援を受けられることにより社会参加の機会が確保されること及びどこで誰と生活するかについての選択の機会が確保され、地域社会において他の人々と共生することを妨げられないこと並びに障害者及び障害児にとって日常生活又は社会生活を営む上で障壁となるような社会における事物、制度、慣行、観念その他一切のものの除去に資することを旨として、総合的かつ計画的に行わなければならない。

たくさんの制度・サービスによる総合的な支援を実現する！

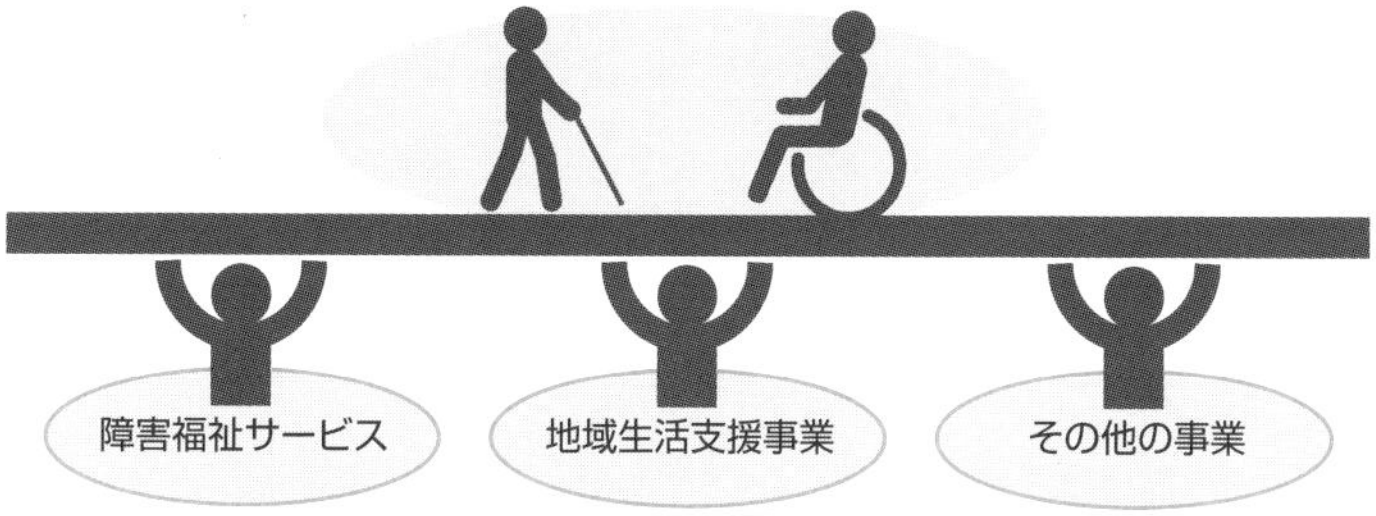

障害者の抱えている問題は多様で、単一、画一的なサービスでは対応できません。様々な制度やサービスで障害者を支え、その人に合ったサービスを総合的に提供しようというものです。

「障害者」ってだれのこと？

サービスを利用するにはまず「障害者」と認定されることが必要です。

「障害」の範囲は広がり続けている！

障害者といわれて皆さんが想像するのは、身体障害者と知的障害者ではないでしょうか。これに、精神障害者を加えて「**3障害**」と呼ばれることが多くあります。

しかし、1980年代頃から認知され始めた自閉スペクトラム症などの発達障害、また脳に損傷を受けたことによる高次脳機能障害など、障害の範囲はどんどん広くなっています。身体障害者についても、その範囲は拡大しており、透析が必要な腎臓疾患や、AI《エイ》DS《ズ》などの免疫機能障害、肝機能障害なども身体障害として認められるようになりました。

難病も障害に

障害者に対する制度は様々ありますが、**どの制度もそれぞれ則した「障害者」の定義に当てはまらなければ、利用することはできません。**実際に、以前では、日常生活に大きな課題を抱える病気を持っていても「障害者」とは認められず支援を受けることができない人たちが大勢いました。

そのようななか、平成25年の改正によって障害の定義が広がり、難病と関節リウマチの患者に対して、障害福祉サービスが提供できるようになりました。しかし、このときは新たな難病対策の結論が得られていないため、対象となる疾患は130疾患に限定されていました。その後、平成26年に対象疾患の要件が取りまとめられ、対象疾患の拡大が図られました。

総合支援法でいう「**難病**」とは、難病法（難病の患者に対する医療等に関する法律）が示す基準のうちの2点「発病の機構が明らかでない」「患者数が人口の0・1％程度に達しない」を要件としないこととしており（つまり、**難病法より対象が広い**）、令和3年11月より366疾患が対象となっています。今後も研究が進むにつれ、対象疾患が増える可能性があります。

障害者の定義は？

（カッコは根拠法）	内容
身体障害者（身体障害者福祉法）	別表※1に掲げる身体上の障害がある18歳以上の者であって、都道府県知事から身体障害者手帳の交付を受けたもの
知的障害者	知的障害者福祉法にいう知的障害者（具体的な定義なし）
精神障害者（精神保健福祉法）	統合失調症、精神作用物質による急性中毒またはその依存症、知的障害、その他の精神疾患を有する者（発達障害者支援法に規定する発達障害者を含み、知的障害者福祉法にいう知的障害者を除く）のうち18歳以上
難病者（障害者総合支援法）	治療方法が確立していない疾病その他の特殊の疾病であって政令で定めるものによる障害の程度が厚生労働大臣が定める程度である者であって18歳以上であるもの
障害児（児童福祉法）	身体に障害のある児童※2、知的障害のある児童、精神に障害のある児童（発達障害者支援法に規定する発達障害児を含む）または治療方法が確立していない疾病その他の特殊の疾病であって、障害者総合支援法第４条第１項の政令で定めるものによる障害の程度が同項の厚生労働大臣が定める程度である児童

※１　別表にて、障害の部位、症状がそれぞれ規定されている。その基準に合わなければ身体障害者とはならない
※２　児童とは、満18歳に満たない者をいう

知的障害の定義は明確に定められたものはありませんが、厚生労働省が行う調査では「おおむね18歳までに知的機能の障害があらわれ、日常生活に支障が生じているため、何らかの特別の援助を必要とする状態にあるもの」としています。

難病法に基づく指定難病の要件と障害者総合支援法における取り扱い

障害者総合支援法では、指定難病の基準をふまえたうえで、多くの人が制度を利用できるように設定されている！

要件	指定難病	障害者総合支援法 ※他の施策体系が樹立している疾病を除く ※疾病の「重症度」は勘案しない
発病の機構（メカニズム）が明らかでない	要件	要件としない
治療方法が確立していない	要件	要件
患者数が人口の0.1%程度に達しない	要件	要件としない
長期の療養を必要とするもの	要件	要件
診断に関し、客観的な指標による一定の基準が定まっていること	要件	要件

出典：厚生労働省「（令和３年11月から）障害者総合支援法の対象疾病の見直しについて」をもとに著者作成

サービスの種類や量の〝決め方〟は？

利用できる障害福祉サービスの種類や量を決める区分を「障害支援区分」といいます。

客観的な物差しが必要

障害福祉サービスを必要な人に適切に提供するためには、**誰にどれだけ支援するかという客観的な物差し**が必要です。自立支援法は、その物差しを「介護保険制度」の要支援・要介護度をベースに作りました。その結果生まれたのが「障害程度区分」です。区分（どの程度支援が必要か）に応じてサービスの量を決めるものでした。

この区分がきちんと機能していれば問題はないのですが、実際はそうはいきませんでした。まず障害程度区分と聞くと、障害がどの程度重いかを連想してしまいがちですが、大切なのは障害の重さではなく、その障害によって〝どの程度社会参加が妨げられているのか〟という点です。

しかし、先ほども述べた通り、自立支援法では区分の物差しを、介護保険をベースにして考えました。このため、主に身体的介護に関する項目――起き上がれるか、歩けるか、服を着られるか、食事は取れるか、排せつはできるかなどが中心でした。これらができない人は一次判定で区分が高くなり（サービス量が必要）、できる人は区分が低くなりました。

その人たちに合った区分認定

社会参加を目指す知的障害者や精神障害者の場合、単にできるかできないかと聞かれたら、「できる」と答えられる項目が非常に多くなってしまいます。しかし、それでは支援が必要ないかというと、そうとも限らず、できるけど時間がかかる、自発的に行えない、症状が落ち着いているときはできるけど調子が悪いと何もできない、などということも多かったのです。

そこで、総合支援法施行の際に適切な判定がなされるようコンピュータ判定式の変更や項目の変更などが行われました。障害特性だけでなく、その人が生活している環境などもふまえて、**多角的に判断するために再設計されたのが「障害支援区分」**です。

障害支援区分の定義(障害者総合支援法第4条第4項)

障害の多様な特性その他の心身の状態に応じて必要とされる標準的な支援の度合いを総合的に示すもの。

(低い) ← 必要とされる支援の度合い → (高い)

非該当 | 区分1 | 区分2 | 区分3 | 区分4 | 区分5 | 区分6

出典:厚生労働省「障害支援区分の概要」

認定調査項目(80項目)の例

カテゴリー	内容
移動や動作等に関する項目(12項目)	寝返り、起き上がり、座位保持、立ち上がり、両足での立位保持、歩行、衣服の着脱、じょくそうなど
身の回りの世話や日常生活等に関連する項目(16項目)	食事、口腔清潔、入浴、排便、薬の管理、電話等の利用、日常の意思決定、掃除、洗濯、買い物など
意思疎通等に関連する項目(6項目)	視力、聴力、コミュニケーション、説明の理解、読み書き、感覚過敏・感覚鈍磨
行動障害に関連する項目(34項目)	被害的・拒否的、作話、昼夜逆転、支援の拒否、徘徊、こだわり、不適切な行為、そう鬱状態、集団への不適応など
特別な医療に関連する項目(12項目)	点滴の管理、中心静脈栄養、透析、ストーマの処置、酸素療法、レスピエーターなど

日常生活動作だけでなく、意思疎通や行動障害も確認することで、目に見えにくい生活のしづらさも結果に反映されるように調整されました。

障害支援区分認定における市町村の役割

市町村による認定原案の作成
(一次判定)

①認定調査の選択状況
②医師意見書の一部項目を用いて基準省令別表第2の各条件式のいずれに該当するかを判定
※判定ソフトにより自動で判定

→

市町村審査会
(二次判定)

〈STEP1〉
一次判定の精査・確定
〈STEP2〉
①認定調査の特記事項
②医師意見書のうち判定式で使用されない項目
③医師意見書の特記事項を総合的に勘案し、該当する区分を決定

→

市町村による認定

出典:厚生労働省「障害支援区分に係る研修資料<共通編>(第5版)」をもとに著者作成

市町村審査会では、公平・中立、客観性を保ちながら最終的な区分を認定します。納得いかない場合は、都道府県知事に対して不服審査を申し立てることも可能です。

計画の目標となる基本指針が作られる

基本指針は、都道府県・市町村の障害福祉計画のもとになるものです。

障害福祉計画における「基本指針」とは

都道府県と市町村は、総合支援法により「**障害福祉計画**」を策定する必要があります。障害福祉計画とは、都道府県、市町村が障害者に対する各種サービスなどを円滑に提供できるように、**地域ごとの課題に即して作成**するものです。ですが障害福祉計画は、全都道府県、市町村に策定を義務づけているものですから、どの自治体の計画についても一定の方向性がそろっていることも必要です。その指針となるのが、自立支援法にあった基本指針と呼ばれるものでした。

地域の目標のための「目標」の設定

障害者に関する施策は、措置制度から契約制度に変わるなかで利用者が増え続けており、提供されるサービスも増えています。そうすると今度は、新たな問題の出現やサービスの地域格差なども見られるようになりました。そこで自立支援法では、必要なサービスや相談支援が計画的に提供できるように、都道府県・市町村に障害福祉計画の策定を義務づけました。

一方、確かにサービス等は増加しているものの、地域によってサービス整備などに格差が残っていました。

そこで総合支援法では、障害福祉計画で作る**サービス基盤整備のための目標について、国が基本的な指針**を定めることになりました。都道府県や市町村はそれに沿って目標を設定し、その進捗状況を少なくとも**年1回は分析、評価**することとなり、地域の支援体制整備が進んでいくことになります。また、基本指針にはＰＤＣＡサイクルが導入され、適切な指針であり続けるようになっています。

なお児童福祉法の改正で、都道府県・市町村は障害児福祉計画を作成することになったため、平成29年の基本指針では、障害児支援についての内容も含まれることとなりました。

「基本指針」とは

「基本指針」とは、厚生労働大臣が定める、障害福祉サービス等の提供体制を整備し、自立支援給付及び地域生活支援事業の円滑な実施を確保するための基本的な指針のこと。

障害福祉計画と基本指針の基本的な構造

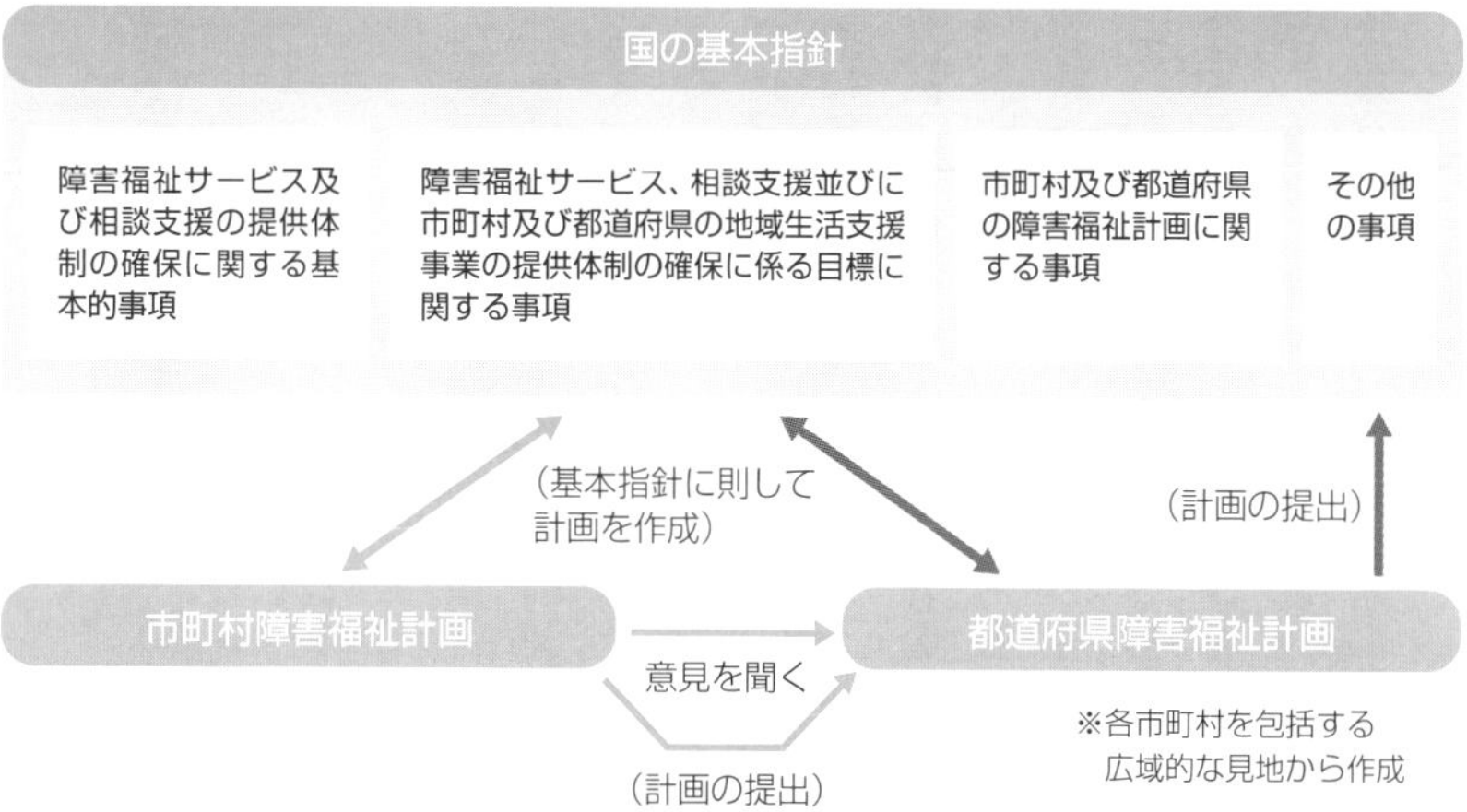

障害福祉計画と基本指針の作成スケジュール

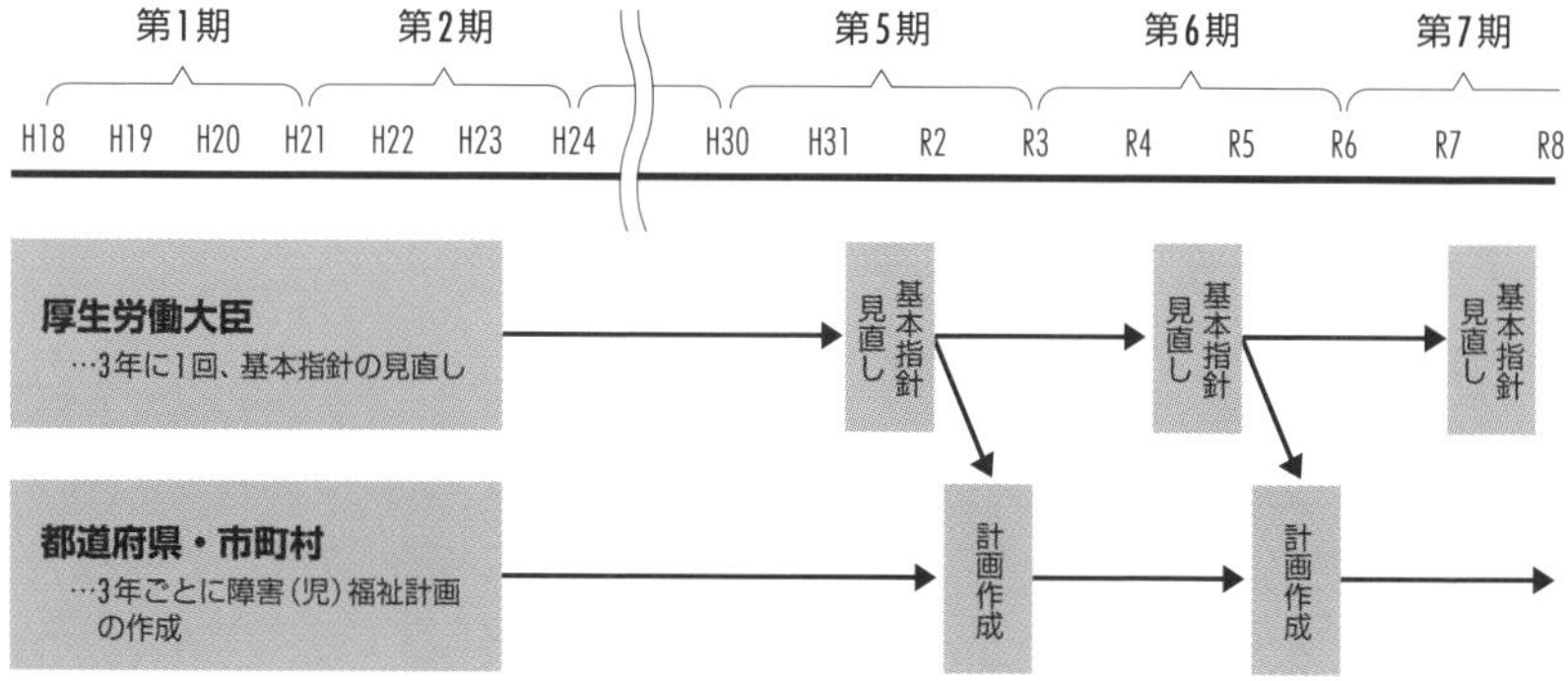

出典：厚生労働省「第７期障害福祉計画・第３期障害児福祉計画の計画期間等について」をもとに著者作成

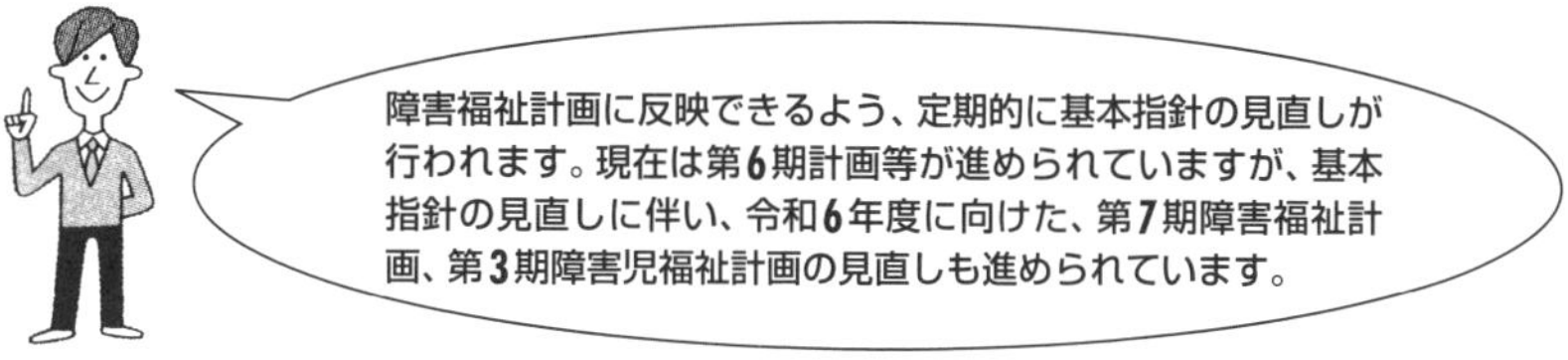

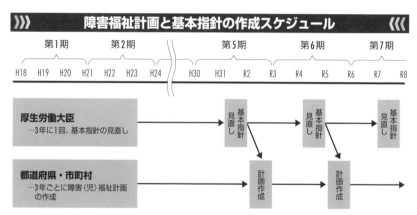

障害者(児)福祉の具体的な実施計画を作る

都道府県・市町村は3年ごとに障害(児)福祉計画を作成します。

各種機関との連携

都道府県と市町村は、障害者総合支援法に基づいて、障害(児)福祉計画を策定することになっています。総合支援法では、必要な障害福祉サービスなどを提供していくために、**どの程度社会資源があればいいのかなどについて、計画内容のなかで具体的な目標を掲げる**ことになりました。

また、障害者(児)の社会参加を進めるためにかかわりを持つ施設が、社会福祉協議会や福祉施設などの社会福祉関係施設だけにとどまらず、医療機関や通っている学校、就職先を見つけるためのハローワーク(公共職業安定所)など、実に多くの施設とのかかわりが必要になってきました。そのため、努力義務の項目ではありますが、医療機関や教育機関、公共職業安定所等との〝連携〟を、計画内に加えることも総合支援法で示されました。

ニーズは当事者が知っている

さて、社会生活をするうえで必要な支援を行うといったものの、それを一番よく知っているのは計画を策定する市町村ではありません。ニーズを抱えながら生活をしている、障害者(児)本人やその家族です。

もちろん市町村で作る障害(児)福祉計画とは、個人のためではなく全体に対するものですので、個人個人すべてのニーズに応えることは困難です。

だからといって、市町村が勝手に考えたニーズを押しつけることは避けなければなりません。**総合支援法では、市町村は、障害者等の心身の状況、その置かれている環境等を正確に把握・勘案して計画を作成するように努めることが明記**されました。多くの市町村で計画づくりに市民や当事者が参加しています。行政からの〝トップダウン〟による計画ではなく、地域住民からの意思を吸い上げる〝ボトムアップ〟による計画策定が進むよう、取り組みが必要です。

市町村（都道府県）障害（児）福祉計画

障害福祉計画の計画期間

	H18年度〜H20年度	H21年度〜H23年度	H27年度〜H29年度	H30年度〜R2年度	R3年度〜R5年度
障害福祉計画	第1期 計画期間	第2期 計画期間	第4期 計画期間	第5期 計画期間	第6期 計画期間
障害児福祉計画				第1期 計画期間	第2期 計画期間

令和5年基本指針見直しの主な事項

- 入所等から地域生活への移行、地域生活の継続の支援
- 精神障害にも対応した地域包括ケアシステムの構築
- 福祉施設から一般就労への移行等
- 障害児のサービス提供体制の計画的な構築
- 発達障害者等支援の一層の充実
- 障害者等に対する虐待の防止
- 「地域共生社会」の実現に向けた取組
- 障害福祉人材の確保・定着
- 障害者総合支援法に基づく難病患者への支援の明確化　等

出典：厚生労働省「〈障害福祉サービス等及び障害児通所支援等の円滑な実施を確保するための基本的な指針〉改正後 概要（案）」をもとに著者作成

成果目標（令和8年度末の目標）の例

施設入所者の地域生活への移行	地域移行者数：令和4年度末施設入所者数の6%以上 施設入所者数：令和4年度末の5%以上削減
精神障害にも対応した地域包括ケアシステムの構築	精神障害者の精神病床から退院後1年以内の地域における平均生活日数：325.3日以上
地域生活支援の充実	強度行動障害を有する者に関し、各市町村または圏域において支援ニーズを把握し、支援体制の整備を進めること
福祉施設から一般就労への移行等	・就労移行支援事業利用終了者に占める一般就労へ移行した者の割合が5割以上の事業所：就労移行支援事業所の5割以上 ・各都道府県は地域の就労支援ネットワークの強化、関係機関の連携した支援体制を構築するため、協議会を活用して推進 ・就労定着支援事業の利用者数：令和3年度末実績の1.41倍以上
障害児支援の提供体制の整備等	・各都道府県は医療的ケア児支援センターを設置 ・各都道府県及び各政令市において、障害児入所施設からの移行調整に係る協議の場を設置

出典：厚生労働省「社会保障審議会障害者部会第134回資料1-2」（令和5年1月23日）をもとに著者作成

地域生活支援の中核拠点とは？

地域の実情に合わせて名称が柔軟に変更でき、かつ障害者・家族も構成員に含まれるようになりました。

地域協働の要として

障害者が地域で生活するための支援には、**数多くの機関や専門職がかかわり、そのすべてで共通の目的を持ち、情報共有を密にして協働していく**ことが必要です。そのための機能として、自立支援法では自立支援協議会の制度が作られました。

自立支援協議会は、地域における相談支援体制の構築を図り、市町村事業である相談支援事業を円滑に進めるため、設置することを求められているものです。構成メンバーは関係機関や団体、障害者等の福祉、医療、教育、雇用の従事者等で、特に3障害一元化によって地域で出てくる多種多様な問題を1つの制度で対応するために、非常に重要な役割を担っていた制度でした。

実情に合ったものへ

ただ自立支援協議会は自立支援法上で設置が義務づけられているものではなく、施行規則で示されているものでした。また、当時の基本指針では「自立支援協議会」と示されていたため、地域生活を支援していくという点で違和感を覚える自治体も多くありました。

そこで平成25年の改正で、単に「協議会」とすることで、地域の実情に合わせて名称を変更できるようになりました。これにより名称も「地域生活支援協議会」「障害とくらしの支援協議会」「障がい者支援ネットワーク会議」などと変える自治体が出ています。

また、設置について、自立支援法の条文のなかになかったものを、総合支援法では条文のなかに位置づけました。**協議会の設置そのものは努力義務**であり、必ず設置しなければならないものではありません。しかし協議会を設置した都道府県や市町村は、障害福祉計画を定め、または変更しようとする場合、あらかじめ協議会の意見を聴くよう努めなければならないとしており、地域の計画づくりに当事者や家族、現場の声がより届くようになったといえるでしょう。

協議会の構成

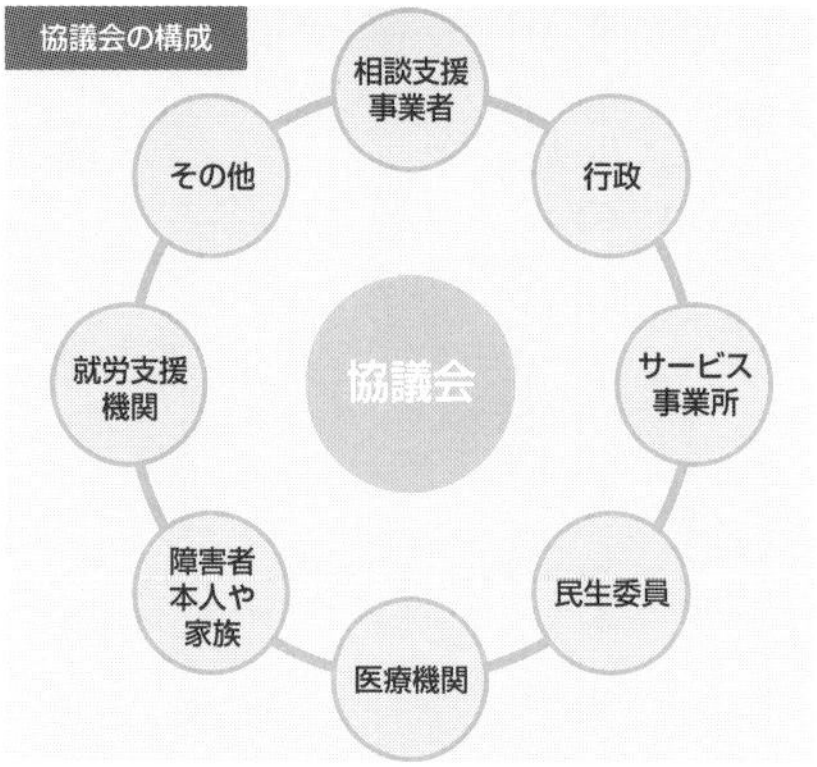

「協議会」とは、地方公共団体が設置する、関係機関や団体、障害者等の福祉、医療、教育、雇用の従事者等により構成される協議会のこと

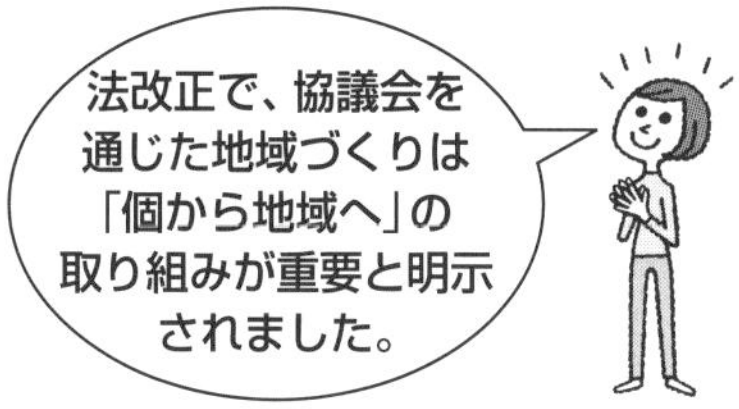

協議会の機能

①情報機能	困難事例や地域の現状・課題等の情報共有と情報発信
②調整機能	地域の関係機関によるネットワーク構築 困難事例への対応のあり方に対する協議、調整
③開発機能	地域の社会資源の開発、改善
④教育機能	構成員の資質向上の場として活用
⑤権利擁護機能	権利擁護に関する取り組みを展開
⑥評価機能	中立・公平性を確保する観点から、委託相談支援事業者、基幹相談支援センター等の運営評価 サービス利用計画作成費対象者、重度包括支援事業等の評価 都道府県相談支援体制整備事業の活用

協議会の運営の例

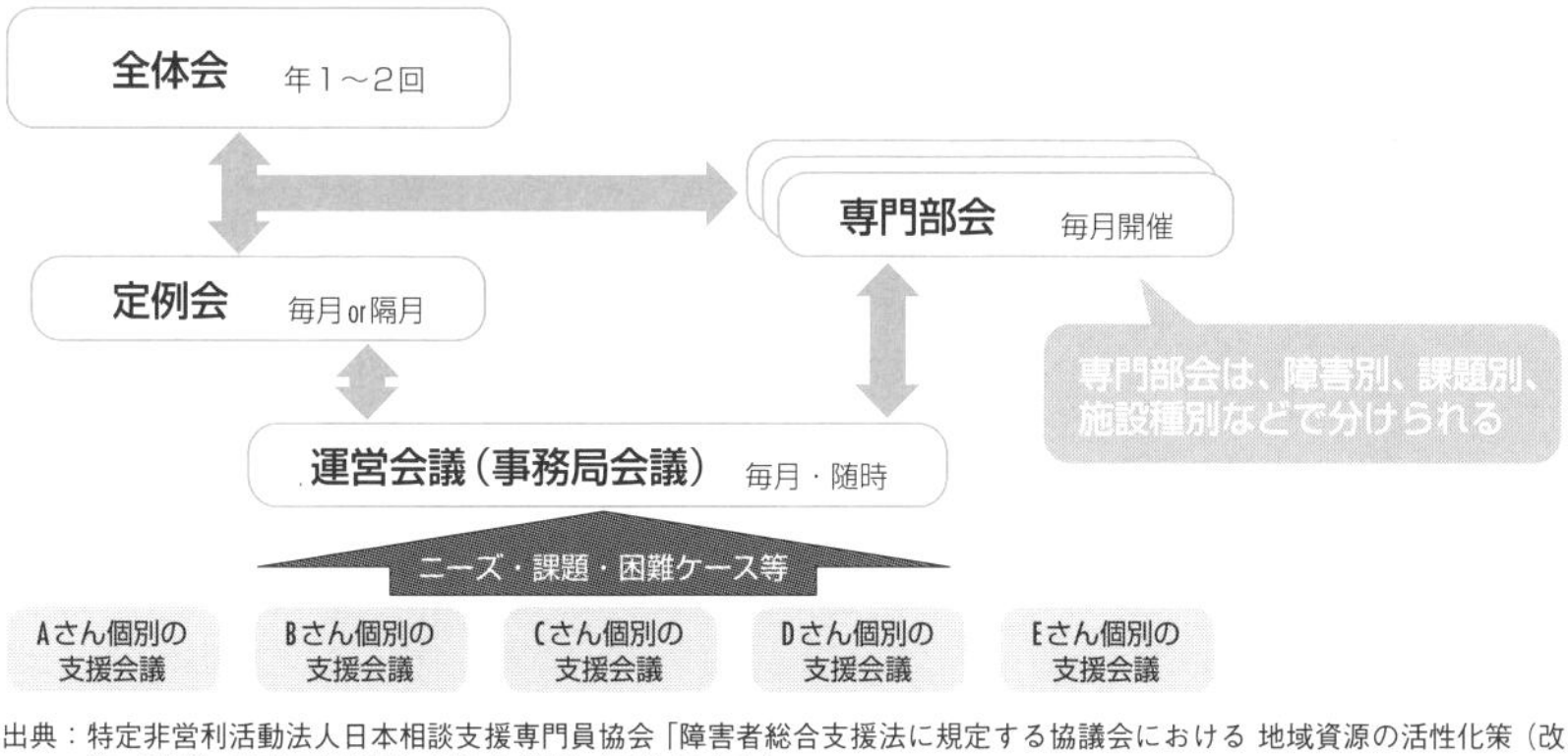

出典：特定非営利活動法人日本相談支援専門員協会「障害者総合支援法に規定する協議会における 地域資源の活性化策（改善・開発）調査研究事業」報告会 資料（平成28年度）

施行後5年を目処に見直しが行われる

検討には、障害当事者の声を反映させることが求められています。

検討規定とは？

日本では毎年多くの法律が成立していますが、そのなかで附則として「見直し条項」ないしは「検討条項」などとして条項が置かれることがあります。これは、その法律を作った際に検討しきれなかった課題や、時代の流れのなかで新たに必要になったことなど**「今は行わないけど、今後対応できるようにしますよ」という余地を残しておくために置かれる**ものです。

当然、総合支援法においても、検討規定として、附則が設けられました。今回の法改正についても、施行の3年後に見直しをすることが検討規定に盛り込まれていたために行われました。次の見直しについては、法施行後5年を目処として、改めて検討が行われるようになっています。

まだまだ不完全な障害者支援

平成24年の改正時に付された検討規定は、「障害者施策を段階的に講じるため」として具体的な課題が並べられていました。今回の検討規定では、前回ほど具体的には示されませんでしたが、改正後の障害者総合支援法や児童福祉法、精神保健福祉法、障害者雇用促進法そして難病法による取り組みの状況を踏まえ検討することとなっています。加えて、精神保健福祉法による医療保護入院といった非同意入院の在り方についての検討が盛り込まれています。

利用者の声が届く仕組みづくりが大切！

参議院では、改正内容が自治体の力量に委ねられるものが多いこともあり、35項目にわたる附帯決議を付けて、法で規定された5年後を待たずに見直しを進めるよう指摘しています。その際には、障害者の権利条約の理念に基づき、障害種別をふまえた当事者の参画を十分に確保することが求められています。次回には、当事者の声を生かして、より住みよくなる改正が行われることが期待されます。

今回の見直しの基本的な考え方

1 障害者が希望する地域生活を実現する地域づくり

- 障害者が希望する地域生活を実現・継続するための支援の充実
- 地域共生社会の実現
- 医療と福祉の連携の推進
- 精神障害者の地域生活に向けた包括的な支援

2 社会の変化等に伴う障害児・障害者のニーズへのきめ細かな対応

- 障害児に対する専門的で質の高い支援体制の構築（※児童福祉法改正法等で対応）
- 障害者の多様なニーズに応じた就労の促進

3 持続可能で質の高い障害福祉サービス等の実現

具体的な運用は
今後定められるものが
多いため、適切な運用が
なされるように、慎重に
制度設計をしていく
ことが必要です。

改正法における検討項目

附則第二条

- 政府は、この法律の施行後五年を目途として、この法律による改正後の障害者の日常生活及び社会生活を総合的に支援するための法律、児童福祉法、精神保健福祉法、障害者雇用促進法及び難病の患者に対する医療等に関する法律の規定について、その施行の状況等を勘案しつつ検討を加え、必要があると認めるときは、その結果に基づいて必要な措置を講ずるものとする。

附則第三条

- 政府は、精神保健福祉法の規定による本人の同意がない場合の入院の制度の在り方等に関し、精神疾患の特性及び精神障害者の実情等を勘案するとともに、障害者の権利に関する条約の実施について精神障害者等の意見を聴きつつ、必要な措置を講ずることについて検討するものとする。

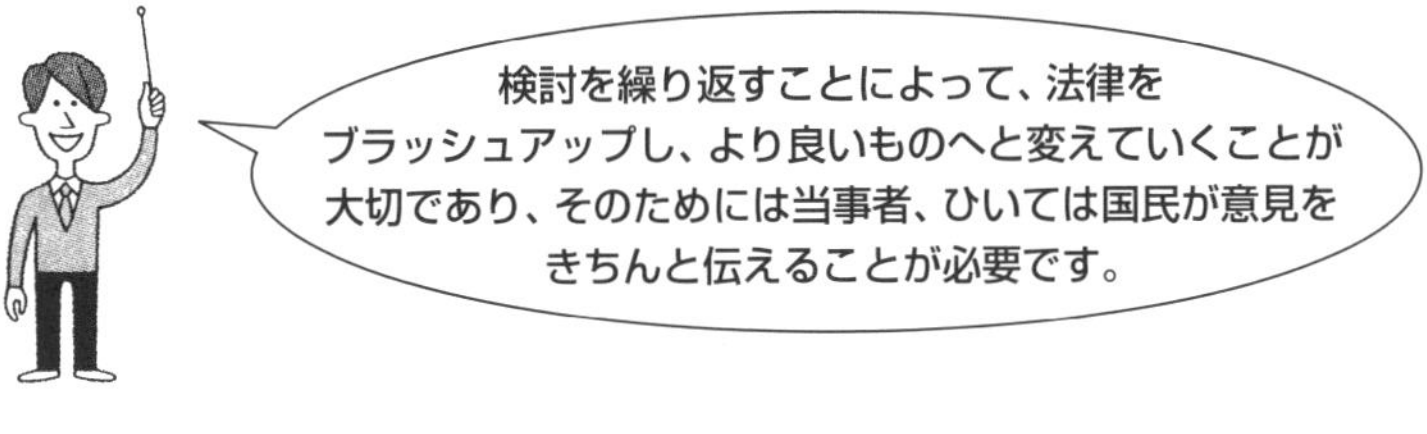
検討を繰り返すことによって、法律を
ブラッシュアップし、より良いものへと変えていくことが
大切であり、そのためには当事者、ひいては国民が意見を
きちんと伝えることが必要です。

Q どう書くのが正しい？ 障害？ 障がい？ 障碍？

この本では、法律の表記に合わせて「障害者」と表記をしています。しかし世間を見てみると、「障がい者」と表記しているところもあれば、「障碍者」と表記しているところもあります。「あれ？」と思われた人もいるのではないでしょうか。例えば大阪市は、平成25年9月から順次「障がい」と表記することを決定しました。「どう書くのが正しいの？」と思う人もいるかもしれません。

例えば「障害」は遅くとも江戸末期には使用されていたとされていますし、「障碍」も、読み方は「しょうげ」ですが、平安末期から使われている用語です。「悪魔、怨霊などが邪魔すること。さわり。障害」という意味で使用されており、明治期には「しょうがい」と読まれていました。しかし「碍」が常用漢字から外れ、また昭和24年、国立身体障害者更生指導所設置法・身体障害者福祉法と「害」が採用されたことなどから、現在、法律においては「障害」を使うことが一般的になりました。

しかし、「害」は害悪や害虫などあまり良い印象を受けるものではなく、社会の価値観を助長するのではないか、という声もあって、近年「しょうがい」の表記をどうするのか、様々な意見が出されています。「碍」がよい、という声もある一方、語源を考えると適切ではないという声もあります。

また官公庁などでは「障がい」と表記されることが多くなってきましたが、そちらもひらがなに置き換えてしまうことで逆に壁を作ってしまっている、と考える人たちもいます。もちろん、「障害」も、障害者自身が「害悪」ではなく、社会にある多くの障害物や障壁こそが「障害者」を作りだしてきた、という考えのもと、「害」を使うのは間違いではない、という人たちもいるのです。平成22年に国が行った一般の方々への意見募集では、障害・障碍がともに4割、障がいが1割と、国民の意見も分かれています。

この議論は、現時点で決着はついていませんし、まだまだ時間のかかる問題だといえるでしょう。しかし、障害者支援において、その人の持っている「障害」を中心に考えるのではなく、障害を持っている「人」に着目した支援を行っていくことが、何より大切なことなのではないでしょうか。

第2章

何が変わったの？

令和6年度から改正障害者総合支援法が本格施行されます。今回の法改正で、どんなところが変わったのか、今までとどのように違うのかを、改正点ごとにわかりやすく整理していきます。

障害者総合支援法が改正された

地域生活や就労の支援強化等を進めることで、自分が望む生活ができる社会を目指します。

3年後の見直しが行われた

障害者総合支援法は、前回の法改正の際に3年を目処として見直しを行っていくことになっており、令和3年より社会保障審議会障害者部会において議論が開始されました。障害者雇用の問題や居住支援、精神障害者等の支援など、いくつもの課題について個別に議論が進められ、最終的に1つの報告書としてまとめられました。それをもとに令和4年の臨時国会にて法案が提出・可決されましたが、**今回の法制度の施行については、一部を除く大半が令和6年度からの施行**となります。運用にあたっての細かな部分は本書が出版されてから整備されることになります。

「作っておわり」にしないために

今回の法改正では、障害者総合支援法だけではなく、周辺領域である精神保健福祉法や児童福祉法、障害者雇用促進法等についても改正がなされました。改正の概要は以下の通りです。

①障害者等の地域生活の支援体制の充実

②障害者の多様な就労ニーズに対する支援および障害者雇用の質の向上の推進

③精神障害者の希望やニーズに応じた支援体制の整備

④難病患者および小児慢性特定疾病児童等に対する適切な医療の充実および療養生活支援の強化

⑤障害福祉サービスや指定難病、小児慢性特定疾病についてのデータベースに関する規定の整備

今回の改正の趣旨として挙げられているのは、障害者等への地域生活や就労の支援を強化し、**皆が自分らしく生活できる社会を作る**という点です。一方で多くの付帯決議も付けられていることから、適切な運用がなされているかどうかを様々な立場から見守っていくことが、より良い制度づくりにおいて重要です。

地域共生社会に向けた各制度の関係(イメージ)

総 障害者総合支援法関係、精 精神保健福祉法関係、難 難病法・児童福祉法関係、雇 障害者雇用促進法関係

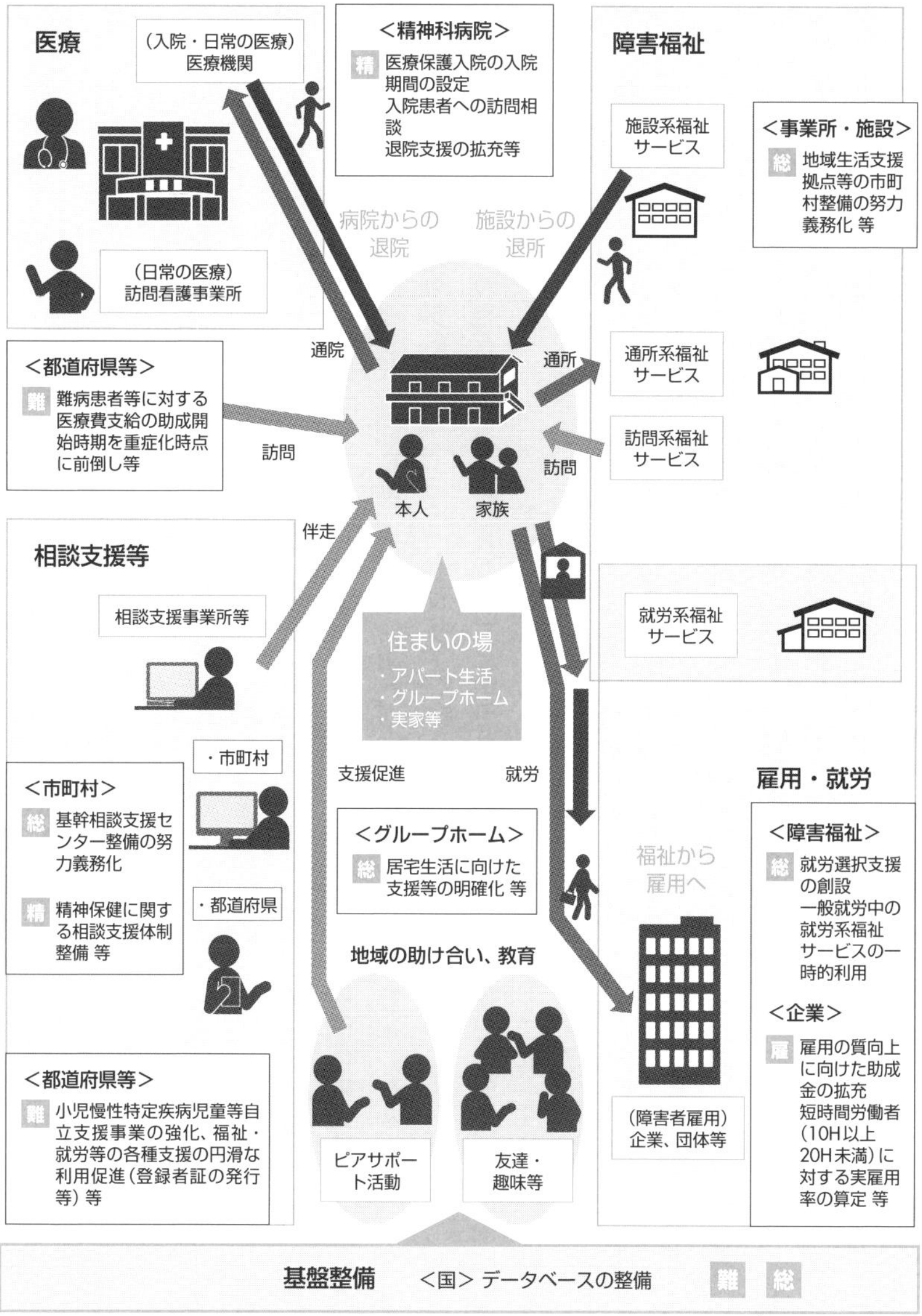

出典:厚生労働省「障害者の日常生活及び社会生活を総合的に支援するための法律等の一部を改正する法律案(令和4年10月26日提出)」の概要

各法制度の改正を通して、その人らしく安心して暮らせる体制を作り上げていきます。

グループホームの相談機能が明確化された

グループホームから自分が生活したい場所へ移りやすくなりました。

グループホームが終点ではない

地域で安心して暮らしていくためには、衣医食住が安定して確保されていることは最低条件かつ、とても重要な要素です。そのなかで、グループホームは住の部分を支える大切な役割を担っています。

これまでもグループホームは「今後、一人で暮らせるようになるのか」など不安を抱えていた人に対し、安心して生活できる場所を提供してきた場所でした。一方で、グループホームは個室とはいえ集団生活の場所でもあります。誰かと一緒に生活することで安心する人もいれば、ゆくゆくは一人暮らしやパートナーと同居したい、と、ある種の通過地点として利用しようとする人もいます。

しかし今までの制度では、そうした希望を支える仕組みが十分に確保されておらず、「**グループホームを出たいけど出られない**」というケースも少なくありませんでした。

どこで誰と生活するか、選択する機会を拡大するために

今回の法改正では、**一人暮らし等を希望する方に対して、そのために必要となる家事や金銭・服薬の管理、住居の確保などをグループホーム入居中から支援**し、そして退所後も生活の差から調子を崩してしまわないよう、一人暮らし等を一定期間バックアップする機能を持つことになりました。今までも、このような生活を支える支援はありましたが、大半がグループホームとは別の事業所が担当していました。利用者の生活を一番間近に見てきたグループホームがその役割を担うことで、それぞれの生活状況に合った支援をよりしやすい環境ができたといえるでしょう。もちろん、グループホームでの生活を続けることを希望する場合は問題なく利用できます。住む場所も一緒に住む人も自分の意思で決めることのできる社会になる、1つのきっかけとなる制度改正といえるでしょう。

グループホームの利用者数の推移

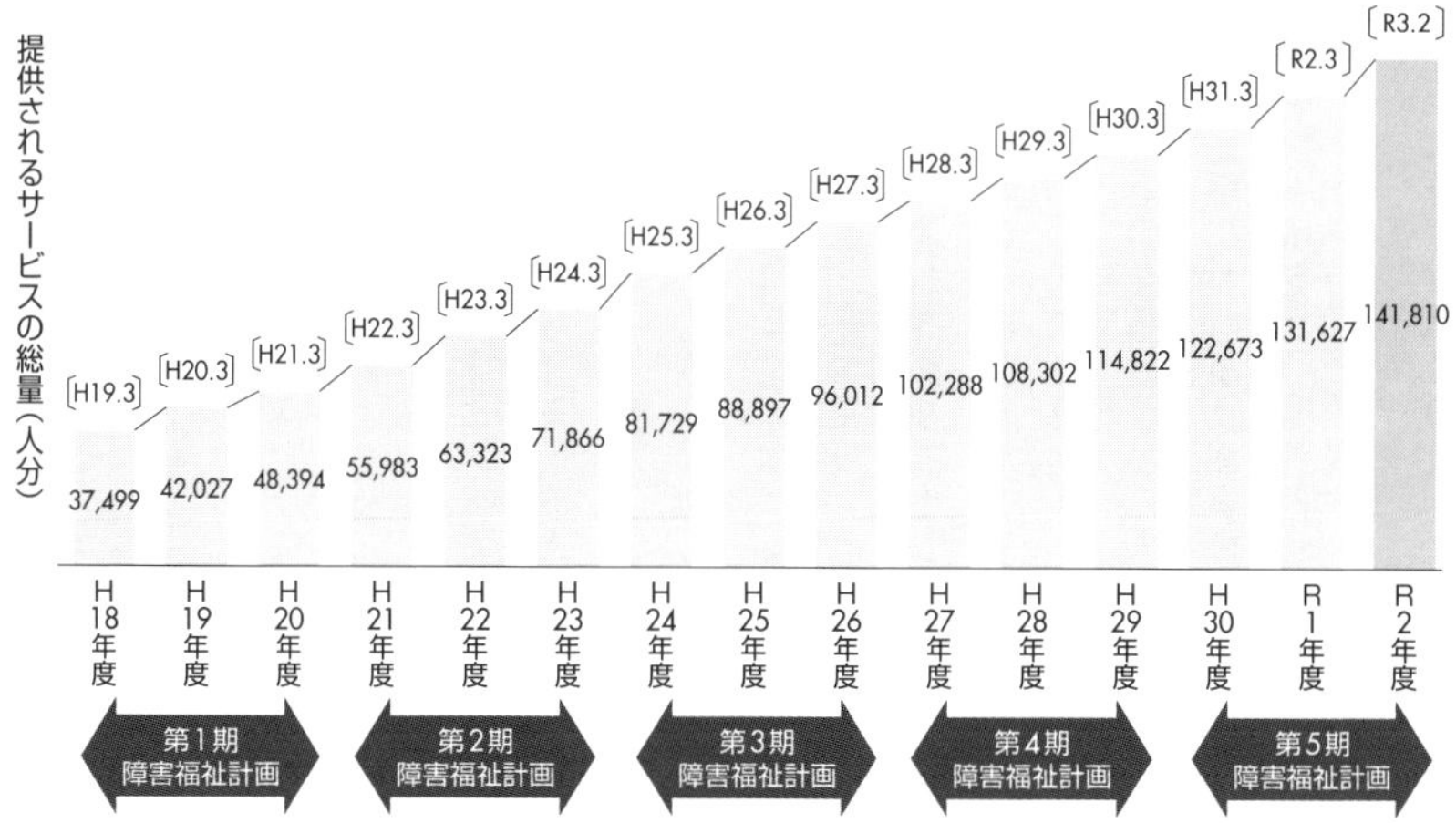

出典：厚生労働省「社会保障審議会障害者部会第113回資料2」（令和3年6月28日）をもとに著者作成

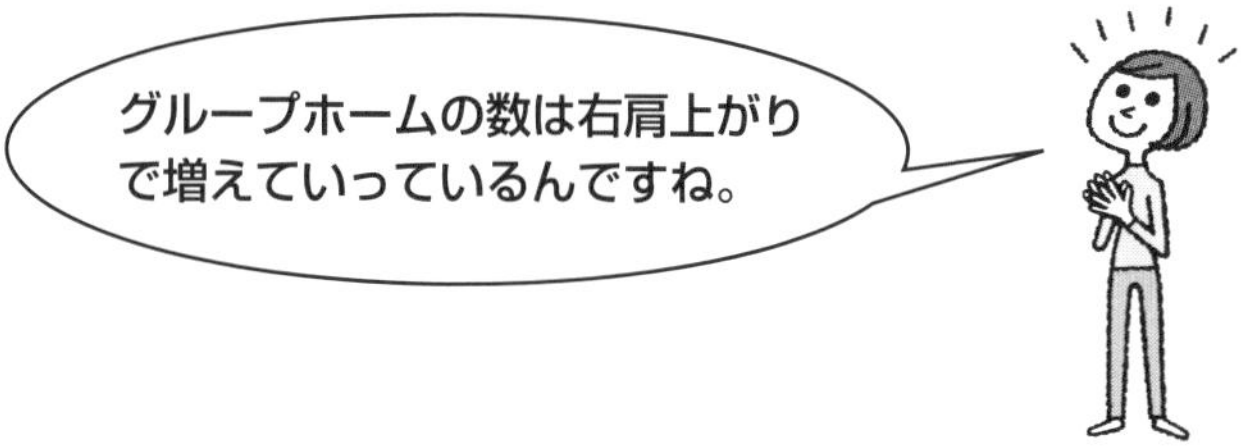

グループホームの見直しイメージ

現行の支援内容

- 主として夜間において、共同生活を営むべき住居における相談、入浴、排せつ又は食事の介護その他日常生活上の援助を実施
- 利用者の就労先又は日中活動サービス等との連絡調整や余暇活動等の社会生活上の援助を実施

＋

一人暮らし等を希望する場合

居宅における自立した日常生活への移行を希望する入居者に対し、居宅生活への移行や移行後の定着に関する相談等の支援を実施。

支援（例）
GH入居中：一人暮らし等に向けた調理や掃除等の家事支援、買い物等の同行、金銭や服薬の管理支援、住宅確保支援
GH退居後：当該グループホームの事業者が相談等の支援を一定期間継続

出典：厚生労働省「障害者の日常生活及び社会生活を総合的に支援するための法律等の一部を改正する法律案（令和4年10月26日提出）」の概要をもとに著者作成

地域の障害者等の支援体制の整備が行われた

基幹相談支援センターや協議会などの機能等が強化されます。

相談支援体制はまだまだ不十分

自分はどのようなサービスを受けたらいいかわからない、そもそもどこに相談に行ったらいいかもわからない、と悩むケースは少なくありません。そのような際に、障害者支援について「ここに聞けばとりあえず大丈夫」といえる場所として、**基幹相談支援センター**があります。基幹相談支援センターは3障害すべてに対応するワンストップサービスとしての役割のほか、困難事例の対応や地域の相談支援事業所に対する助言・指導等を行う機関として置かれています。

以前に比べれば設置件数は増えたものの、令和3年の段階ではまだ全国の自治体の半分程度となっています。また、相談や緊急時の受け入れ・対応、体験の機会の提供など、居住支援のための機能を整備し、障害児・者の生活を地域全体で支える地域移行推進を担う拠点として、**地域生活支援拠点等**の整備も進められていますが、こちらも同じく約5割程度と、十分な設置量とはいえません。

組織と中身を充実させていくことが必要

一方で、障害そのものが持つ課題だけではなく、その環境や家族にある課題など、共生社会を目指すうえで対応すべき問題は山積しています。特に精神保健関連は複雑なケースも少なくないなど、多種多様な課題に対応していく体制整備が求められています。

今回の法改正では、相談支援の中核的な存在である基幹相談支援センターや地域生活支援拠点等の設置について、**市町村に努力義務を求めるもの**です。また**協議会の役割強化や精神保健に課題を抱える者を相談支援の対象として明確化**するなど、相談体制を強化することとなりました。

とはいえ、組織はただ作ればよいというものではありません。きちんと機能し、役割を果たせるよう、人材配置を含めた運営についての検討も必要です。

本人・家族等の支援に向けた体制整備のイメージ

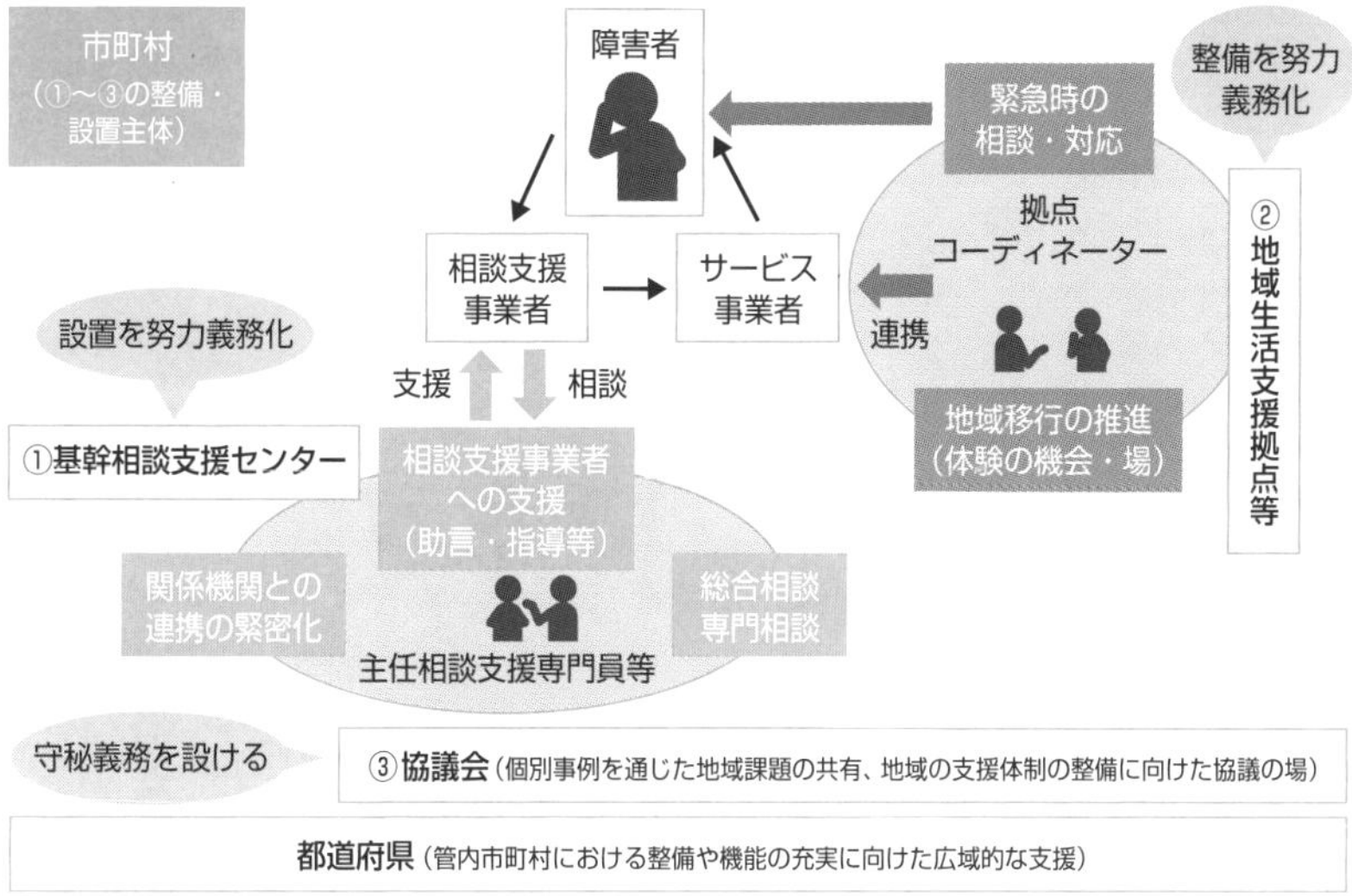

出典：厚生労働省「障害者の日常生活及び社会生活を総合的に支援するための法律等の一部を改正する法律案（令和4年10月26日提出）」の概要をもとに著者作成

基幹相談支援センターの設置状況は自治体の半分ほど

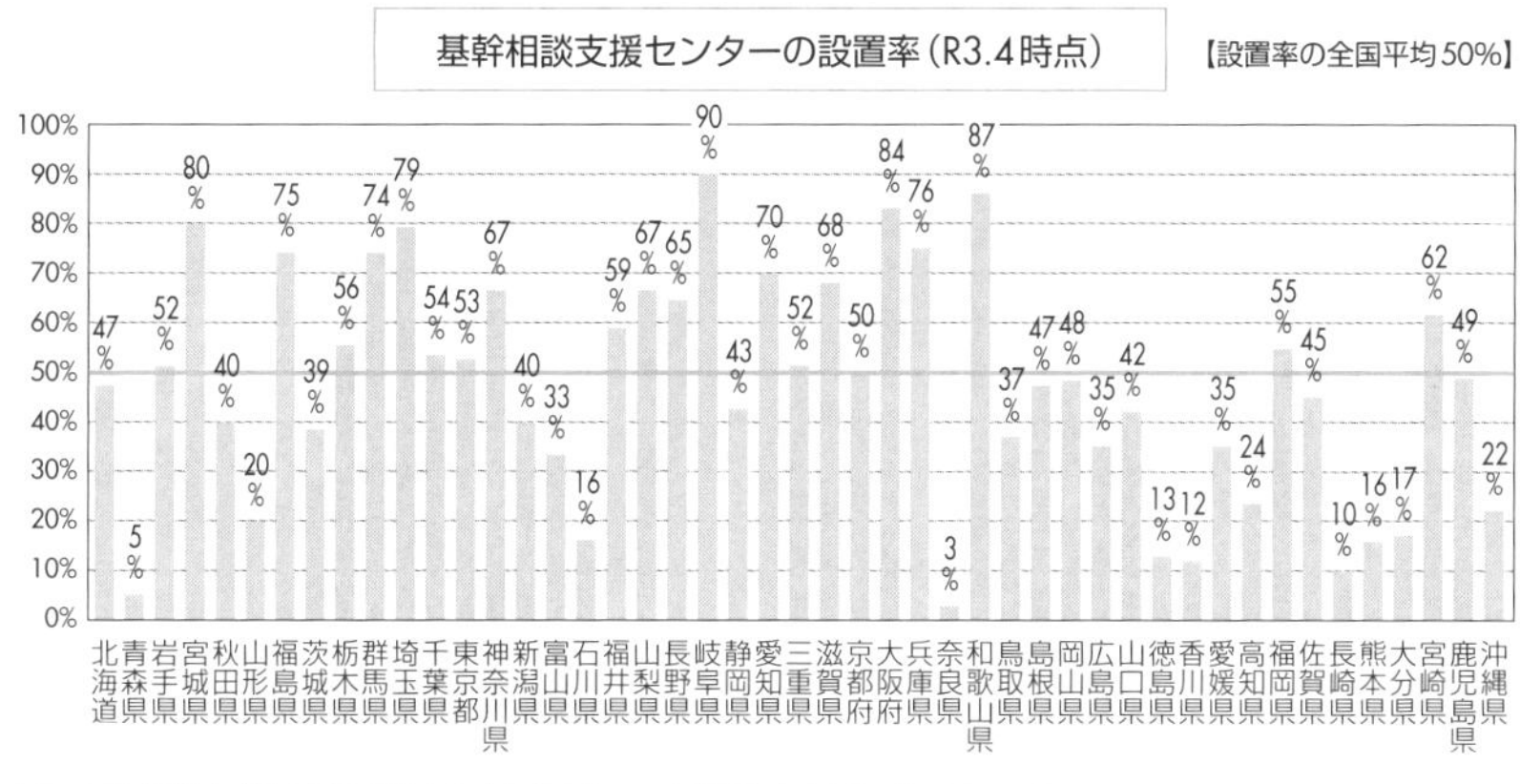

出典：厚生労働省「社会保障審議会障害者部会第127回資料1」（令和4年4月18日）

障害者本人の適性に合う事業所を選ぶための制度が創設！

就労アセスメントを活用した就労支援制度が作られます。

職業選択時にある「障害者だから」という先入観

以前の自立支援法時代から、障害者の自立に向けた取り組みとして、就労支援はかなり力を入れて整備されてきました。前回の法改正においても、就労定着支援が創設されるなど、就労がしやすい、続けやすい社会になるように制度設計がされてきています。

一方で、ただ働くことだけを考えればいいのか、というとそうではありません。昔であれば「障害者だと単純作業しかできないのでは？」「うちではやってもらえるような仕事はないから」と、**障害者就労＝単純作業というイメージ**がついていた部分があります。

しかし、「障害者だから」と一括りで考えていては、その人が持つ力を生かすことはできません。自分が得意なこと、苦手なことを考えて仕事を選ぶことが必要です。そのためにも、本人の持っている力は何か、支援者が十分に理解したうえで就労支援を行うことが大切になります。

不幸なマッチングの防止

平成30年に発覚した行政機関における雇用率水増し問題を受け、中央省庁が大量採用したことがありました。その際にも、雇用することだけを意識してしまったのか「どのような仕事を任せたらいいのかわからず、放置状態の人もいる」というニュースが流れました。このようにマッチングがうまくいかなければ、被雇用者である障害者本人だけでなく、雇用者にとっても不利益にしかなりません。

今回の法改正では、障害者本人が就労先や働き方について、**より良い選択ができるように就労アセスメントの手法を活用**して、本人に合った就職ができるように支援する**就労選択支援**が創設されるほか、アセスメント結果をハローワークが活用できるようになるなど、不幸なマッチングの防止や、安心して働き続けられるような仕組みが構築されました。

就労選択支援創設後の各機関の役割

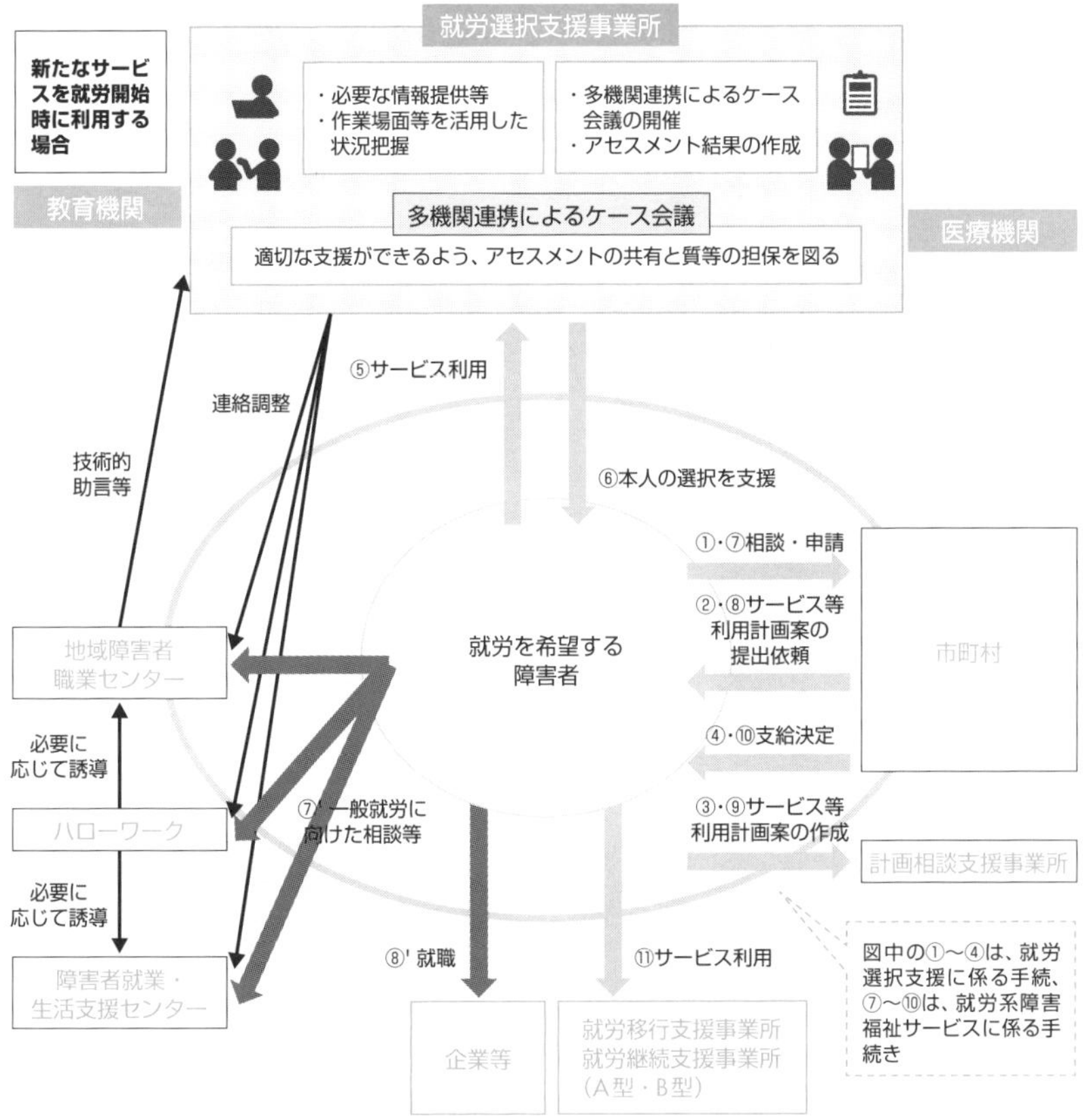

出典：厚生労働省「社会保障審議会障害者部会第126回資料1」（令和4年4月8日）をもとに筆者作成

就労支援にからんだ法改正内容

	内容
就労選択支援の創設	● 障害者本人が就労先・働き方についてより良い選択ができるよう、就労アセスメントの手法を活用して、本人の希望、就労能力や適性等に合った選択を支援する「就労選択支援」を創設 ● 就労選択支援を受けた者に対して、ハローワークがアセスメント結果を参考に職業指導等を実施
就労中の就労系障害福祉サービスの一時利用	勤務時間を段階的に増やしていく場合や、休職から復職を目指す場合に、一般就労中であっても、就労系障害福祉サービスを一時的に利用できることを法令上位置づけ
雇用と福祉の連携強化	市町村や障害福祉サービス事業者等の連携先として、障害者就業・生活支援センターを明示的に規定

短時間労働者に対する雇用率算定の仕組みが拡大された

週の労働時間が20時間未満の場合も雇用率算定が可能になります。

雇用率のカウント範囲が広がった

障害者雇用について考えるうえで、**障害者雇用率**の問題は避けて通ることはできません。雇用率を達成しなければならないから雇用するという、どちらかといえば後ろ向きな捉え方をする企業があるのは確かであり、そこから一歩進めていくことが大切だと思います。一方で国も、これだけ雇いなさいという基準を示すだけでなく、企業側が障害者を雇いやすくなる制度を整えることが重要であり、そのバランスをどう取るかが共生社会を作るうえで重要となってくるでしょう。

さて、今回の法改正では**企業がより障害者雇用を進めやすくなるように、短時間労働者を雇った場合でもその分、雇用率にカウントできる制度**に刷新されました。

精神障害者、重度障害者がより働きやすくなるために

特に精神障害者は、長時間の集中が困難、疲れやすいなどといった障害特性のため「働きたいけど働ける場所が少ない」という状態がありました。これまでは、雇用率に加えるためには「週の労働時間が20時間以上、1日にならせば概ね4時間以上勤務できること」が条件となっており、これが一般就労にあたっての1つのハードルとなっていたわけです。今回は、**精神障害者と重度の身体・知的障害者に限り、算定対象となる週の労働時間を週10時間以上20時間未満までラインを下げる**ことになりました。この場合は1人換算ではなく、0.5人換算となりますが、企業側も、これまで勤務時間が短すぎるとして雇用まで至らなかった障害者が雇いやすくなるといえます。

本人がどれだけ就労したいと思っていても、その機会が設けられなければ思いは実りません。精神障害者、重度障害者の雇用の場が、今回の制度改正によって、より広がることが期待されます。

短時間労働者に対する実雇用率算定

<新たに対象となる障害者の範囲>

週所定労働時間が特に短い（週10時間以上20時間未満）精神障害者、重度身体障害者、重度知的障害者

雇用率制度における算定方法（太枠が新規追加内容）

週所定労働時間	30H以上	20H以上30H未満	10H以上20H未満
身体障害者	1	0.5	−
重度	2	1	0.5
知的障害者	1	0.5	−
重度	2	1	0.5
精神障害者	1	0.5※	0.5

※当面の間、0.5ではなく1とカウントする

出典：厚生労働省「障害者の日常生活及び社会生活を総合的に支援するための法律等の一部を改正する法律案（令和4年10月26日提出）」の概要をもとに筆者作成

ハローワークにおける就職率

希望就業時間別・障害の程度別の就職率

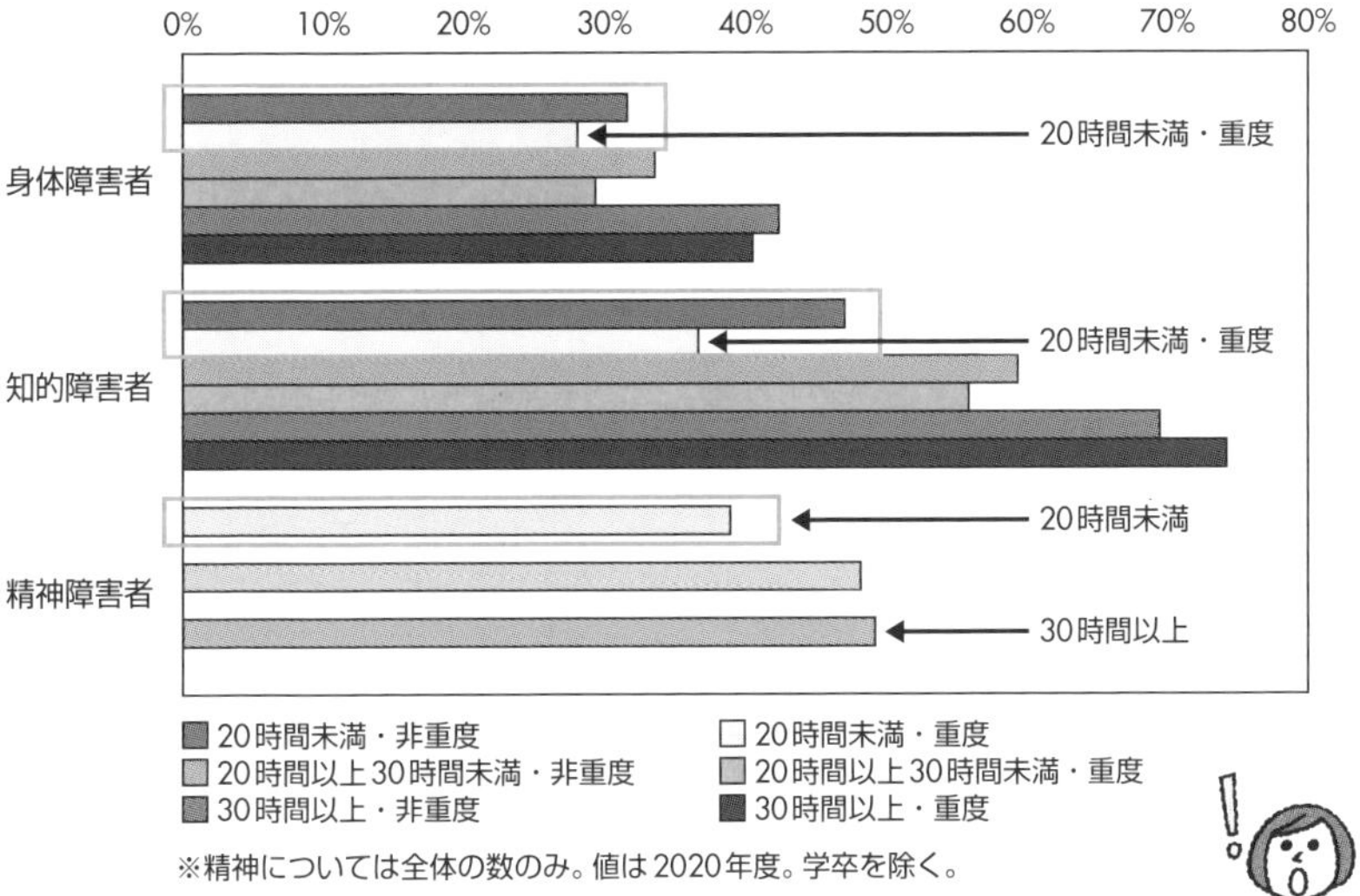

※精神については全体の数のみ。値は2020年度。学卒を除く。

出典：厚生労働省「労働政策審議会障害者雇用分科会第116回資料1」（令和4年4月12日）

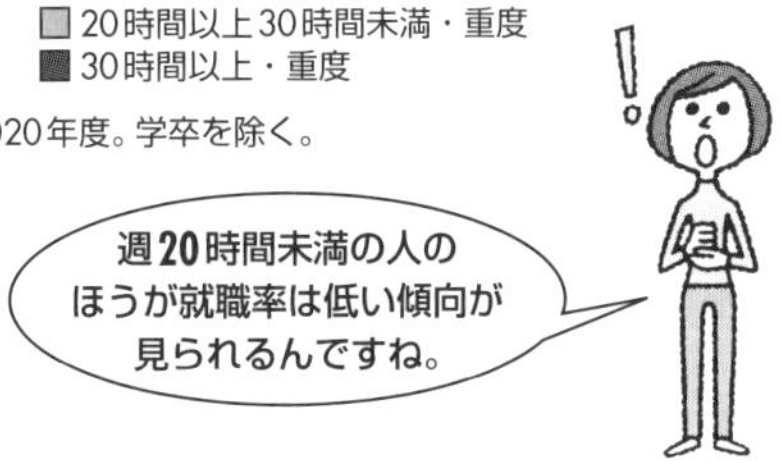

障害者雇用の質向上のために助成措置が強化された

限られた財源を効果的に運用していくため、調整金制度が改正されました。

障害者雇用が増えた結果……

就労移行支援事業所などの就労支援施策が拡大するなか、障害者雇用に対する世間の意識も高まってきました。それに合わせて雇用率も増えてきており、令和4年の民間企業における障害者雇用率は過去最高を記録しました。法定雇用率達成企業は5割近くに上り、今後も増加していくことが予想されます。それ自体は大変喜ばしいことではありますが、一方で、取り組みによっては厳しい状況も生まれました。それが**納付金を原資にした助成金制度**です。

納付金制度は雇用率が未達成の企業から一人不足あたり5万円を徴収するものです。この納付金を原資として、雇用率よりも多く雇用している企業に対して、**調整金**や**報奨金**を支給します。そして、職場施設の整備など雇用の質を高めるために使われるのが**助成金**です。しかし、雇用率が高まった結果、納付金が調整金や報奨金ばかりに支出される、という状況も作られました。

より働きやすい環境を作るため

多くの障害者を雇用すること自体は非常に良いことではあるのですが、雇用人数という量で評価をする時代から、今後は障害者雇用に対する取り組みの**質を高めていく**ことがより求められる時代へと変わってきています。そのため、助成金により多くの予算を支出できるように、調整金や報奨金について上限を定め、超過分の単価を引き下げることとなりました。

多くの障害者雇用をしていた企業にとって、今回の制度改正は減収となるかもしれません。しかし、それだけの雇用を進めてきた企業は、決して調整金等だけを目当てで行ってきたわけではないはずです。助成金の活用等を通じ、企業のなかで障害者がさらに活躍できるよう環境を整える取り組みを行うことで、結果として自社の収益につながるといった会社運営が今後は求められます。

障害者雇用調整金等の見直しと助成措置の強化

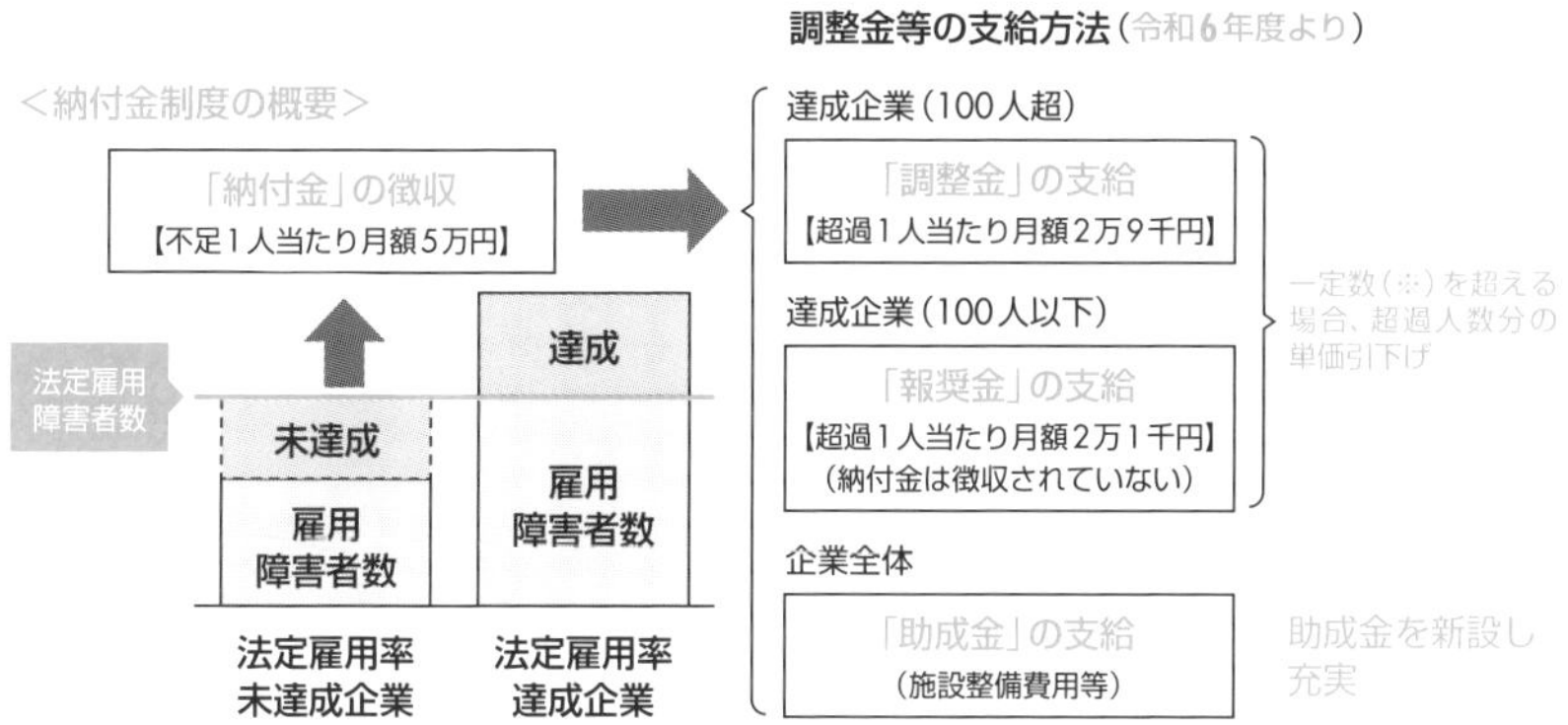

出典：厚生労働省「障害者の日常生活及び社会生活を総合的に支援するための法律等の一部を改正する法律案（令和4年10月26日提出）」の概要をもとに筆者作成

この他にも就業機会を増やすための取り組みや、仕事をするうえでの能力を高めるための取り組みも行われるようになります。

令和3年度における納付金制度にもとづく助成金実績

（支給額に係る単位：千円）

	内容	支給額（件数）
障害者作業施設設置等助成金	障害者が作業を容易に行えるよう配慮された作業施設等の設置・整備・賃借を行う事業主に対して助成	59,624（90）
障害者福祉施設設置等助成金	障害者が利用できるよう配慮された保健施設、給食施設等の福利厚生施設の設置・整備を行う事業主に対して助成	104（2）
障害者介助等助成金	障害特性に応じた適切な雇用管理のために必要な介助者等の措置を行う事業主に対して助成	212,605（621）
職場適応援助者助成金	障害者に対し職場適応援助者による支援を行う者に対して助成	92,669（181）
重度障害者等通勤対策助成金	障害者の通勤を容易にするための措置を行う事業主・団体に対して助成	49,301（307）

出典：厚生労働省「労働政策審議会障害者雇用分科会第117回資料1」（令和4年4月27日）をもとに著者作成

納付金が、働くための環境に使われやすくなるんですね！

医療保護入院の条件が拡大された

市町村長同意の範囲が広がるとともに、患者の権利擁護の仕組みが強化された。

精神保健福祉法も改正された

今回の法改正では、障害者総合支援法のみではなく、その他関連法についても同時に改正がなされました。特にそのなかでも「精神保健及び精神障害者福祉に関する法律」（**精神保健福祉法**）の改正が多く行われています。

精神障害はいわゆる3障害の1つとして挙げられていますが、生活に困難を抱える精神障害者の多くは入院を経験しています。他の疾患による入院と大きく異なるのは、精神疾患の場合、入院が必要な状況であるにもかかわらず、その症状によって自分自身の状況が認識できず、入院することに対して同意できないケースが少なくありません。そのため精神保健福祉法では、自発的な入院である任意入院のほか、患者本人の同意を必要としない、非自発的な入院形態が規定されています。そのなかの1つとして、家族等の同意で入院を行う**医療保護入院**があります。

市町村長の同意による入院の対象範囲が広がった

自発的な同意ができない場合に行われる医療保護入院は、精神科の入院形態としては全体の約半数を占めるほど一般的なものですが、一方で本来であれば、できる限り患者の同意を持って入院できるようにすべきであることや、家族にかかる負担や患者との関係悪化の可能性、家族が疎遠のケースなど、その運用にはいまだ課題があります。今回の法改正では、今までは意思表示ができる人が誰もいない場合に限られていた市町村長の同意による入院の条件が拡大され、**家族が諸事情により同意・不同意の意思表示を行わない場合も可能**となりました。

また、自身が同意していないからこそ、必要もないのに入院が継続してしまうことがないよう入院期間を設定し、定期的に入院の必要がある状況かどうかを確認するといった、患者の人権を守るための制度が強化されることとなりました。

改正後の医療保護入院のイメージ

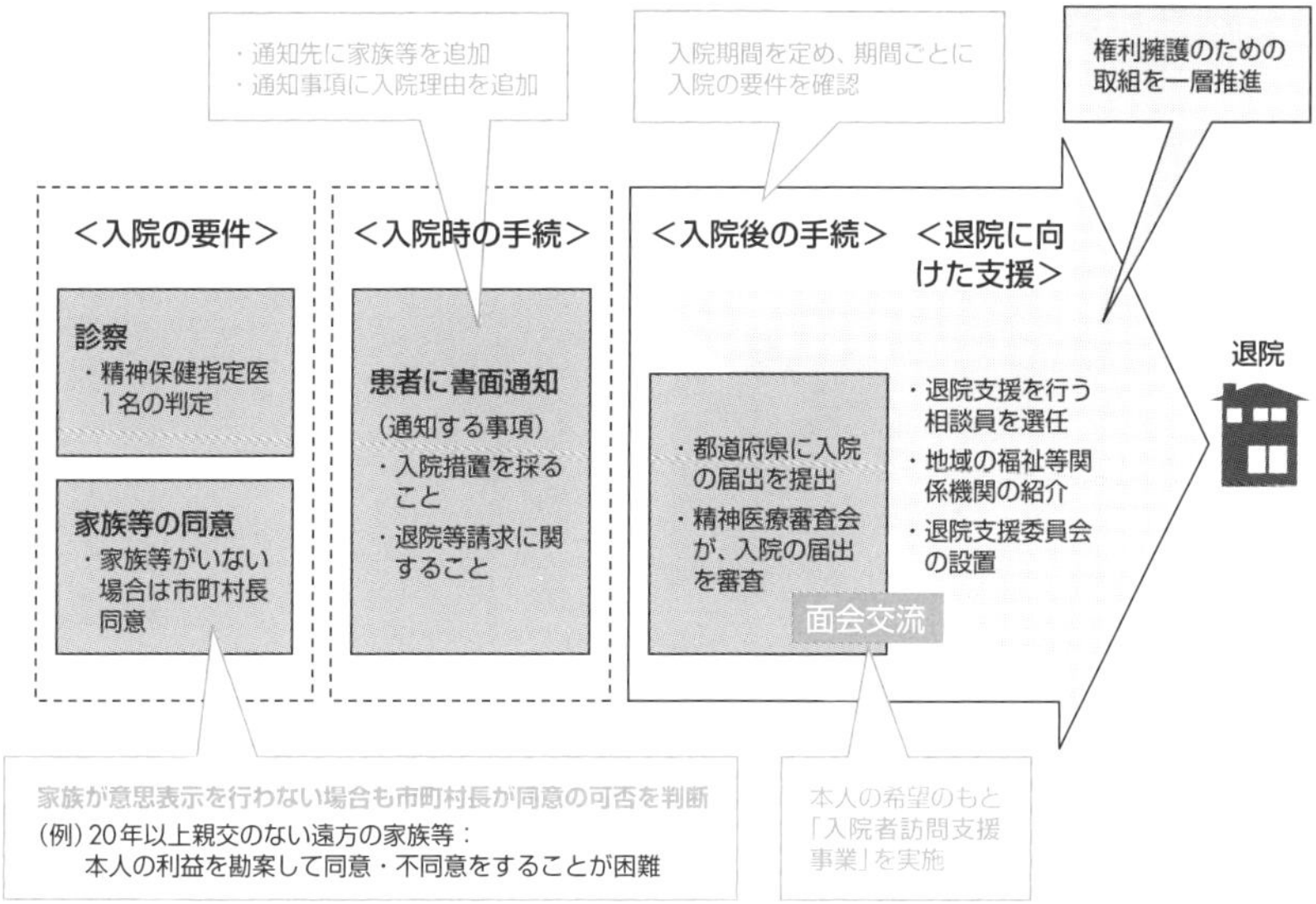
・通知先に家族等を追加
・通知事項に入院理由を追加
入院期間を定め、期間ごとに入院の要件を確認
権利擁護のための取組を一層推進
＜入院の要件＞
診察
・精神保健指定医1名の判定
家族等の同意
・家族等がいない場合は市町村長同意
＜入院時の手続＞
患者に書面通知
（通知する事項）
・入院措置を採ること
・退院等請求に関すること
＜入院後の手続＞
・都道府県に入院の届出を提出
・精神医療審査会が、入院の届出を審査
面会交流
＜退院に向けた支援＞
・退院支援を行う相談員を選任
・地域の福祉等関係機関の紹介
・退院支援委員会の設置
退院
家族が意思表示を行わない場合も市町村長が同意の可否を判断
（例）20年以上親交のない遠方の家族等：
本人の利益を勘案して同意・不同意をすることが困難
本人の希望のもと「入院者訪問支援事業」を実施

出典：厚生労働省「障害者の日常生活及び社会生活を総合的に支援するための法律等の一部を改正する法律案（令和4年10月26日提出）」の概要をもとに著者作成

ここでいう家族等とは、両親や兄弟姉妹、配偶者や子どもなどのほか、成年後見人等も含まれます。
家族等のなかからDV加害者を除外、退院に向けた支援では措置入院も対象とする、福祉関係機関の紹介を義務化するなど、多くの変更が行われます。

精神科における入院形態の例

	本人の同意	精神保健指定医の診察	退院制限
任意入院	必要	不要	精神保健指定医の診察により72時間に限り可能
医療保護入院	不要（家族等の同意が必要）	精神保健指定医1名の診察が必要	あり
措置入院	不要（都道府県知事の命令による）	2名以上の精神保健指定医の診察が必要	あり

医療保護入院や措置入院では、本人の意志によらない入院や行動制限を行うため、精神保健指定医という、一定の知識、経験を持つと認められた医師による診察が不可欠

医療保護入院の患者を訪問支援する事業が創設された

入院患者の話を聴き、情報提供を行うなかで、権利擁護支援を行います。

入院によって不安が高まることも少なくない

誰でも入院をすると、大なり小なり不安を感じることがあるでしょう。精神障害者の場合、気がつかないうちに入院する場合もあり、なかなか退院ができない日々が続き、結果として不安が高まり……。その後、体調としては退院できる状態になったとしても、元の生活に戻る自信がなくなって「このまま入院していたい」と考える状態に陥ってしまう方は少なくありません。入院生活によって、孤独や不安は少なからず生じるものであるからこそ、このような状況に陥らないような対応が必要です。

今回の法改正により、医療保護入院の市町村長同意の範囲が広がりました。これにより家族との関係が疎遠な方などが医療へ繋がりやすくなったともいえますが、家族等との連絡が困難であるということは、外部との連絡機会がより限られているともいえ、本人の不安や孤独感もその分強くなることも考えなければなりません。

患者の権利擁護を図る

今回は、特に外部とのかかわりが少ないと思われる市町村長同意による医療保護入院患者等を対象として、都道府県等が認めた研修を修了した専任の訪問支援員が直接出向き、本人の話に耳を傾け、相談に応じ、必要な情報提供を行う**入院者訪問支援事業が都道府県の法定事業として創設**されることとなりました。

今までも地域生活支援事業等では、長期入院されている患者のもとをピアサポーターや専門職等が訪問して、患者の不安を軽減し、退院へのモチベーションを高めるといった活動が各地で行われ、成果が上げられてきました。

今回の事業では、これまでの様々な経験を生かし、**患者の孤独感や不安を軽減して、自尊心を低下させない取り組み**となることが期待されています。

入院者訪問支援事業のイメージ

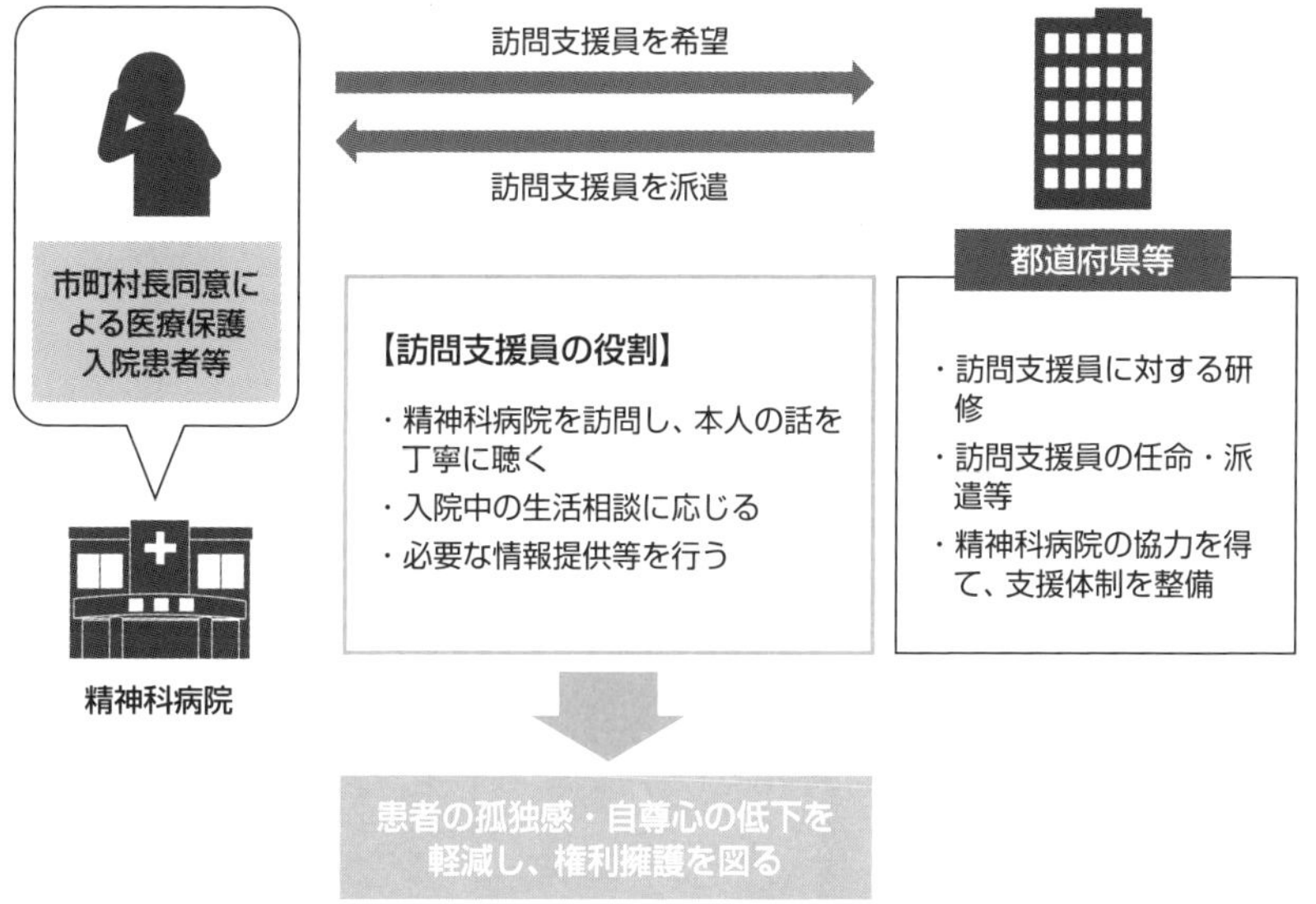

出典：厚生労働省「障害者の日常生活及び社会生活を総合的に支援するための法律等の一部を改正する法律案（令和4年10月26日提出）」の概要をもとに著者作成

様々な立場による支援と訪問支援員の役割

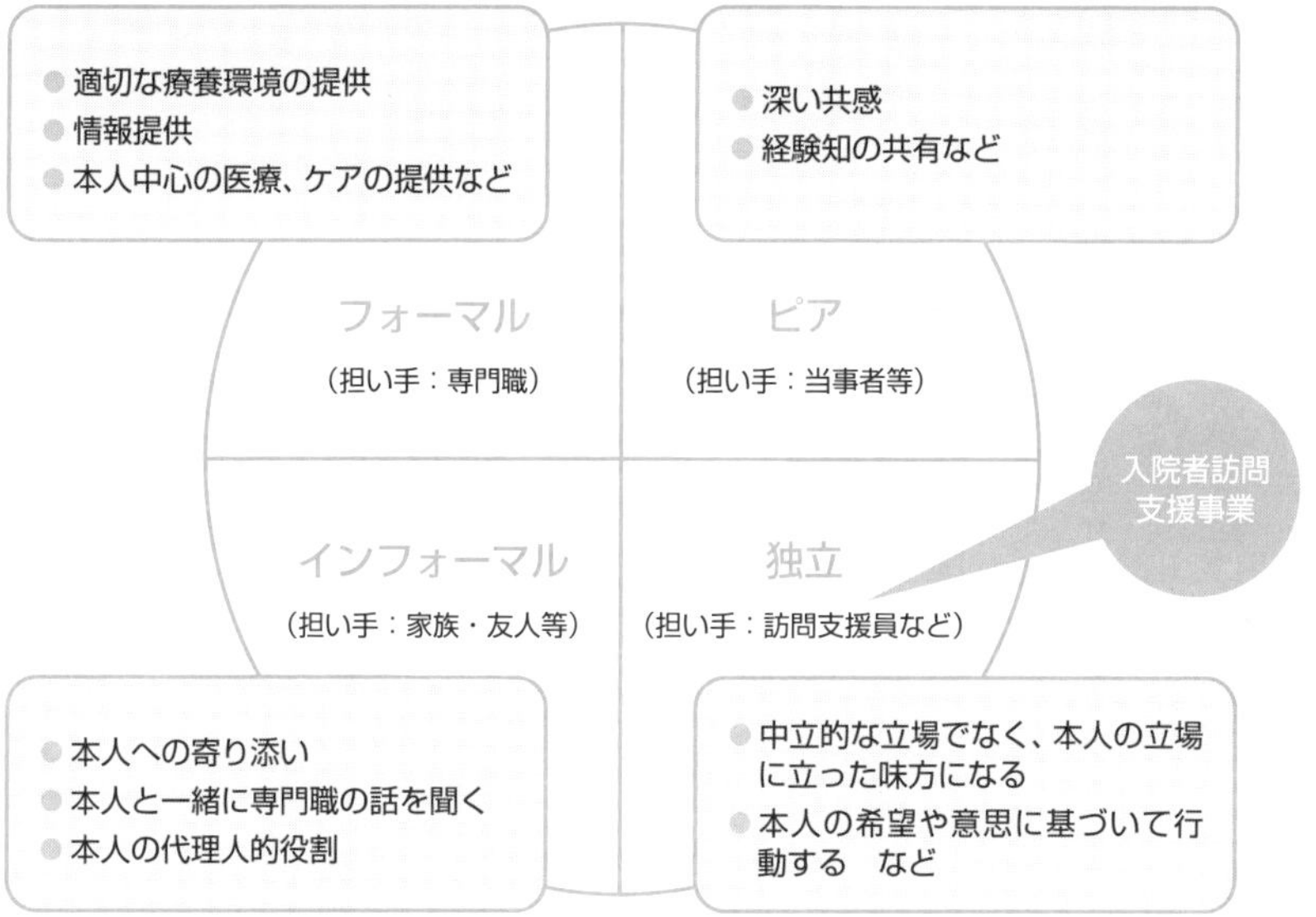

出典：厚生労働省「精神保健福祉法改正に係る都道府県向け説明会」（令和5年3月6日）をもとに筆者作成

精神科病院に虐待発見時の通報が義務づけられた

虐待通報の義務化や虐待防止に向けた体制整備が進められることになりました。

虐待事件が現在も生じている

精神科病院における虐待問題については以前から課題となっており、過去には宇都宮病院事件などが精神保健福祉制度の大きな転換点になりました。しかしながら精神科病院の性質上、外部から切り離された空間であることが災いするのか、現在においても、精神科病院での虐待事案が時折報じられています。

障害者の虐待事案に対応するために、**障害者虐待防止法**が制定されていますが、施設や会社に対しては通報義務が課せられているものの、医療機関は対象外となっています。令和４年に発覚した精神科病院での虐待事案においても、義務がないからと自治体への通報が行われていなかったことが報道され、虐待対応に対する認識の甘さが露呈したともいえるでしょう。

積極的な虐待防止の取り組みを

今回の法改正では、**虐待防止を進めていくための体制整備に向けた取り組みを精神科病院の管理者に義務づける**ことに加えて、今まで整備されていなかった**通報義務を課す**などの内容が盛り込まれました。精神科病院の現場の大変さは筆者自身も勤務した経験から理解しているつもりですが、そのストレスが患者等に向かうことは絶対に避けなければなりません。そのストレスコントロールや、虐待に対する意識を支援者個人に任せるのではなく、良質な医療を提供し続けられるよう医療機関全体として考えていくことが必要です。

現在表面化している虐待は氷山の一角でしかないかもしれず、患者が治療を受けるために入院をしているのに、虐待によってより傷つけられることは許されることではありません。この法改正は令和6年に施行されることになっていますが、施行前であったとしても、虐待防止に向けた取り組みを各医療機関が真摯に取り組んでくれることを期待しています。

精神科病院における虐待防止に向けた取り組みの一層の推進

見直し内容

○ 精神科病院における虐待防止のための取組について以下の内容等を規定。

① 従事者への研修や患者への相談体制の整備等の虐待防止等のための措置の実施を、精神科病院の管理者に義務付ける。

② 虐待を受けたと思われる患者を発見した者に、速やかに都道府県等に通報することを義務付ける。あわせて、都道府県等に伝えたことを理由として、解雇等の不利益な取扱いを受けないことを明確化する。

③ 都道府県等は、毎年度、精神科病院の業務従事者による虐待状況等を公表する。

④ 国は、精神科病院の業務従事者による虐待に係る調査及び研究を行う。

通報の仕組み

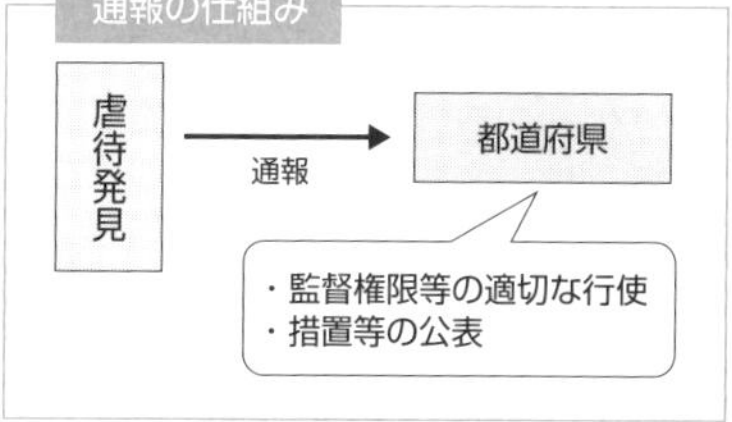

出典：厚生労働省「障害者の日常生活及び社会生活を総合的に支援するための法律等の一部を改正する法律案（令和4年10月26日提出）」の概要をもとに著者作成

社会福祉施設等では、すでに障害者虐待防止法で通報制度が規定されていますが、今回の改正を通じて、精神科病院においても、虐待が深刻になる前に通報しやすい組織風土が作られるよう求められています。

医療機関での障害者に対する虐待防止措置の取り組み例

求められる取組内容	医療機関での取組例
障害及び障害者に関する理解を深めるための研修の実施及び普及啓発	・各医療機関で患者の人権や虐待防止に関する研修を実施 ・患者の人権に関する掲示物の掲示、広報物等の配布 ・虐待防止のための職員行動指針の策定、掲示
各機関を利用する障害者に対する虐待に関する相談に係る体制の整備	・人権擁護に関する相談窓口の周知 ・職員、患者等に対する通報先の明示
各機関を利用する障害者に対する虐待に対処するための措置	・入院患者からの意見箱への意見投書内容について人権擁護委員会による検討、回答の掲示 ・虐待等の事例を受理した場合の対応の流れの構築、マニュアルの作成 ・事例対応検討会議等の設置
当該機関を利用する障害者に対する虐待を防止するため必要な措置	・外部委員を擁する人権擁護委員会の設置 ・病院職員が職場や自分自身の支援内容を振り返る際に活用する自己チェックの実施

※「障害者虐待防止法に規定する障害者虐待の間接的防止措置に関する研究」（令和２年度障害者総合福祉推進事業一般社団法人日本総合研究所）において実施したアンケート及びヒアリング調査結果から厚生労働省で整理

出典：厚生労働省社会・援護局障害保健福祉部精神・障害保健課 事務連絡「精神科病院における虐待が疑われる事案に対する医療機関での対応について（再周知）」（令和5年1月17日）別添2「障害者に対する虐待防止措置の取組事例の周知について」をもとに著者作成

難病患者等への支援が強化される

サービス利用の促進や難病患者の多様なニーズに対応できるよう体制強化がされます。

「知らずに使えない」がないように

障害者総合支援法の対象は、いわゆる3障害のみではなく、指定された難病患者も含まれます。難病の種類は都度増加しており、令和3年11月の時点で366疾病と当初の130疾病から大幅に増えました。障害者総合支援法以外でも、例えば就労支援でいえばハローワークには難病患者就労サポーターが配置され、症状に合わせた就労支援を行ったり、企業側もトライアル雇用の利用が可能となったりしています。一方で、その認知は十分に進んでいるかと聞かれるとそうでもありません。

今回の改正では**マイナンバーと連携した登録者証を発行**することで、ハローワークや市町村が「各種サービスを利用できるのに利用できない」ということのないようにするシステムが組まれることとなりました。

子どもの難病患者が自分らしく生き続けるための支援体制を

それに加えて、例えば子どもの慢性疾患に対する制度として、小児慢性特定疾病（小慢）対策が児童福祉法に基づいて実施されています。これにより医療費助成のほか、自立支援事業として相談支援やレスパイト事業などの療養生活支援などが行われていますが、特に大きな課題とされているのが、**小児から成人になり、使える制度が変わるときの連携**です。そのため今回の法改正において、難病相談支援センターと福祉関係者等との連携を明確にするとともに、すでにある難病対策地域協議会に加えて小慢対策地域協議会が法定化され、双方の連携が努力義務化しました。難病患者、小慢患者のニーズは多岐にわたるため、これにより、**成人後も見据えた支援体制**が整っていくことが期待されます。

疾病と闘い続けた子どもたちが、大人になり、制度が変わったことによって振り回されることがないような取り組みを進めていくことが求められます。

難病患者の福祉サービスの利用状況

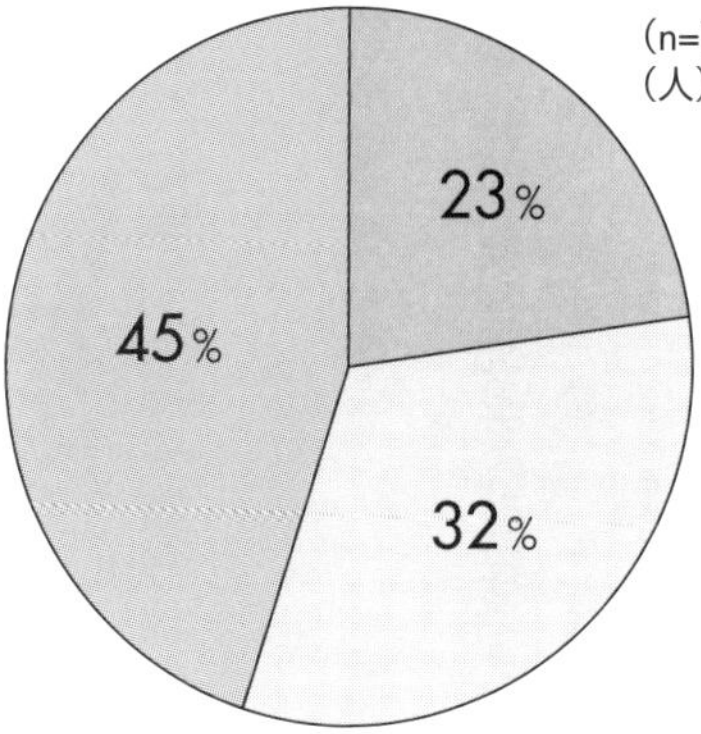

(n=765)
(人)

- 福祉サービスを利用したことがある
- 指定難病の患者が福祉サービスを利用できることは知っていたが、利用したことはない
- 指定難病の患者が福祉サービスを利用できることを知らなかった

(資料出所)厚生労働省健康局難病対策課調べ
「指定難病患者及び小児慢性特定疾病児童等に関するWEBアンケート調査」(平成30年10月)

出典:厚生労働省「第61回厚生科学審議会疾病対策部会難病対策委員会・第37回社会保障審議会児童部会小児慢性特定疾患児への支援の在り方に関する専門委員会(合同開催)資料1-1」(令和元年5月15日)

福祉サービスを使えることを知らなかった人は半数近くにものぼるんですね!

地域における支援体制(難病)のイメージ

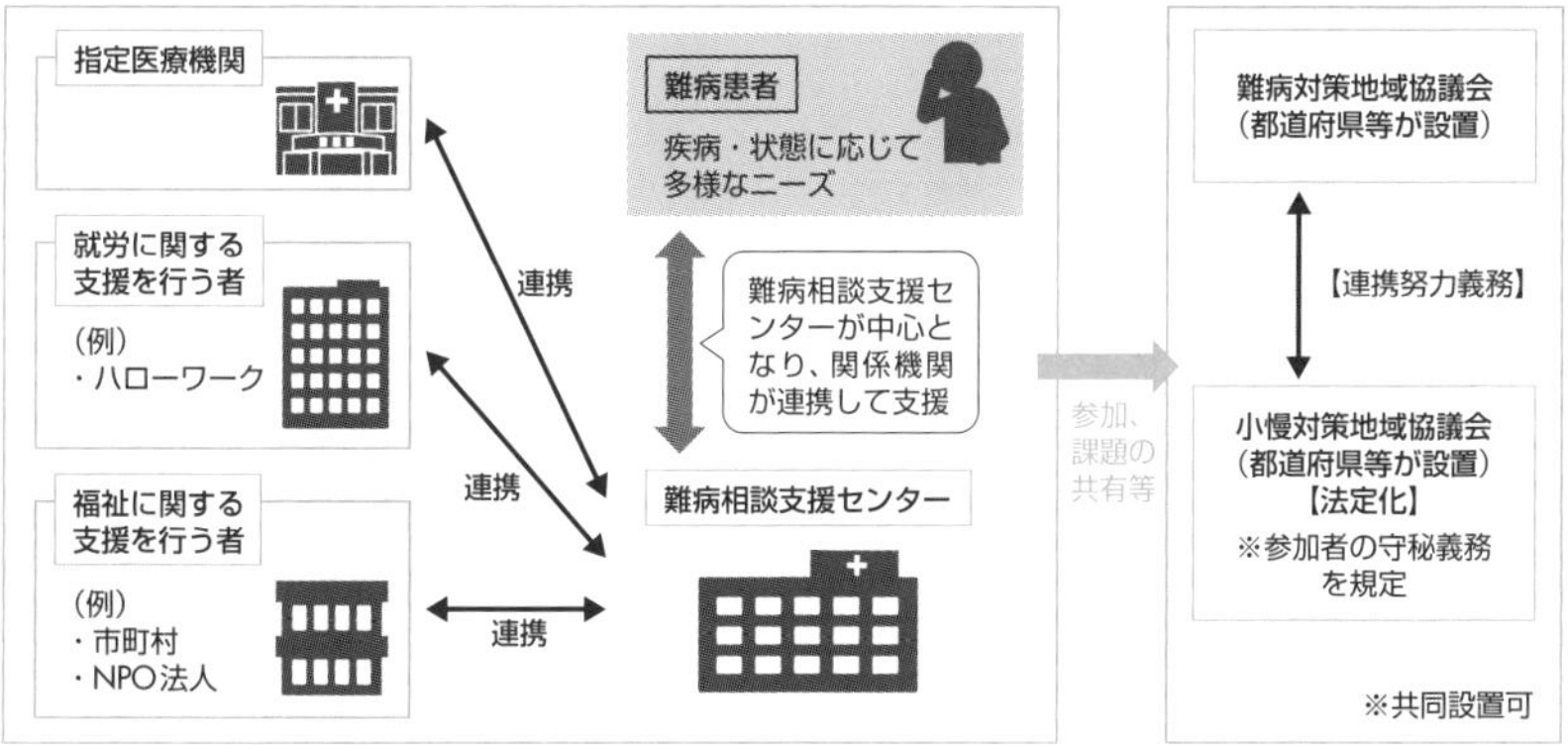

出典:厚生労働省「障害者の日常生活及び社会生活を総合的に支援するための法律等の一部を改正する法律案(令和4年10月26日提出)」の概要をもとに筆者作成

小慢と難病のそれぞれの対策地域協議会が連携することで、スムーズな成年後の支援につなげていけるようにするのですね。

疾病を抱える子どもに支援を届きやすくする

新たに実態把握事業が追加されるほか、任意事業の実施が努力義務化されます。

患児の成長を支えるための制度

小児慢性特定疾病児童等自立支援事業は、疾病を抱えるために、学校生活がうまく送れなかったり、集団のなかで身につける社会性の獲得に遅れが生じるなどした結果、自立していくための力を獲得できないということがないよう、社会資源を活用して支援を行う事業です。都道府県、指定都市、中核市、児童相談所設置市を実施主体として、必須事業である**相談支援事業**と、任意事業が行われています

必須事業の相談支援事業では、自立に向けた相談支援や療育相談指導、ピアカウンセリングなどが行われており、自立支援員と呼ばれる方々が関係機関との連絡調整や支援についての提案など、子どもたちの生活を支えています。

一方、任意事業については、レスパイトケアや子どもたち同士の交流、就職支援、患児きょうだいへの支援や、学習支援なども行われています。

ニーズ分析によって、必要な事業を適切に実施できるように

しかし、実際の実施状況を見ると、必須事業は令和元年度で96%の実施率と高いものの、そのほかの任意事業は、高くても相互交流支援事業の37・6%、低いと実施率は1桁台と、決して芳しいものとはいえません。利用する側としても、そもそもどのようなサービスがあるのかを知らない人が6割近くいる、という調査結果もあり、**実施体制の強化と利用促進を進めていく**ことが求められています。とはいえ、闇雲にやればいいというものでもなく、患児、その家族がどのようなことに悩んでいるのか、地域ごとのニーズをきちんと理解したうえで実施することが必要です。

そこで、支援ニーズに応じた事業展開ができるよう、新たに**実態把握事業**を追加することになりました。それに合わせて、より支援が必要とされる方々に届きやすいように、任意事業を努力義務とすることとなりました。

見直し後の小慢児童等の自立支援のイメージ

必須事業		【努力義務化】	
相談支援事業	個々のニーズ把握・相談支援 ・自立支援員による相談支援 ・ピアカウンセリング 等	実態把握事業	地域のニーズ把握・課題分析等【追加】
	支援ニーズに応じた事業の実施 →	療養生活支援事業	レスパイト等
		相互交流支援事業	患児同士の交流、ワークショップ等
		就職支援事業	職場体験、就労相談会等
		介護者支援事業	通院の付添支援、きょうだい支援等
		その他の事業	学習支援、身体づくり支援等

出典：厚生労働省「障害者の日常生活及び社会生活を総合的に支援するための法律等の一部を改正する法律案（令和4年10月26日提出）」の概要

就労支援やレスパイトなど、一定のニーズがある支援が行われやすいようになりました。

小児慢性特定疾病児童等自立支援事業の実施状況（令和元年度）

1. 必須事業

	全国（125か所）	都道府県（47か所）	指定都市（20か所）	中核市（58か所）
相談支援事業（自立支援員の配置）	120か所（96.0%）	45か所（95.7%）	20か所（100%）	55か所（94.8%）

2. 任意事業

事業名	全国（125か所）	都道府県（47か所）	指定都市（20か所）	中核市（58か所）
療養生活支援事業	15か所（12.0%）	8か所（17.0%）	2か所（10.0%）	5か所（8.6%）
相互交流支援事業	47か所（37.6%）	26か所（55.3%）	6か所（30.0%）	15か所（25.9%）
就職支援事業	7か所（5.6%）	4か所（8.5%）	2か所（10.0%）	1か所（1.7%）
介護者支援事業	5か所（4.0%）	3か所（6.4%）	1か所（5.0%）	1か所（1.7%）
その他自立支援事業	13か所（10.4%）	8か所（17.0%）	3か所（15.0%）	2か所（3.4%）

（資料出所）厚生労働省健康局難病対策課調べ（平成31年4月）

出典：厚生労働省「第68回厚生科学審議会疾病対策部会難病対策委員会・第47回社会保障審議会児童部会小児慢性特定疾患児への支援の在り方に関する専門委員会（合同開催）参考資料」（令和3年6月30日）

任意事業は全体的に実施率が低いですね。

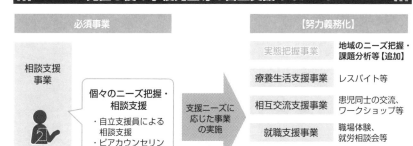

調査・研究活動を支える仕組みが強化された

障害者等のデータベースについての法的根拠が整備されました。

障害者に関する ビッグデータ構築に向けて

症状や環境など、障害者の置かれている状況は一定ではありません。そのため、サービスの内容も状況に合わせて修正をしていくことが必要になります。その際の1つの根拠として、サービスの利用状況などの情報は重要な指針となり得ます。例えば、医療・介護分野では、NDB（レセプト情報・特定健診等情報データベース）や、介護データベースが運用され、蓄積された情報は、様々な調査研究活動に役立てられてきました。

今回の法改正は、**障害分野のデータベース**（DB）を作っていくための法的根拠を示し、**国による情報収集や都道府県等の国への情報提供義務を規定**するものとなっています。

データベースの元データとしては、例えば障害者DBでは給付費等明細書情報や障害支援区分認定情報が、難病DBでは臨床調査個人票が予定されています。なお、障害者DBと障害児DB、難病と小慢DBは、障害DBとして一体的な運用が予定されています。

データを将来に生かすために

各DBに蓄積されるデータは、それだけで大きな価値があるものといえますが、障害の場合、例えば医療と密接にかかわっており、医療と障害者支援との関係性を見ることで、より現状を深く分析することが可能になります。そのため、NDBなどの他のDBとの連結解析ができるようにしていくことが予定されています。

ただし、**データは個人情報の塊である以上、その運用については十分に配慮して利用**されなければなりません。そのため、安全に運用されるように、十分なルールを設定することにもなっています。

蓄積されたデータが活用され、将来の障害福祉サービスがより良いものになるための運用が、適切になされることが期待されます。

障害福祉サービスデータベースを活用した効果的なサービス提供のあり方

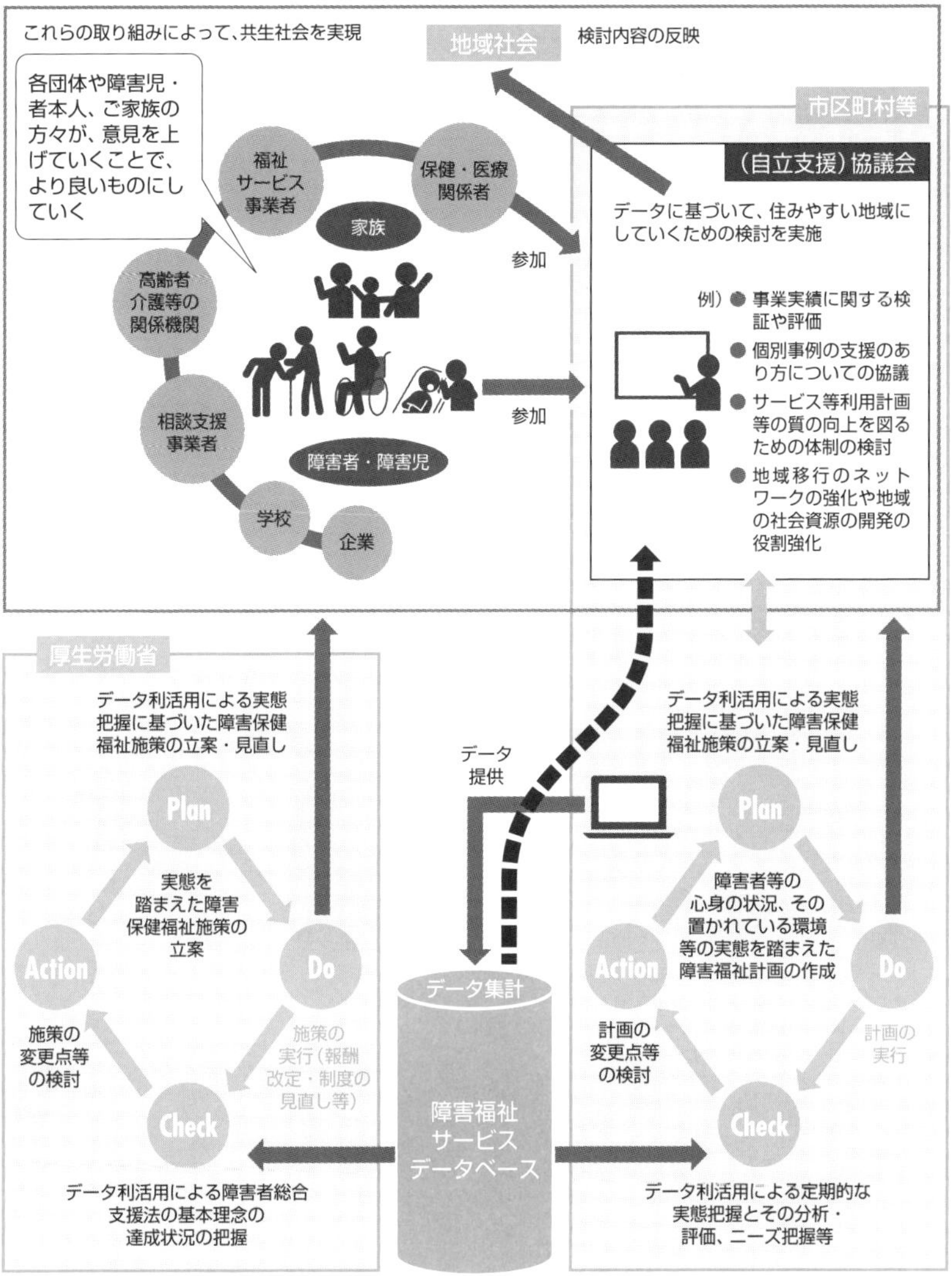
これらの取り組みによって、共生社会を実現
地域社会
検討内容の反映
各団体や障害児・者本人、ご家族の方々が、意見を上げていくことで、より良いものにしていく
福祉サービス事業者
保健・医療関係者
家族
高齢者介護等の関係機関
相談支援事業者
障害者・障害児
学校
企業
参加
参加
市区町村等
（自立支援）協議会
データに基づいて、住みやすい地域にしていくための検討を実施
例）
事業実績に関する検証や評価
個別事例の支援のあり方についての協議
サービス等利用計画等の質の向上を図るための体制の検討
地域移行のネットワークの強化や地域の社会資源の開発の役割強化
厚生労働省
データ利活用による実態把握に基づいた障害保健福祉施策の立案・見直し
Plan
実態を踏まえた障害保健福祉施策の立案
Do
施策の実行（報酬改定・制度の見直し等）
Check
データ利活用による障害者総合支援法の基本理念の達成状況の把握
Action
施策の変更点等の検討
データ提供
データ集計
障害福祉サービスデータベース
データ利活用による実態把握に基づいた障害保健福祉施策の立案・見直し
Plan
障害者等の心身の状況、その置かれている環境等の実態を踏まえた障害福祉計画の作成
Do
計画の実行
Check
データ利活用による定期的な実態把握とその分析・評価、ニーズ把握等
Action
計画の変更点等の検討

出典：厚生労働省「社会保障審議会障害者部会第117回資料1」（令和3年9月6日）をもとに著者作成

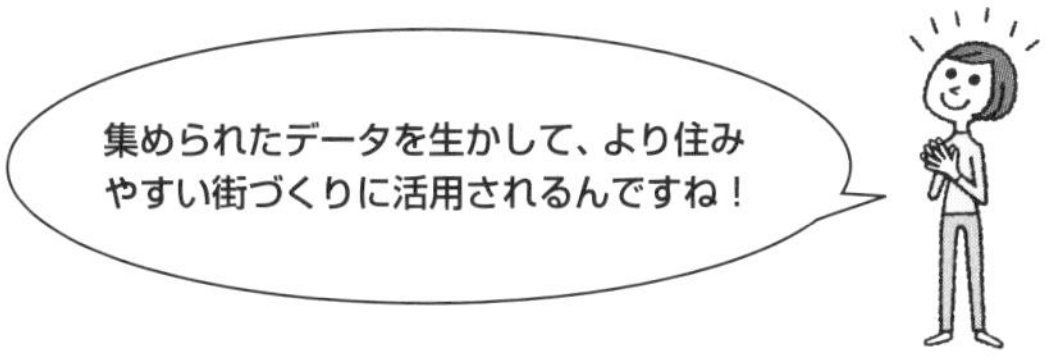
集められたデータを生かして、より住みやすい街づくりに活用されるんですね！

サービス事業者指定の仕組みと居住地特例が見直された

地域のニーズに合わせた事業者指定ができるようになるなどの見直しがなされました。

地域のニーズに合った サービス提供ができるように

筆者の住む地域にも、ここ数年でいくつもの障害福祉サービス事業所が立ち上がっており、ニーズの多さを肌で感じています。反面、「本当にこんなに必要？」と思うこともしばしばです。

市町村は、どのような資源が足りないのか、何を増やせばいいのか等について、障害福祉計画に基づいた施策を講じています。とはいえ事業所を立てる事業者は基本的に民間であり、必ずしも市町村が望むものを作るわけではありません。場合によっては、一部のサービスが乱立し、過剰供給になってしまうこともあるでしょう。一方で**事業者の指定は都道府県が行う**ため、市町村の思いとすれ違ってしまうことが考えられます。今回、**市町村が都道府県に対して、申請があった際に事業者指定について意見を述べることができるように**なりました。これにより、地域ニーズに合わせた整備をしやすい仕組みができたといえます。

介護保険施設等も 居住地特例の対象に

障害福祉サービス等の支給決定は市町村が行います。しかし、場合によっては住民票のある自治体以外の障害者支援施設に入所することもあります。その際、施設のある自治体の負担が増えることがないよう、入所前の住所で支給決定をする仕組みがあります。これを**居住地特例**と呼んでいます。しかし、介護保険施設に入所されている方が障害福祉サービスを使おうとする場合、居住地特例の対象ではなかったため、施設がある自治体が支給決定をすることとなり、介護保険施設を多く持つ自治体になればなるほど、その負担は大きなものとなり、利用者自身も手続きが煩雑になってしまっている、という問題がありました。そこで、介護保険施設等を居住地特例の対象とすることで、このようなチグハグな状況を整理することとなりました。

地域ニーズを踏まえた事業者指定の仕組み

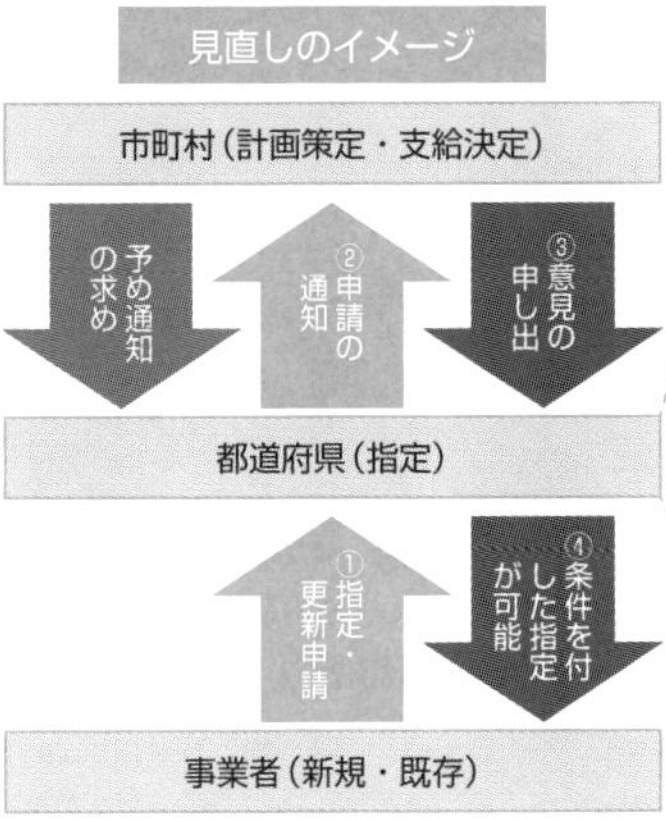

【想定される条件（例）】

1) 市町村が計画に記載した障害福祉サービスのニーズを踏まえ、事業者のサービス提供地域や定員の変更（制限や追加）を求めること
2) 市町村の計画に中重度の障害児者や、ある障害種別の受入体制が不足している旨の記載がある場合に、事業者職員の研修参加や人材確保等、その障害者の受入に向けた準備を進めること
3) サービスが不足している近隣の市町村の障害児者に対してもサービスを提供すること

※指定都市等は、自ら事業者の指定に際して条件を付すことができること等を政令で規定予定。

出典：厚生労働省「障害者の日常生活及び社会生活を総合的に支援するための法律等の一部を改正する法律案（令和4年10月26日提出）」の概要

都道府県は、市町村の意見を勘案して、指定に際し必要な条件を付けることが可能です。また、その条件に反した事業者に対して、勧告や指定取消しができることになっています。

居住地特例の見直しイメージ

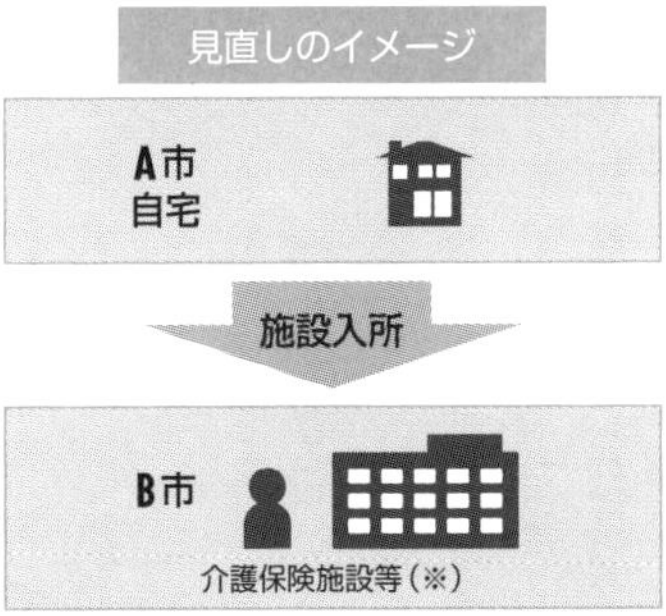

利用サービス	実施主体の見直し
障害福祉（※）	B市 ➡ A市へ
介護保険	A市（住所地特例）

※入所者の利用例
・補装具：義肢、視覚障害者安全つえ
・同行援護：視覚障害者の外出支援

※特別養護老人ホーム、老人保健施設、有料老人ホーム等

出典：厚生労働省「障害者の日常生活及び社会生活を総合的に支援するための法律等の一部を改正する法律案（令和4年10月26日提出）」の概要

居住地特例の実際の利用としては、身体障害をお持ちの方による、補装具や同行援護の利用が多いようです。

Q 虐待問題は加害者にすべての責任があるのか？

　今回の執筆をしている最中、精神科病院職員による虐待に関するニュースが目に飛び込んできました。あってはならない行為ではありますが、その一方で数年に1回は聞く話でもあり、正直「またか……」と思ったところではありますが、その医療機関は筆者と縁のある施設だったこともあり、今まで以上に悲しい気分になったのを覚えています。とても対岸の火事のこととは思えず、あまりにも身近に感じる出来事だっただけに、この問題はどこでも起こりうる問題であると痛感させられました。

　障害者の虐待問題は、精神科病院だけの話ではなく、他の障害者施設でも、高齢者施設でも生じています。

　虐待行為そのものに擁護する点はありませんが、虐待を引き起こした理由を加害者だけに求めるのは適切ではないケースも少なくありません。

　対人援助は人を相手にする以上、「こうしたらいい」といういわゆるテンプレートな対応はありません。相手の状況に合わせて、どのような対応が必要なのかを常に考えながらかかわっていくことが求められます。言葉にするのは簡単ではありますが、それを日々実践することは相当の負担がかかることは想像にかたくありません。相手のことを考えて、自分の心身をすり減らして利用者にかかわるなかで大きなストレスを抱え、結果として虐待行為に至ってしまった、というケースも少なくないのでは、と推測されます。

　虐待行為そのものは許されるものではありません。しかし、ただ虐待してはならない、と伝えるだけで虐待は減るのか、といわれれば、到底足りないでしょう。支援者も完璧な存在ではなく、悩み、疲弊もする人間です。専門職としての姿勢を強く意識することは当然ではありますが、その一方で支援者を支える環境が整っているかも重要です。

　ワーク・ライフ・バランスを考えた管理体制、支援内容に対する教育、支援者を支持する姿勢、いわゆるスーパービジョンが適切に実施される環境を構築していくことが支援者にかかるストレスを減らし、結果として虐待の減少が進むなど、利用者にも、支援者にもよい環境を作り上げていくのではないかと考えます。

第3章

障害者総合支援法で使えるサービス

障害者総合支援法で利用することができるサービスは多種多様です。全国一律のサービスである障害福祉サービス事業、相談支援事業、自立支援医療費などの自立支援給付や、各自治体によって実施内容が異なる地域生活支援事業など、それぞれ、どのようなものなのかを見てみましょう。

障害者のためのサービスを俯瞰してみる

地域のなかにある様々な社会資源を活用します。

「普通の生活」を送ることが難しい！

障害者と健常者が同じ地域のなかで、ともに生活をしていく。こう書くと簡単そうにも思えますが、実際にそれを実現しようとすれば、そこには多くの**社会的障壁**があります。

例えば街中。点字ブロックの上に普通に自転車が置かれていませんでしょうか。お店は、車いすでもちゃんと買い物ができるような設備が整っているでしょうか。駅前や大きなお店では大丈夫かもしれませんが、生活範囲は駅前や大きなお店だけではありません。友人の家に遊びに行くために電車やバスを使う。街のはずれにある雑貨屋さんに買い物に行く。ちょっと遠出して、日帰り旅行に行く。このように私たちが日頃、何気なく行うことが障害があるためにできないということが、社会のなかにはたくさんあります。

障害を持っているのであれば、その部分を補えるようにすればいい。そのためにあるのが、障害者総合支援法(以下、総合支援法)の「**障害福祉サービス**」と呼ばれるものです。施設から出て社会のなかで暮らす、好きなものを買いに行く、旅行に出る、働きに行く。そんな当たり前で、なかなかできなかったことを、様々なサービスを使うことでできるようにしていくのです。

社会資源は周りにたくさんある

使うのは障害福祉サービスだけではありません。生活について気軽に相談できる場（地域活動支援センターや相談支援事業など）や、コミュニケーション支援など生活をするうえで必要な支援（地域生活支援事業）を受けることもできます。また制度化されているものばかりでなく、地域のボランティア団体の力を借りたり、隣近所で助け合ったり。私たちが住む地域にある様々な社会資源を使って、ともに生活を「普通に」できるようになることで、初めて同じように一緒に生活しているといえるのではないでしょうか。

地域の障害福祉サービス

障害があると、できないことも多かったりしますが、
だからといって「できない」で切り捨ててはいけないですね。

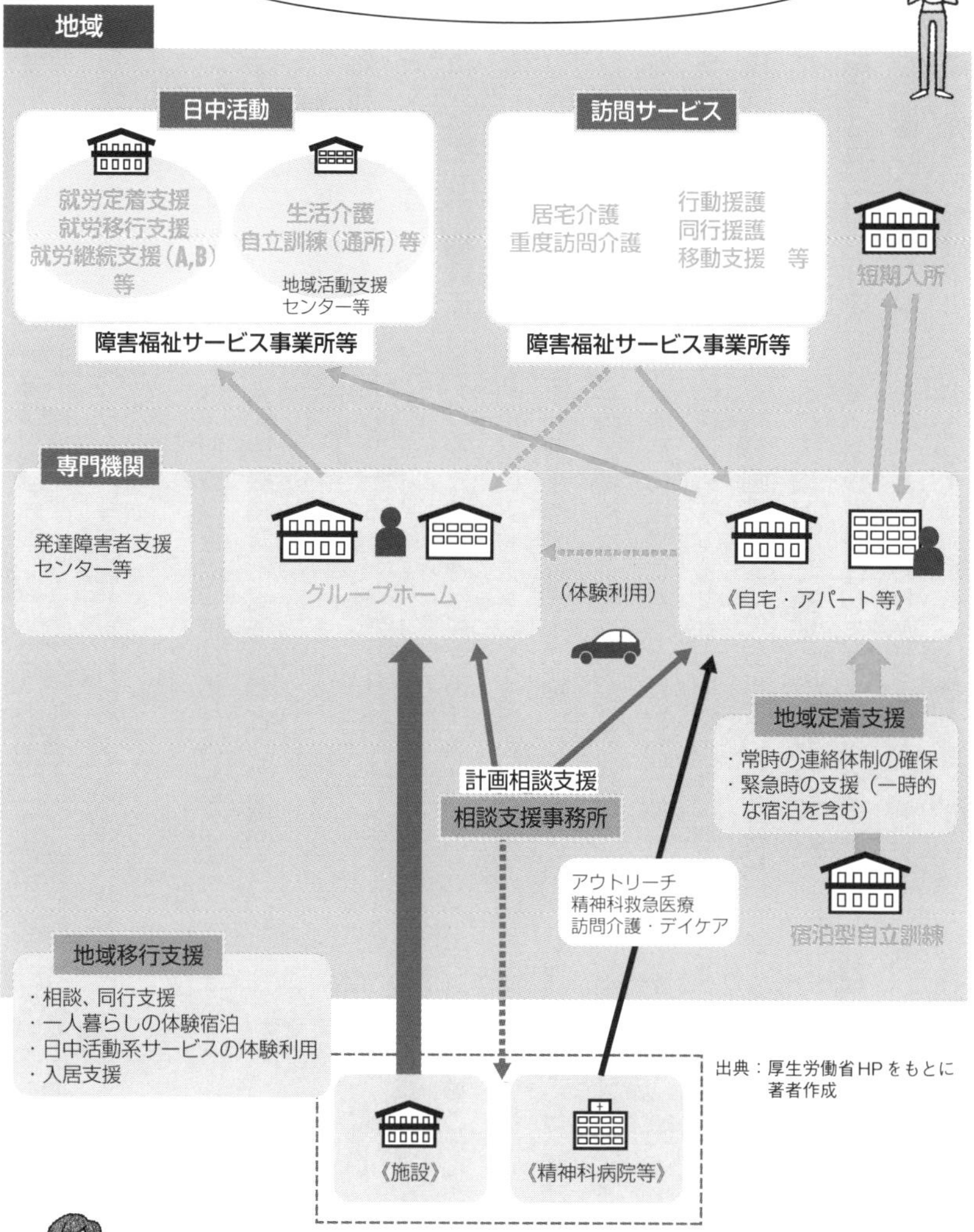

出典：厚生労働省HPをもとに
著者作成

はい。地域には多くの福祉サービスや制度に規定されない
インフォーマルサービス（これらを社会資源といいます）があります。
これらを活用して、少しずつできることを増やすといいですね。

施設サービスにはサービス管理責任者が配置される

サービス管理責任者は、質の高いサービスを提供するための責任者です。

サービス管理責任者とは

総合支援法では、**障害者は様々なサービスを組み合わせて、自分に合った支援を受ける**ことができます。どの事業所で受けるかについても、地域によっては数えきれないほどのなかから選ぶこともあるでしょう。当然サービスを提供する側は、自分たちが提供するサービスに責任を持たなければなりません。その責任者として配置されるのが、**サービス管理責任者**です。

サービス管理責任者はいわゆる入所・通所施設系に配置されており、事業所ごとに専任者を配置しなければなりません。なお、障害児通所施設等には、児童発達支援管理責任者がサービス管理責任者と同様の者として置かれます。

適切なサービスを組み立てる

サービス管理責任者の仕事は、まず利用者のアセスメントを行い、個別支援計画を作成します。次にサービス内容の定期的なモニタリングを行い、本人中心の支援になっていたか、将来目標を目指す支援になっていたか、個別支援計画は適切に作られていたかなど、**その人にとって適切なサービスになっているかを管理**します。いわゆる施設長のことと思われがちですが、施設そのものを管理するのは管理者と呼ばれます。

実務経験と研修が必要

措置時代と違い、今は利用者と事業所の間で契約を結んでサービスを実施するため、そこで受けるサービスは「評価されるもの」という認識です。そのため、サービス管理責任者の責任は重いものとなっています。

ですので、サービス管理責任者になるためには、一定の実務経験とともに、指定された研修を受ける必要があります。利用者、従業者、管理者・法人、地域・関係機関との間に立って、質の高いサービスが提供されるよう調整する立場が求められているのです。

サービス管理責任者と管理者の関係

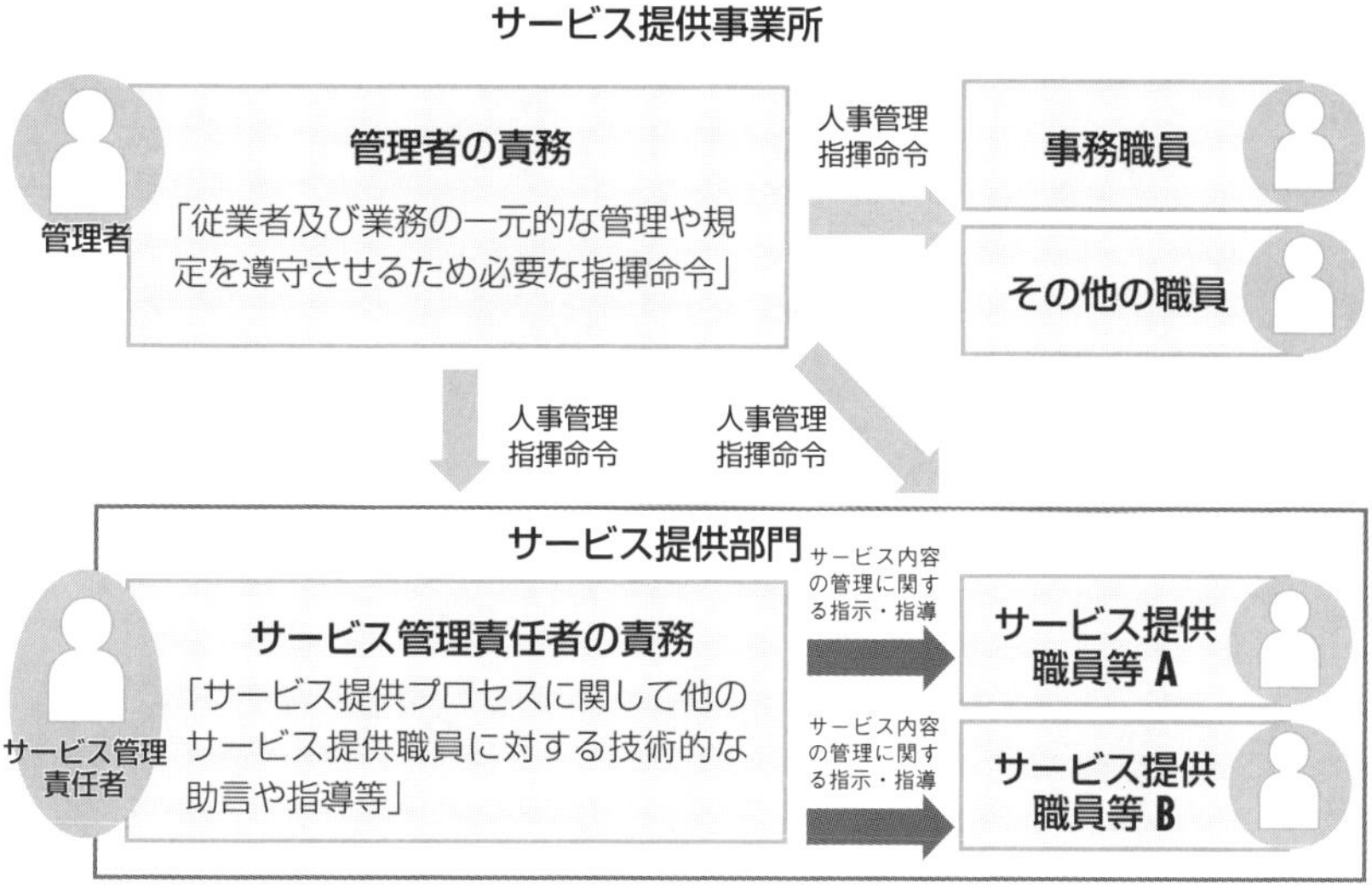

サービス管理責任者等の要件（見直し案）

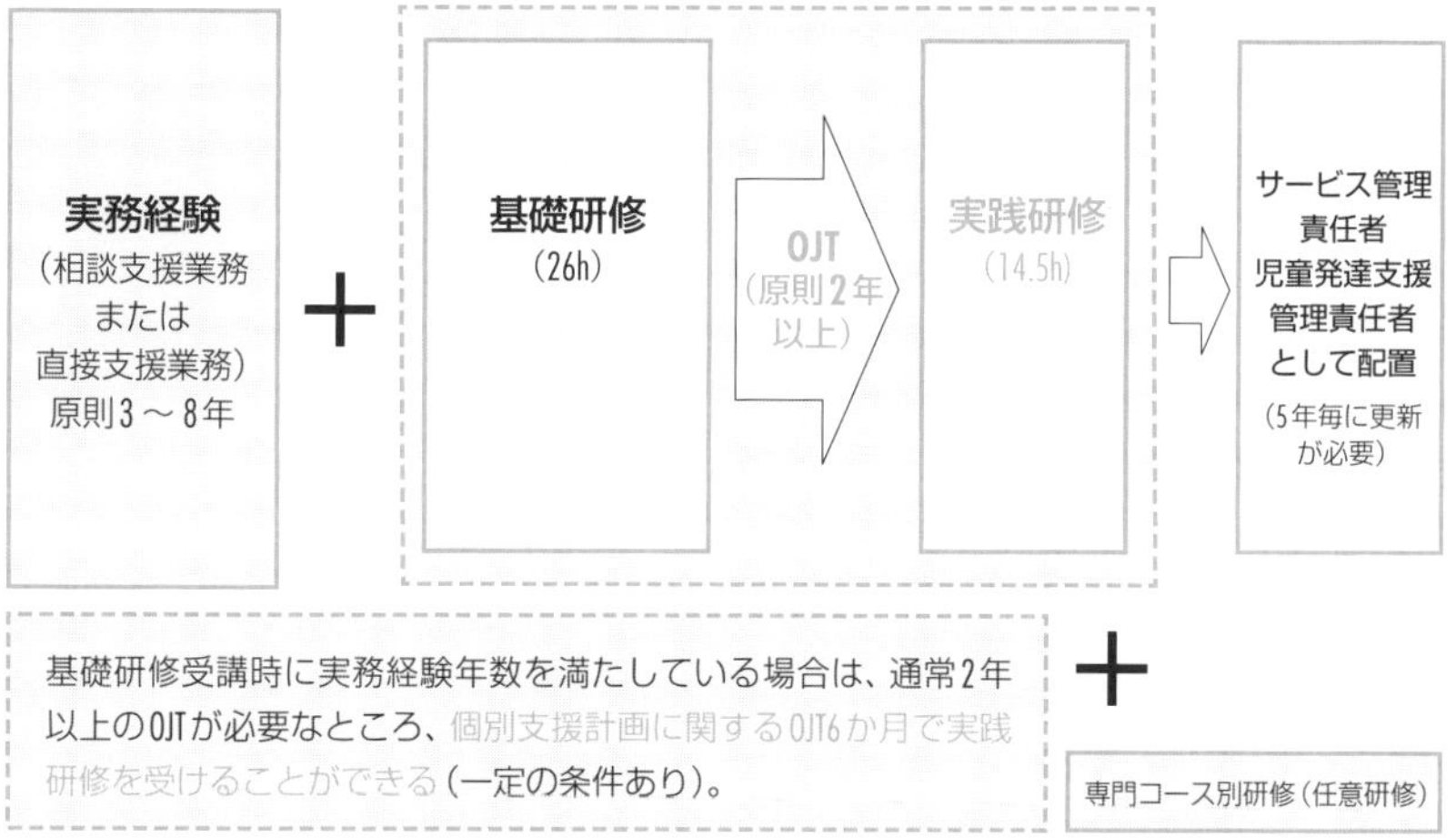

出典：厚生労働省「社会保障審議会障害者部会第135回資料5」（令和5年2月27日）をもとに筆者作成

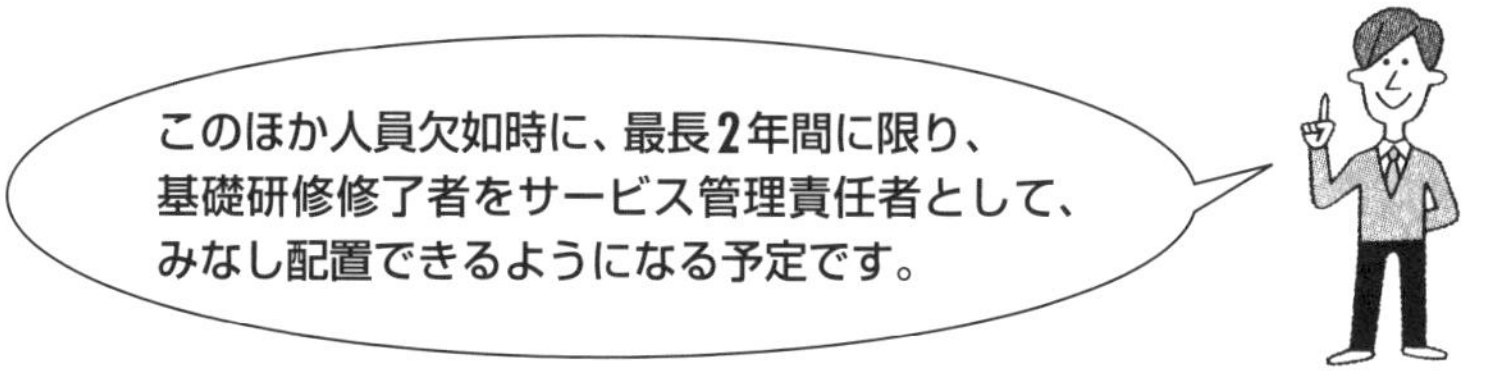

在宅サービスにはサービス提供責任者が配置される

サービス提供責任者は、適切な介護が提供されるよう調整する役割を担っています。

サービス提供責任者とは

サービス管理責任者は、入所・通所系のサービスに配置されますが、訪問系のサービスには設置されません。代わりに、**サービス提供責任者**が配置されることになっています。

サービス提供責任者は、利用者の個別支援計画の策定・評価、サービス提供のプロセス全体を管理する役割を担っています。どのような制度を利用するかを計画するのは、特定相談支援事業所の相談支援専門員（105ページ参照）の役割になりますが、実際の介護スタッフとして入るわけではありません。相談支援専門員が作成したサービス利用計画を理解し、それに合わせて、実際に介護を行うヘルパーの調整や、指導・育成なども行います。いわば現場の**ヘルパーを統括する役割**を担っているといえるでしょう。

配置基準や資格要件は、状況や対象サービスによって様々

サービス提供責任者は、**利用者数、サービス提供時間、従業者数の各基準によって配置人数が算出**されます。サービス管理責任者の場合は、施設の定員などから配置人員を考えやすいのですが、訪問サービスの場合は、業務にかかる人の数も多くなりがちで、単純に利用者数だけで考えることは難しいからです。

また、サービス提供責任者になれる条件も決まっています。サービス提供責任者は介護に関するエキスパートともいえますので、介護福祉士や養成研修の修了者となっています。ただし、対象となる養成研修はいくつかあり、一部の研修では実務経験が一定以上必要になる場合があります。

サービス提供責任者が配置される障害福祉サービスは訪問系ですが、そのなかでも同行援護や行動援護は視覚情報の提供を目的としたものであることもあって、それぞれに対応した養成研修を修了している必要があることに注意が必要です。

サービス提供責任者の主な業務内容

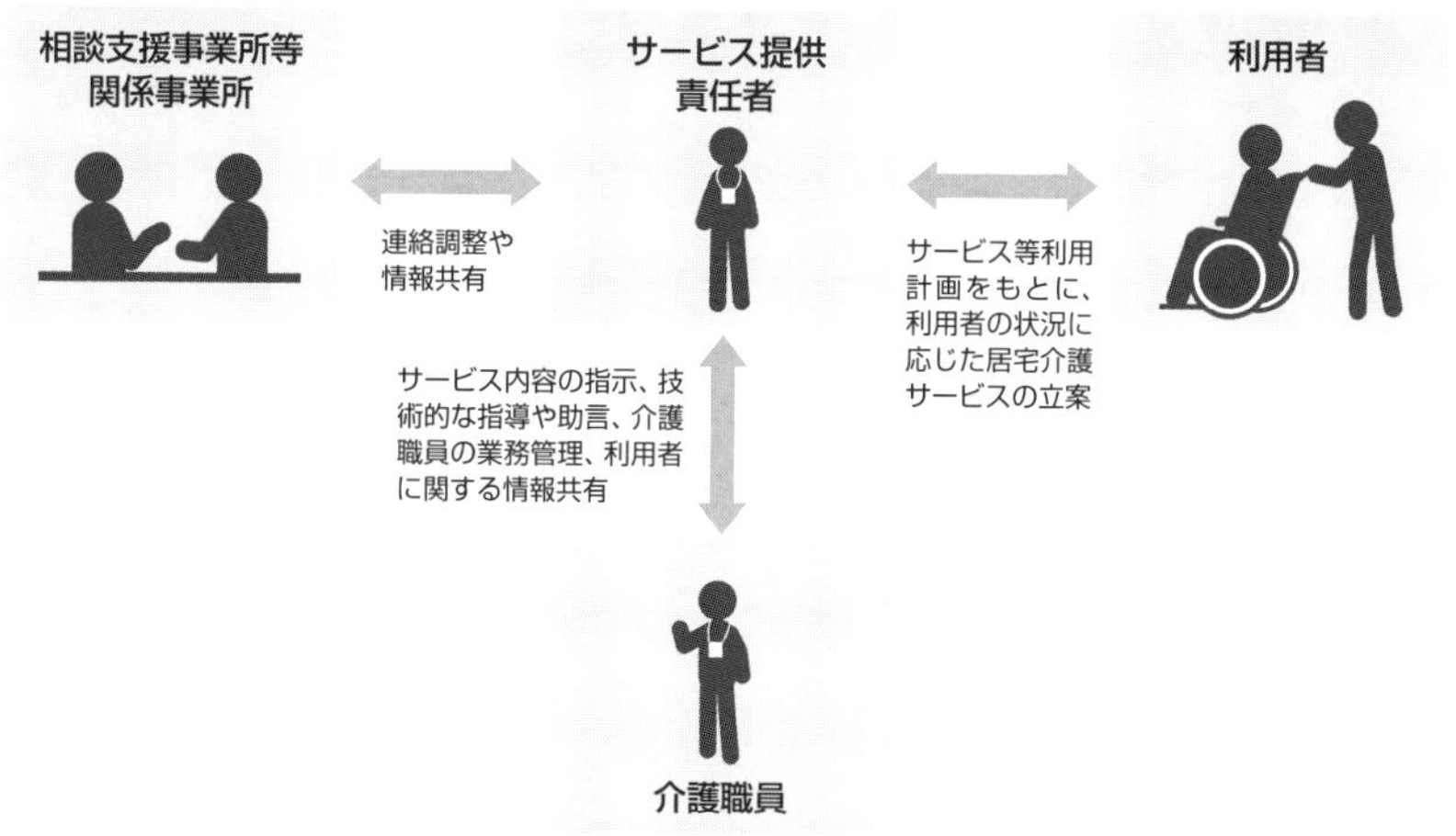

同行援護と行動援護におけるサービス提供責任者の要件

同行援護	行動援護
次の(1)と(2)の両方を満たす者、または(3)を満たす者 (1) 介護福祉士、実務者研修修了者、介護職員基礎研修修了者、居宅介護従業者養成研修1級課程修了者、居宅介護職員初任者研修修了者のいずれかであって、3年以上介護等の業務に従事した者、看護師または准看護師 (2) 同行援護従業者養成研修(応用課程)修了者(それに相当すると認められた研修を含む) (3) 国立障害者リハビリテーションセンター学院視覚障害学科の教科を履修した者、またはこれに準ずる者	次の(1)または(2)に該当する者 (1) 行動援護従業者養成研修課程修了者または強度行動障害支援者養成研修(基礎研修・実践研修)修了者であって、知的障害者(児)または精神障害者の「直接支援業務」に3年かつ540日以上の従事経験がある者 (2) 居宅介護従業者の要件を満たす者であって、知的障害者(児)または精神障害者の「直接支援業務」に5年かつ900日以上の従事経験がある者 (令和3年3月31日までに要件を満たしている場合のみ、令和6年3月31日までの経過措置)

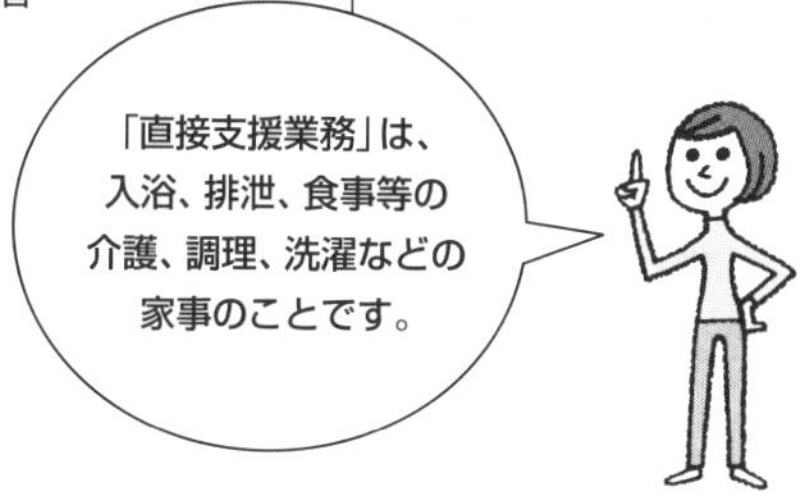

障害福祉サービスには「介護給付」と「訓練等給付」の2種類がある

障害福祉サービスは、利用者の希望や状態に応じて選択されるものです。

自立支援給付と障害福祉サービス

総合支援法で提供されるサービスは様々ありますが、**利用者に対して直接行われるサービス**のことを、法律上では「**自立支援給付**」と呼んでいます（個別給付ともいいます）。また、自立支援給付のうち、各事業所で行われている**直接的な介護や就労支援などの典型的な福祉サービスのことを「障害福祉サービス」**と呼びます。障害福祉サービスには、介護給付と訓練等給付があります。

「介護給付」は、いわゆる介護を行うためのサービスです。具体的には、居宅介護や、施設内で行われる生活介護などが該当します。

また、「訓練等給付」とは、障害者の特性に応じた訓練を実施するもので、生活能力の維持、向上を目指す自立訓練や、就労を目指す就労移行支援などがあたります。

また、各障害福祉サービスの分類の仕方として、法律で規定されているわけではありませんが、サービスの内容に合わせて「訪問系サービス」「日中活動系サービス」「居住系サービス」と、3つの類型で分けることもできます。

ニーズに合った支援ができるように

障害福祉サービスは、障害の種類にかかわらず、全国どこでも同じサービスを受けることができます。事業所では、利用者に合ったサービスが提供できるよう、個別支援計画を作成します。利用者の求めるものは日々変化していきますので、定期的な見直しを実施して、いつでもニーズに合った支援が実施されるようになっています。

身体、知的、精神と3つの分野で分かれていた時代までは、必ずしも障害者一人ひとりのニーズに応えた支援ができているとはいえませんでした。障害種別ではなく、サービスごとに分けることによって、自分が望む地域生活を送れるようにするために、より柔軟な利用ができるように変わっていったといえます。

障害者総合支援法に基づく自立支援給付

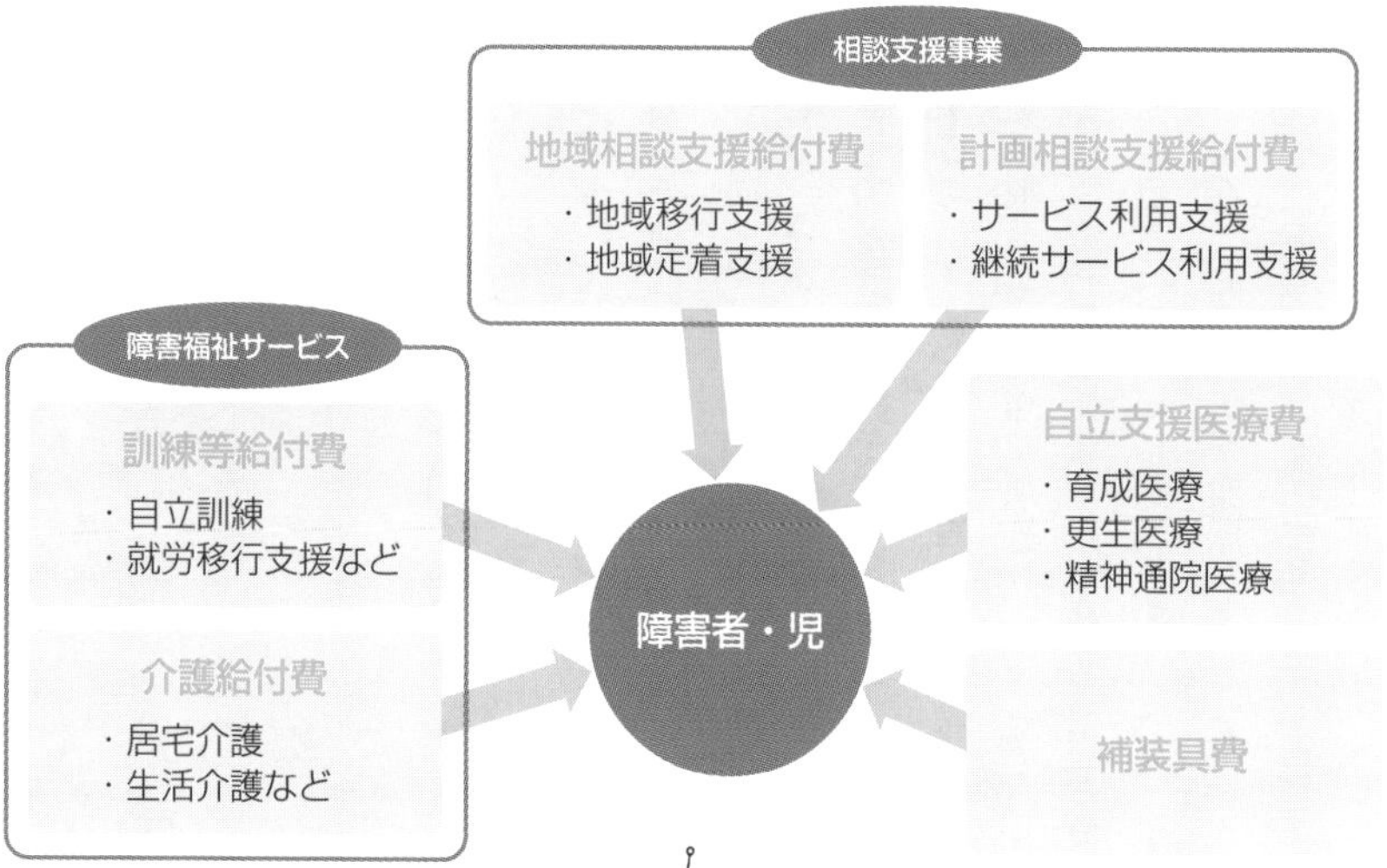

利用者個人に支給されるものは、すべて自立支援給付（個別給付）という扱いです。それ以外は、地域生活支援事業として規定されています。

地域活動支援センターや相談支援事業で実施する基本相談などは、地域生活支援事業です。

障害福祉サービスの体系

訪問系	日中活動系	居住系
●居宅介護（ホームヘルプ） ●同行援護 ●行動援護 ●重度訪問介護 ●重度障害者等包括支援 ●短期入所（ショートステイ） ●自立生活援助	●生活介護 ●療養介護 ●自立訓練 ●就労選択支援 ●就労移行支援 ●就労定着支援 ●就労継続支援	●障害者支援施設での夜間ケア（施設入所支援） ●共同生活援助（グループホーム）

介護給付と訓練等給付の事業を、その性質に合わせて分類する場合もありますね。

在宅での生活をサポートするサービス

居宅介護は、人体でいうところの骨盤のように、地域生活を支える基盤となるものです。

在宅生活を支えるサービス

障害者の社会参加を進めていくうえで、在宅での生活を守ることはとても大切な要素です。ですが、障害の内容によっては、一人で生活をすることができない人もたくさんいます。そこで**入浴や排せつ、食事などの日常的な介護を提供するのが居宅介護**です。よくホームヘルプサービスと呼ばれているものが、これにあたります。

居宅介護は平成15年に始まった支援費制度から規定されていました。そのおかげか、現在でも多くの事業所が居宅介護事業を実施しています。令和3年では2万4462事務所と、障害福祉サービス事業所のなかで最も多いものになっています。どこの町でも、自宅で生活できるような支援を受けることができるといえます。

利用しやすい制度のために

居宅介護は**生活を支えるための制度**ということで、その対象も比較的広く設定されており、障害支援区分1以上の身体、知的、精神障害者となっています。居宅介護と聞くと、介護が必要な方だけが受けるというイメージがありますが、家事援助や通院援助（身体介護がない）などは、知的障害や精神障害があって家事をするのが難しいという場合でも利用できます。

また、事業所に対しても、質の高いサービスを提供していたり、サービスが行き届きにくい離島や豪雪地帯、中山間地域等を対象にしたりすると出る加算（報酬がアップすること）などもあります。

福祉サービスとはいえ、サービスを実施する事業所としても、運営を続けていくための経営判断として、事業を導入しにくい地域や、障害が重い方を引き受けることが難しいケースというのは出てきます。その結果、サービスが届かない方が生まれるということがないように、加算という形で事業所を支え、障害者の地域生活を守る設計がされているのです。

居宅介護のサービス内容

身体介護
- 食事介助
- 清拭・入浴の介助
- 排せつの介助
- 通院、外出の介助　など

身体介護を伴う通院等介助が必要な場合は、区分2以上等の条件が求められる

家事援助
- 洗濯
- 調理
- 買い物
- 掃除　など

その他
- 生活等にかかわる相談・助言
- その他生活全般にわたる援助

居宅介護の主な人員配置

●サービス提供責任者
（常勤の者のうち、1名以上）
・介護福祉士、実務者研修修了者等

●ヘルパー（常勤換算2.5人以上）
・介護福祉士、介護職員基礎研修修了者、居宅介護職員初任者研修修了者等

常勤換算は次の式で求められる

$$常勤換算＝常勤職員の人数＋\frac{非常勤の職員の勤務時間}{常勤の職員が勤務すべき時間}$$

ここでいう常勤とは、フルタイムで働く人のことを指すんですね。正規職員、非正規であることは問われないんですね。

居宅介護の利用状況

令和3年9月

居宅介護事業		身体介護が中心	通院介助が中心		通院等乗降介助が中心	家事援助が中心
			身体介護を伴う	身体介護を伴わない		
障害者	利用実人員（人）	116,836	26,017	8,171	3,415	129,732
	訪問回数合計（回）	2,151,695	86,083	20,003	22,233	1,193,170
	利用者1人当たり訪問回数（回）	18.4	3.3	2.4	6.5	9.2
障害児	利用実人員（人）	9,031	860	69	29	847
	訪問回数合計（回）	98,733	1,941	169	104	7,970
	利用者1人当たり訪問回数（回）	10.9	2.3	2.5	3.6	9.4

出典：厚生労働省 令和3年社会福祉施設等調査をもとに著者作成

特に身体介護と家事援助が多い！

注：1）9月中に利用者がいた事業所のうち、利用実人員不詳及び訪問回数不詳の事業所を除いて算出した。
2）居宅介護事業の利用実人員は、サービスの内容別に利用者を計上している。

例えば、身体障害や重度知的障害の場合は身体介護が多くなりますが、軽度知的障害や精神障害の場合は家事援助が中心になったりします。

常時介護を必要とする人たちのサービス

重度障害を持っていても地域で生活できるように支援します。

3障害を対象とした制度へ

前項で居宅介護は地域生活を支える、人体でいえば骨盤のようなものと書きましたが、障害の程度によっては、居宅介護のサービス内容では不十分な方も多くいらっしゃいます。特に、**一人で行動することがほとんどできない重度肢体不自由者**は、ほぼ丸一日介護の必要がある場合もあります。

そのような人たちが**地域で生活を送るための制度が「重度訪問介護」**です。障害者自立支援法（以下、自立支援法）の時代は、重度訪問介護は一部肢体不自由者のみに限定されていました。しかし、平成26年の法改正では、3障害すべてを対象とした制度に生まれ変わりました。また、平成30年の改正で、訪問先が医療機関まで拡大されたことにより、医療機関に入院した場合でも、利用者の状況がよくわかっているヘルパーを継続的に利用できるようになりました。

重度障害者の手足の代わりに

居宅介護が短時間での支援とすると、重度訪問介護は、**長時間の利用を想定**した制度となっています。報酬単価も8時間までを基本と考えて、24時間利用できるように制度が組まれています。まさにヘルパーが重度障害者の手足の代わりとして生活を支えるといってもよいでしょう。

障害特性に応じた支援

知的障害や精神障害の場合、肢体不自由者が必要とする介護とは異なり、直接的な介護が必要というよりも、激しい自傷や他害行為、集団行動の困難などの行動障害によって介護が必要という場合が多く考えられます。そのため、行動障害に対する支援方法について新たな研修を行うなど、障害に応じた対応が取れるように設定されています。また、支援計画を作成する際には、アセスメントで本人の特性や強みなどを把握して、**場面や工程ごとに丁寧な計画を作ることが必要**です。

重度訪問介護の利用状況

令和3年9月

障害者	重度訪問介護サービス	
		うち移動介護
利用実人員	23,123人	7,121人
訪問回数合計	677,091回	55,721回
利用者1人当たり訪問回数	29.3回	7.8回

※9月中に利用者がいた事業所のうち、利用実人員不詳及び訪問回数不詳の事業所を除いて算出した。
出典：厚生労働省　令和3年社会福祉施設等調査をもとに著者作成

移動介護とは、外出時に移動の支援を行うことです。この表から見ると、月平均**7.8**回の利用となっています。重度の障害を持っている人の、家に閉じこもりになるのではなく、外へ出たいという思いが見えてきますね。

行動障害を有する者に対する支援のあり方

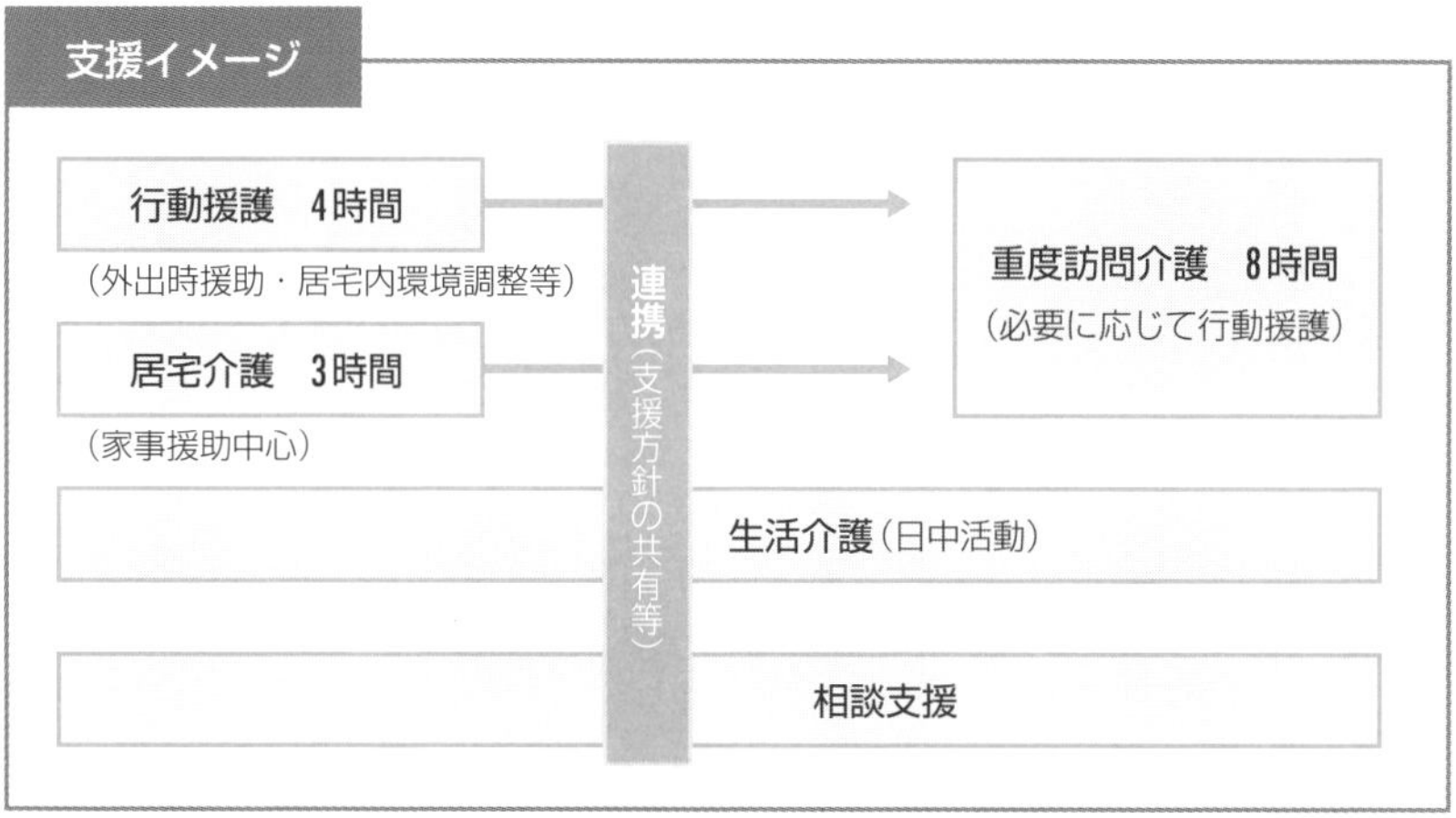

肢体不自由者と知的障害者や精神障害者では、障害特性が異なります。このため、対応できる障害を明確にするために、「主として肢体不自由者に対応する重度訪問介護」と、「主として行動障害を有する者に対応する重度訪問介護」を標ぼうできることになっています。

外出活動を支援するサービス

視覚障害者が安全に外出できるようにするための支援です。

視覚障害者に対する障壁

視覚障害者の外出支援といえば、身近にある点字ブロックや、音の鳴る信号機などが想像できるかと思います。しかし、点字ブロックの上に自転車が止まっているのを見かけるのもしばしばで、十分に環境が整っているとはいえません。また、慣れた道で問題なく移動はできたとしても、目的地に書かれている文字は、点字併記されていない限り読むことができません。

単なる介護ではない同行援護

もともと視覚障害者の外出支援は、ガイドヘルパー事業として実施されてきました。自立支援法が制定される際、ガイドヘルパー事業は、地域生活支援事業の一事業（移動支援事業）として位置づけられ、その後、平成23年に自立支援給付の1つとして**同行援護**がスタートしました。単なる介護ではなく「視覚情報の提供」として位置づけられています。

日常生活を支える支援

同行援護は、視覚障害者の外出保障を定めたものですが、ただ目的地まで同行すればいいというものではありません。**移動に必要な情報を提供すること、それに目的地での代筆・代読**が業務として規定されています。まさに、**その人の目となるサービス**を提供する制度といえます。

同行援護の範囲は、「通勤・営業活動等の経済活動に係る外出、通年かつ長期にわたる外出及び社会通念上適当でない外出を除き、原則として1日の範囲内で用務を終えるもの」とされています。このため、仕事や学校などは範囲に入りませんが、日常的な買い物、余暇活動などで利用することができます。

今まで視覚障害者が外に出るためには、地域による制度のばらつきや設備の状況等、多くの課題がありました。同行援護によって、その課題の多くを解消できることが期待されています。

移動サービスのイメージ

障害の種類		障害度	自立支援給付	地域生活支援事業
身体障害者	肢体	重度	重度訪問介護 重度包括支援	移動支援事業
		軽度	—	
	視覚	重度	同行援護	
		軽度	—	
	聴覚	重度	—	—
		軽度	—	—
知的障害者		重度	重度訪問介護 行動援護	移動支援事業
		軽度	—	
精神障害者		重度	重度訪問介護 行動援護	
		軽度	—	

移動サービスは、安全を確保したりとか、外出の判断を見極めたりなどと、ただの付き添いとは違うので、支援者にも一定の能力が求められるんですね！

特定の宗教の普及活動や、特定の政党を支持する政治活動などは、同行援護では認められていません。ただし、個人の信仰する宗教行事や選挙の投票は認められます。

身体介護の有無による分類は廃止されましたが、重度障害者支援の評価として、加算が設けられています。

サービス提供者の資格要件

いずれかの資格が必要

- 同行援護従業者養成研修（一般課程）の修了者
- 居宅介護従業者の要件を満たす者 ＋ 1年以上の視覚障害に関する実務経験
- 国立障害者リハビリテーションセンター学院視覚障害学科修了者等

日常生活での危険回避を行うサービス

こちらも外出など知的障害者、精神障害者の行動を支援するサービスです。

重度知的・精神障害者が対象

外出先で、てんかん発作をコントロールできなかったり、自閉スペクトラム症を持つ方がパニックを起こしたりすると、その身に危険が及ぶことがあります。ほかにも自傷行為や異食、徘徊など、**重度の障害によって引き起こされる状況に対する支援が行動援護**です。この制度は、**知的障害者と精神障害者を対象**として設置されました。

危険回避や予防的対応を行う

行動援護は、いわゆる身体介護も含まれますが、特徴的なのは、行動するときに起こりえる危険を回避するための援護を行うことです。また、初めての場所では不安定になってしまう人も多いことから、不安が出ないように予防的対応を取ること、パニックになってしまったときなどに落ち着かせるための対応を取ることなどが規定されています。この制度を利用することで、レクリエーションで街中に遊びに行く、官公庁に手続きに行く等、普段パニックが起きてしまったらどうしようと、不安で行くことができなかった場所へ行くことができるようになります。

誰でも使えるサービスになるには

とはいえ、パニックになる原因やその対処法などは人それぞれで、支援者も相当の技術を必要とします。このためサービス管理責任者には、原則、養成研修修了後、知的障害者や精神障害者の直接処遇経験を3年以上、従事者にも養成研修の受講や一定の実務経験が求められるなど、**サービス実施側に厳しい条件**を示しています。しかし、事業所数は令和3年10月において2694と、4年前に比べ約2倍以上に増えています（令和3年社会福祉施設等調査より）。

制度自体は重度障害者の社会参加を支える大変重要なサービスであり、事業所の増加など、使いやすいサービスとなることが求められています。

行動援護のサービス内容

行動する際に起こるかもしれない危険を回避するために必要な援護
外出時における移動中の介護
排せつ・食事等の介護　その他の行動の際に必要な援助

予防的対応	あらかじめ目的地での行動等を理解させる等
制御的対応	起こしてしまった問題行動を、適切に収める等
身体介護的対応	便意の認識ができない者の介助等

ただし行動援護は、同行援護と同様に、経済活動に関係した外出（通勤や営業活動等）や、長期にわたる外出（通学・通所）、また社会通念上適当ではない外出は、対象外とされています。

行動援護の専門性

視点

・障害特性や、利用者が抱える課題について、的確に把握するための視点を持っている。

計画作成

・利用者それぞれのニーズに合わせた計画を立て、安心して外出ができるよう十分な事前準備を行う。単なる移動補助ではなく、利用者の要望に応じて、今まで行ったことがない場所に行くための援助を行う。

支援技術

・外出時に何らかのトラブルが起きた際に、適切に対応することができるよう、十分な研修を受けるなど、支援者の技術が担保されている。

地域生活支援事業で行われる移動支援とは違い、より利用者の状況に沿った支援を受けることができますが、日常的に使いやすい制度にするため、今後も検討が必要です。

複数のサービスを包括的に行う

重度障害者等包括支援は、常に介護が必要な方に対する総合的な支援です。

最重度の障害者を支える制度！

総合支援法では、必要なサービスをそれぞれ個別に申し込んで、組み合わせることが基本です。しかしそれだと、急に契約していないサービスが必要になったときに、いちいち契約をし直さなければならないことになり、特に多くの支援が必要となる重度障害者にとっては使いにくいものになります。

そこで、**最重度の人たちの地域生活を支えるための仕組みとして、重度障害者等包括支援が設定**されています。

これにより、緊急のニーズに対しても、**臨機応変にサービスを調整**することができます。

利用が進まない実態がある

もともと重度障害者等包括支援は、筋ジストロフィーや脊椎損傷、筋萎縮性側索硬化症（ＡＬＳ）の患者などのニーズに対応して生まれた制度です。最重度の障害を持つ人たちにとって、途切れない包括的な支援は、まさに命をつなぐものともいえます。

ですが、実際のところ、重度障害者等包括支援が十分に活用されてきたか、というとそうでもありません。

例えば、この事業を行う事業者は、**24時間利用者と連絡が取れるようにし、各種サービスを提供できる環境**を整える必要があります。しかし、それを実際にしようと思うと、すべての事業を自前で運営することは難しく、どうしても他機関に協力を求めなければいけません。そのため、利用者の状態に合わせてサービスの調整を各機関等と行うことが必要となります。令和3年では実施事業所はわずか20か所、利用者数も29名にとどまっており、身近なサービスとはいいがたいです（令和3年社会福祉施設等調査より）。

とはいえ、最重度障害者にとって途切れない包括的な支援が必要とされている実情があることには変わりません。実施には様々な課題がありますが、うまく活用ができることが期待されています。

重度障害者等包括支援の対象者

この制度の対象となるのは、「障害支援区分が区分6（障害児にあっては、区分6に相当する支援の度合い）で、意思疎通を図ることに著しい支障がある者であって、下記のいずれかに該当する」人となっています。

類型		状態像
重度訪問介護の対象であって、四肢すべてに麻痺等があり、寝たきり状態にある障害者のうち、右のいずれかに該当する者	人工呼吸器による呼吸管理を行っている身体障害者（Ⅰ類型）	筋ジストロフィー 脊椎損傷 ALS 遷延性意識障害　等
	最重度知的障害者（Ⅱ類型）	重症心身障害　等
障害支援区分の認定調査項目のうち行動関連項目等（12項目）の合計が10点以上である者（Ⅲ類型）		強度行動障害　等

運営基準

- 利用者と24時間連絡対応が可能な体制を確保できる
- 2つ以上の障害福祉サービスを提供できる体制を確保できる（第三者への委託も可）
- 専門医のいる医療機関と協力体制がある
- サービス利用計画を週単位で作成すること
- 提供するサービスにより、最低基準や指定基準を満たす

利用者の状況により組み合わせてサービスを提供する制度

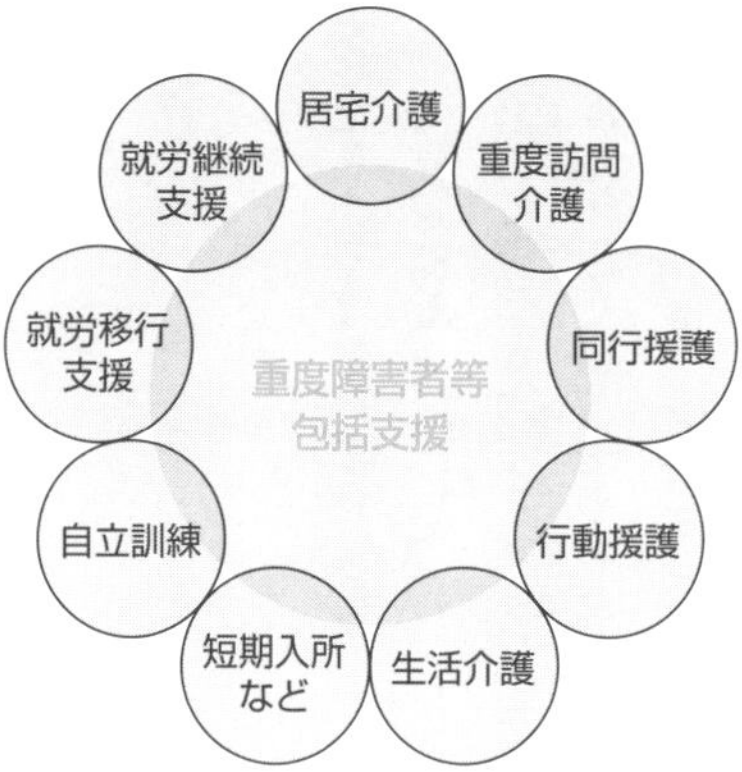

重度障害者等包括支援の制度を進める際の壁として、様々な課題 ―― ①コスト面、②人材面、③対象者規定、④サービス内容の認知等があります。国においても、対象者や報酬についての議論がなされています。

短期間の入所支援を行うサービス

家族の支援を一時的に受けることができないときに短期で利用できる支援です。

一時的に入所支援を行う

地域で生活するうえで、家族による支援はとても大きな役割を担っています。しかし家族とはいえ、**365日休まず支援できるわけではありません。**体調を崩すこともあれば、数日出張で不在にしなければならないこともあるでしょう。お願いできる人が近くにいない、でも居宅介護だけでは生活できるかわからない……。そんなときに利用できるのが**短期入所**です。

3障害問わず、施設内で入浴、排せつ、食事等の介護や、日常生活上の支援を行うもので、あくまでも、通常は自宅で生活をしている方への一時的な施設サービスになります。

地域生活を進めるための骨盤

短期入所は「**ショートステイ**」とも呼ばれ、ホームヘルプ、グループホームと並んで、地域生活を支える制度の骨盤ともいえるものです。安心して地域生活を送るうえで、何かあったときの受け皿は必要です。短期入所は困ったときの一時的な受け皿として、なくてはならない存在であるといえます。

レスパイトケアの役割も

短期入所は、家庭内での介護が一時的にできなくなったときに実施するものですが、必ずしも病気などの理由に限定したものではありません。

たとえ家族であったとしても、介護には相当の負担がかかります。介護疲れで家族も休みたい。そうしたときに短期入所を利用することも可能です。家族を癒やすために、**外部のサービスを利用してリフレッシュすることを「レスパイトケア」**といいます。

日本では「家族ががんばらなきゃいけない」という固定観念があり、家族がケアを休むことの必要性について社会的認識がまだ十分ではないことが課題として挙げられています。地域生活を無理なく続けていくためにも、短期入所をうまく利用できるようにしていくことが必要です。

短期入所の対象者

障害者支援施設等で実施可能	福祉型	●障害支援区分１以上の者 ●障害児に必要とされる支援の度合いに応じて、厚生労働大臣が定める区分における区分１以上に該当する児童
病院、診療所、介護老人保健施設等で実施可能	医療型	遷延性意識障害児・者、ALS等の運動ニューロン疾患の分類に属する疾患を持つ者、重症心身障害児・者等

このサービスは、家の介護者が病気などの理由によって、障害者支援施設などへの短期間の入所が必要になったときに利用できます。

自立支援給付として利用できる日数については、市町村の判断によって決定されます。

短期入所の事業所の形態

併設事業所	指定障害者支援施設や児童福祉施設など、入浴・排せつ・食事の介護など必要な支援を適切に行うことができる入所施設（以下、指定障害者支援施設等）に併設されていて、指定短期入所の事業を行う事業所として、指定障害者支援施設等と一体的に運営を行う事業所
空床利用型事業所	利用者に利用されていない指定障害者支援施設等の全部あるいは一部の居室において、指定短期入所の事業を行う事業所
単独型事業所	指定障害者支援施設等以外の施設であって、利用者に利用されていない入浴・排せつ・食事の介護など必要な支援を適切に行うことができる施設の居室において、指定短期入所の事業を行う事業所

併設事業所は、事業に支障が生じない場合で、さらに専用居室をきちんと用意して実施する場合に限って、実施できるんですね。

病院で医療的ケアが受けられるサービス

療養介護は医療的ケアと介護の両方が必要な方のために医療機関が行うサービスです。

医療機関で実施される

ＡＬＳや筋ジストロフィー、重症心身障害など、障害によっては、医療的ケアが常時必要になる方もいます。

そのため、**介護とともに医療的ケアを提供**できるように設置されたのが**療養介護**です。医療的ケアが必要になるため、当然医療機関で実施することになります。これは、従来からある筋ジストロフィー病棟や重症心身障害児(者)施設などの機能に合わせたものです。

患者の自己決定を促す制度

療養介護の対象となる疾患の1つ、筋ジストロフィーのための病棟が旧国立療養所（現在の独立行政法人国立病院機構の病院）に開設されたのは昭和39年のことでした。その後医療の進化に伴って、平均余命が延びていくなか、単なる治療にとどまらない、患者の自立に向けた運動が行われるようになります。

現在、筋ジストロフィー患者のなかには自立生活をしている人もいれば、自ら病棟に入院し続けることを決めた人もいます。自立している人は重度障害者等包括支援などを、病棟に残る人は療養介護を利用することになります。

地域に戻るか、そのまま入院を続けるか、どちらにもメリット・デメリットがあります。どちらかがよい、というわけではありません。療養介護は、患者自らが、**積極的に自身の療養について決定していく**ことを促したものといえるでしょう。

望む生活を送れる社会に

療養介護は、療養生活のなかに人生の意味を見出して、創造的な活動や自己実現を図る活動をされている患者たちのために、なくてはならない給付です。しかし、一方で退院はできないという気持ちを抱えたまま病棟で過ごす人がいるのも事実です。どのような人でも望む生活が可能となる社会を築いていかなければならないことが、療養介護の現場から垣間見えます。

療養介護の主な対象者

病院などでの長期入院による医療的ケア、さらに常時の介護を必要とする障害者	①障害支援区分6に該当し、気管切開に伴う人工呼吸器による呼吸管理を行っている者
	②障害支援区分5以上であって、重症心身障害者または進行性筋萎縮症患者等、基準に該当した者
平成24年3月31日において、現に重症心身障害児（者）施設または指定医療機関に入院している者であって平成24年4月1日以降に療養介護を利用する①②以外の者	

療養介護では、単純に医療だけ、介護だけという考えではなくて、医療や看護、療育、リハビリテーション、介護、さらに学校教育の関係者がチームを組んで、その人に応じたプログラムを立案・実施していますね。

入院中に退院後の生活について相談援助を実施した場合や、退院後に自宅で相談援助を行った際に、地域移行加算がつくことになっています。地域生活をしたいという方を、加算という形でフォローしているといえます。

重症心身障害児（者）の判定に用いられる「大島の分類」

知能（IQ）	走れる	歩ける	歩行障害	坐れる	寝たきり
境界（80〜70）	21	22	23	24	25
軽度（70〜50）	20	13	14	15	16
中度（50〜35）	19	12	7	8	9
重度（35〜20）	18	11	6	3	4
最重度（20〜）	17	10	5	2	1

（横軸：運動機能）

※図の1から4までを、通常重症心身障害児（者）としている。

重症心身障害は、重度の肢体不自由と知的障害が重複した障害をいいます。「大島の分類」は、大島一良氏によって考案された判定方式で、身体能力と知能指数の状態から判断をします。

介護と創作活動等を組み合わせたサービス

生活介護は施設に通いながら介護を受けたい人のための支援です。

介護が必要な人の日常生活の場として

支援費制度から自立支援法に移行する際、多くの施設が、今いる利用者にとって自分の施設がどの体系に移行するのがよいのかで悩みました。当時の知的障害や身体障害の施設は介護が必要な人も多く、居場所としての意味合いが強い施設もありました。結果、そのような施設が多く移行したのが、この**生活介護**です。

生活介護は、**食事や排せつなどの介護や日常生活上の支援のほか、創作的活動や生産活動といった機会の提供**が定められており、旧法時代から行われている内職や自主製品製作などの授産活動は、これに該当するとして捉え、以前とほとんど変わらない支援体制を取っている施設も多いです。また、介護があまり必要ない人たちのために、就労継続支援B型などを併設しているところもあります。

日常生活を楽しむために

生活介護は、あくまでも常時介護が必要な人に対する制度ですので、原則**障害支援区分3以上の人を対象**としています。居場所としての役割も大きいことから、比較的通所期間が長く、年齢を重ねている人も多くいます。

施設が提供している創作的活動、生産活動は様々で、自主製品の製作から、パンや焼き菓子の製造、企業からの内職など多岐にわたります。地元密着の請負作業をしているところも少なくなく、例えばスーパーなどから出る食品廃棄物を加工して、家畜用の飼料を作る事業所もありました。

しかし、生活介護で行う活動は、就職のための技能習得や、生活費を稼ぐことが一番の目的ではありません。必要とされる介護のレベルは様々で、比較的難しい作業ができる人もいれば、非常に簡単な作業しかできない人もおり、支援者は作業内容の検討や治具《じぐ》の開発を通じて、**一人ひとりの可能性を引き出しています。**

生活介護の主な対象者

地域や入所施設において、安定した生活を営むため、常時介護等の支援が必要な者	①障害支援区分が区分3（障害者支援施設等に入所する場合は区分4）以上の者
	②年齢が50歳以上の場合は、障害支援区分が区分2（障害者支援施設等に入所する場合は区分3）以上の者
	③施設入所支援との併用を希望する者で、障害支援区分が区分4（50歳以上の場合は区分3）より低い者のうち、指定特定相談支援事業者によるサービス等利用計画の作成の手続きを経た上で、市区町村が利用の組み合わせの必要性を認めた者

幅広い年齢層が利用することから、高年齢の方に対する枠組みも存在します。

生活介護の主な人員配置

平均障害支援区分	人員配置（利用者：従業者）	従業者の対象職種
4未満	6：1	・看護職員 ・理学療法士または作業療法士 ・生活支援員
4以上5未満	5：1	
5以上	3：1	

※看護職員の数は、生活介護の単位ごとに、1以上とする。

生活介護では障害の状況に応じて、ふさわしいサービスの提供体制が確保されるよう、利用者の平均障害支援区分に応じた人員配置の基準を設定しています。

生活介護の活動内容

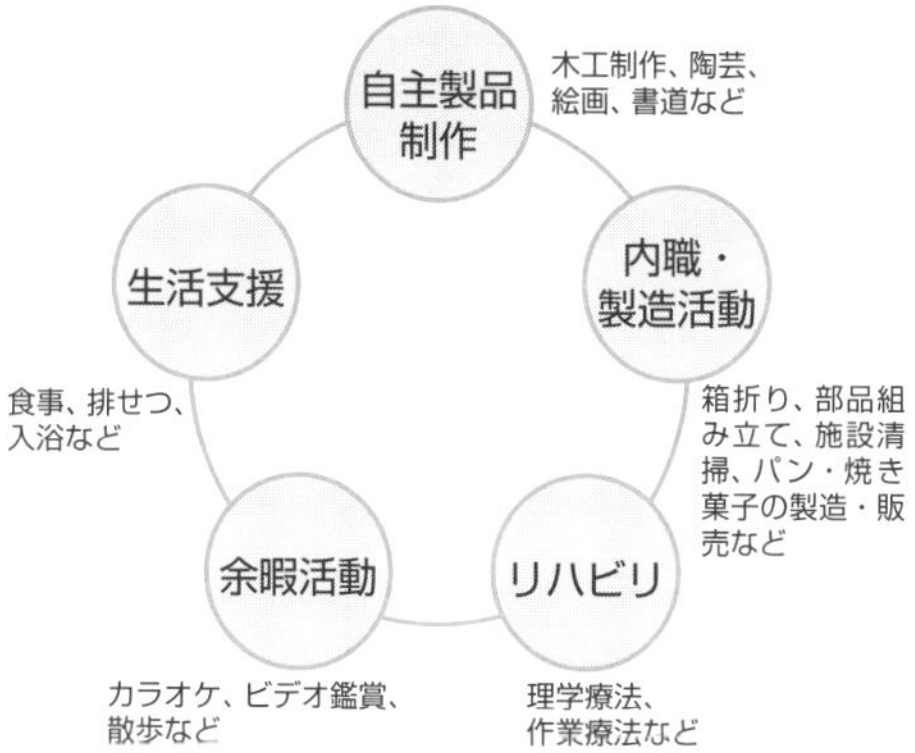

活動内容は、いろいろありますね。施設には利用者の生活をサポートする「生活支援員」がいて、通所している方が日常生活を楽しむことができるよう、状況に合わせて日々工夫しているんですね。

障害者支援施設で夜間ケアが受けられるサービス

日中は通所施設で、そして夜もサービスを受けたい人のための支援です。

サービスの選択がより自由に!

自立支援法以前にあった入所更生施設は、施設内で生活をしながら訓練を受ける、という、生活と訓練が一体となった形で運営されていました。この場合、基本的には施設で提供されている訓練しか受けることができず、必ずしも自分に合った支援を日中受けられるわけではありません。ですが、通所施設は住居機能を持っていませんでしたので、そこにある支援で我慢するしかなかったのです。

施設入所支援（障害者支援施設での夜間ケア等）は、そのジレンマを解消するために設置されたサービスです。**日中活動と、暮らすための施設を分けることによって、利用者がより自由にサービスを組み合わせることができる**ようにしたのです。

日中活動をすることが前提

そのため、この制度は**原則として、日中活動の場がある人を対象**にしています。また、入所更生施設だった施設は、施設入所支援に加えて、日中のサービスとして生活介護や自立訓練などを行うなど、元からいた人が同じようなサービスを受けることができるように対応しています。なお、このように施設入所支援と一緒に、日中に別の障害福祉サービスを実施している施設のことを、**障害者支援施設**と規定しています。

地域移行も視野に

施設入所支援は地域移行支援の対象でもあります。入所されている人の状況は様々ですが、外で暮らせる能力があるものの実際に暮らすのは不安、など、様々な理由で社会的入所を続けている人も少なくありません。施設入所支援のスタッフは、入居者それぞれの状態を理解し、その人それぞれが自分らしい生活をするためには、どのような支援が望ましいのかを考えながら、接していくことが必要といえるでしょう。

施設入所支援の主な対象者

①生活介護利用者のうち、区分4以上の者（50歳以上の場合は、区分3以上）

②自立訓練または就労移行支援の利用者のうち、入所させながら訓練等を実施することが必要で、かつ効果的であると認められる者または通所によって訓練を受けることが困難な者

③生活介護を受けている者であって障害支援区分4（50歳以上の場合は障害支援区分3）より低い者のうち、指定特定相談支援事業者によるサービス等利用計画案の作成の手続きを経たうえで、市町村が利用の組合せの必要性を認めた者

④就労継続支援B型を受けている者のうち、指定特定相談支援事業者によるサービス等利用計画案の作成の手続きを経たうえで、市町村が利用の組合せの必要性を認めた者

施設入所支援のサービス内容

- 居住の場の提供
- 入浴、排せつ、食事、着替え等の介助
- 食事の提供
- 生活等に関する相談や助言
- 健康管理

夜間の入浴、排せつといった介護や、日常生活上の相談支援等を行います。利用期間については、生活介護の利用者は制限がありませんが、自立訓練や就労移行支援の利用者は、当該サービスの利用期間に限定されます。

サービスのイメージ

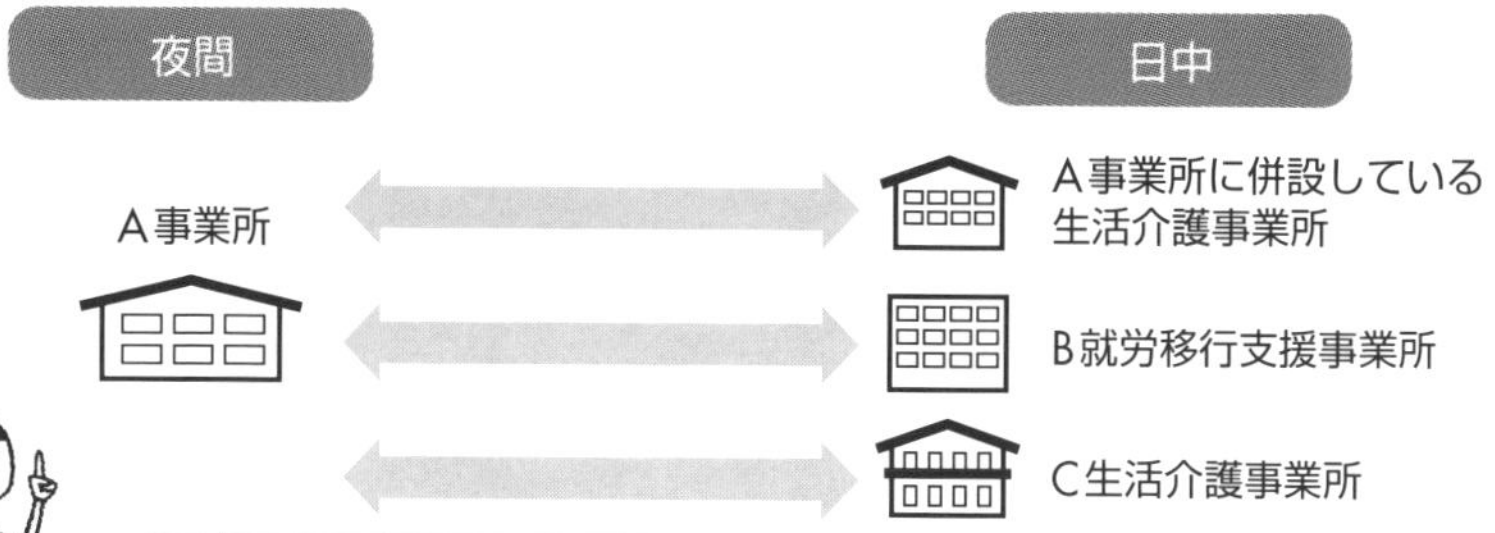

日中は他の施設で就労支援といったサービスを受け、夜には戻ってきて暮らしのためのサービスを受けることができるんですね。

複数の人が生活をともにするサービス

グループホームは、外で暮らしたいけど、一人で暮らすのはまだ不安な人のための支援です。

地域生活を支える要の1つ

グループホーム（共同生活援助）は、居宅介護、短期入所と並んで、障害者の地域生活を支えるための中心ともいえる制度の1つです。障害を持った人たちが共同生活を送り、職員はその手助けをするという形は、**親亡き後の支援の要**として注目されていました。

入所には、日中活動する場があることが求められています。また職員体制は、1施設に世話人一人配置される程度で、主に生活のフォローをする役割を担います。一口にグループホームといっても、利用者の状況によりいくつかの類型に分かれます。

様々なニーズに合わせた運用

障害者の高齢化が進むなか、グループホームは親亡き後の役割を担うことがますます求められますが、同時に**重度化・高齢化に伴うケア**も必要になってきたことから、平成30年度より**日中サービス支援型**が創設されました。このサービスに対しては、短期入所を併設した施設からの地域移行への促進や、地域生活を続けていくための中核的な役割といったことが期待されています。

また総合支援法では、一人で暮らしたいというニーズに応えるため、本体住居との連携を前提にした「サテライト型住居」が創設されています。サテライト型住居は、民間のアパートなどで生活し、余暇活動や食事などは本体となる住居を利用するもので、本体住居につき原則2か所が上限とされています。

家賃の補助もある

また、利用促進のために、**グループホーム入居者に対する助成**もあります。生活保護や低所得の世帯に限られますが、家賃を対象に特定障害者特別給付費として上限1万円の助成が下りることになっています。その他、自治体による助成が行われているケースもありますので、気になる場合は一度自治体担当課へ確認をしてみましょう。

共同生活援助の類型ごとのサービス内容

	介護サービス包括型	日中サービス支援型	外部サービス利用型
利用対象者	障害支援区分にかかわらず利用可能		
サービス内容	・主に夜間における食事や入浴等の介護や相談等の日常生活上の援助 ・利用者の就労先または日中活動サービス等との連絡調整や余暇活動等の社会生活上の援助		
介護が必要な者への対応	当該事業所の従業者により介護サービスを提供	当該事業所の従業者により常時の介護サービスを提供	外部の居宅介護事業所に委託

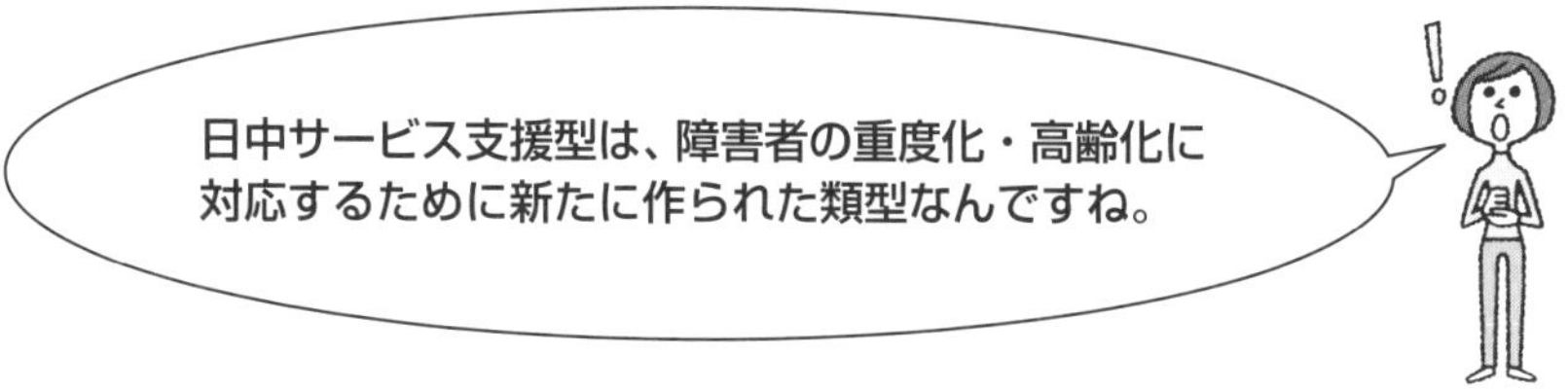
日中サービス支援型は、障害者の重度化・高齢化に対応するために新たに作られた類型なんですね。

グループホームのイメージ

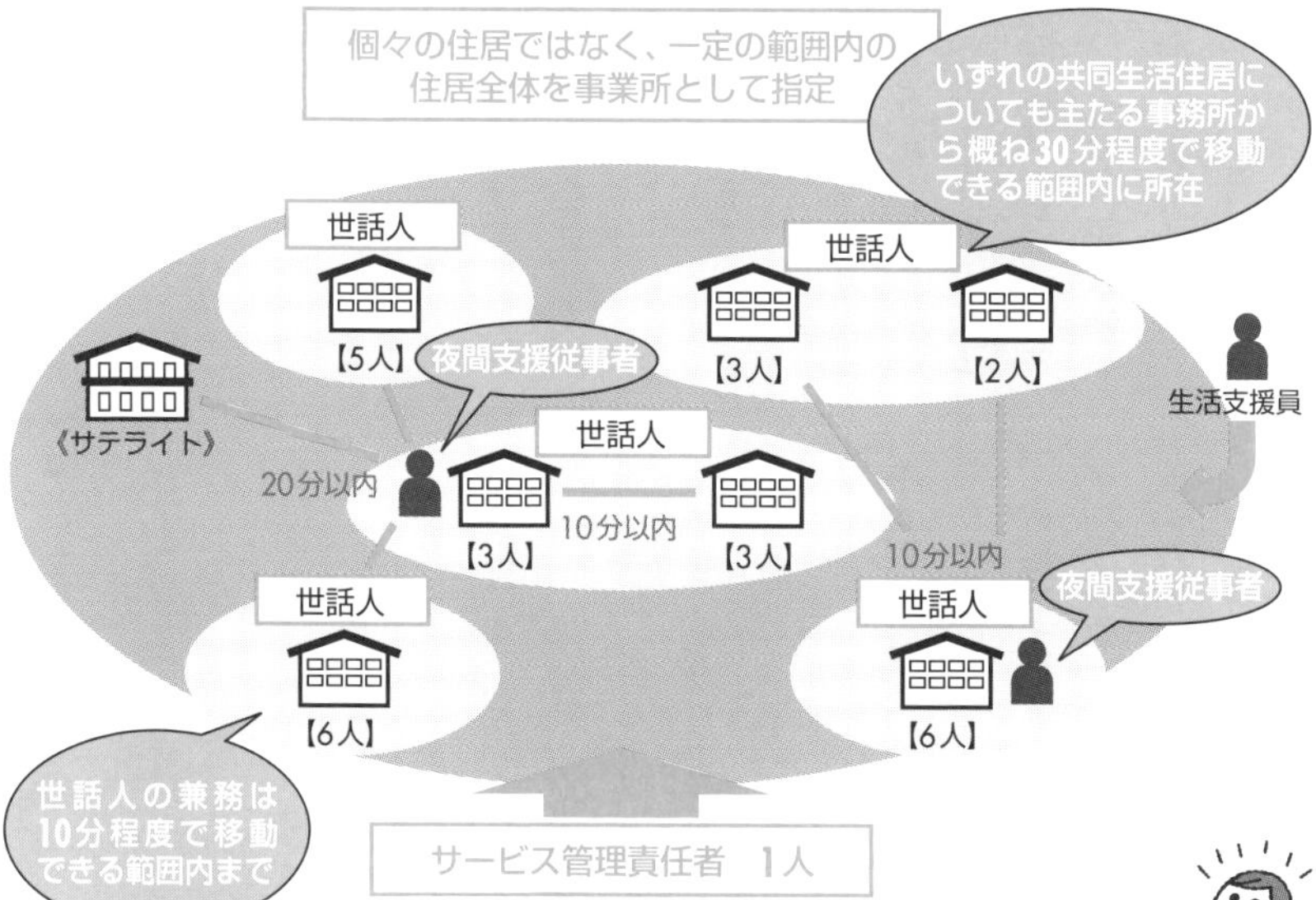
個々の住居ではなく、一定の範囲内の住居全体を事業所として指定
いずれの共同生活住居についても主たる事務所から概ね30分程度で移動できる範囲内に所在
世話人
【5人】
夜間支援従事者
世話人
【3人】
【2人】
生活支援員
《サテライト》
20分以内
世話人
【3人】
10分以内
【3人】
10分以内
世話人
夜間支援従事者
世話人
【6人】
【6人】
世話人の兼務は10分程度で移動できる範囲内まで
サービス管理責任者　1人

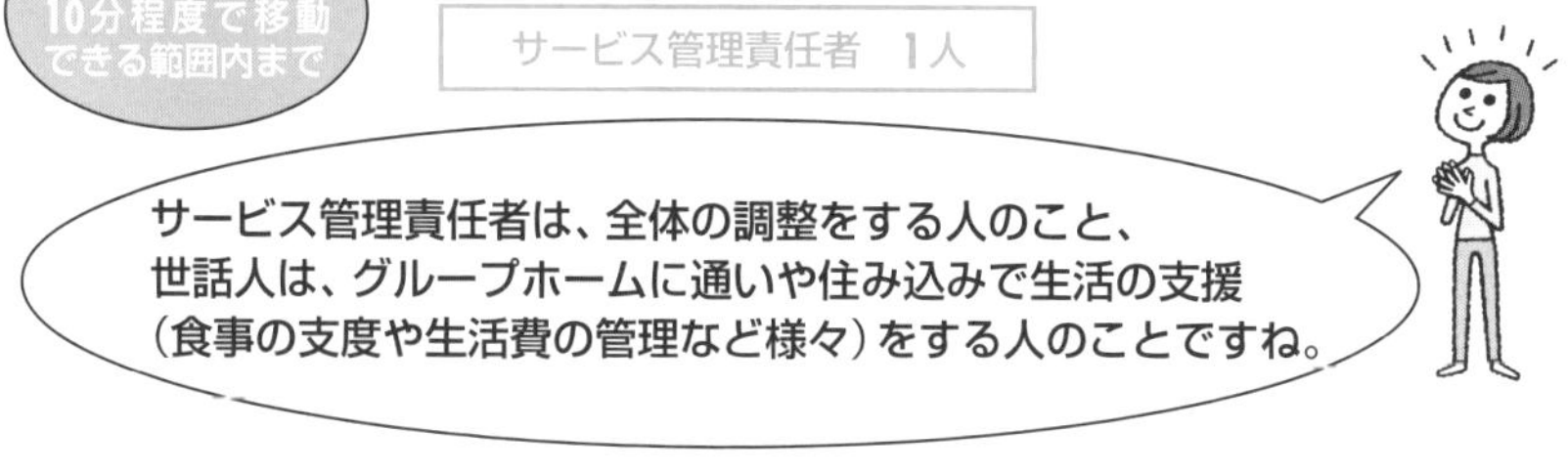
サービス管理責任者は、全体の調整をする人のこと、
世話人は、グループホームに通いや住み込みで生活の支援
(食事の支度や生活費の管理など様々)をする人のことですね。

一人暮らしをサポートするサービス

賃貸住宅などで一人暮らしをするのが不安な方を、巡回訪問や臨時対応を通してサポートします。

一人暮らしを始めたものの……

自立生活援助は、一人暮らしを支えるためのサービスとして設定され、種類としては、訓練等給付に該当します。

一人暮らしに向けた支援自体は、従来も入所施設や医療機関内などで行われていましたが、いざ実際に一人暮らしを始めてしまうと、日々の様子を確認することはできません。ホームヘルプサービスなどを導入していれば、週に何度かは様子を見に行くことができますが、それは決められた日時にしか訪ねることができず、緊急の対応などは行えません。このため、一人暮らしを始めたものの、掃除や洗濯ができずに不潔な状態が続いてしまったり、近所から苦情が来たりと、トラブルを起こしてしまうケースもありました。そこで、**一人暮らしを円滑に進めていけるようサポートする**ことが自立生活援助の役割です。

不安な地域生活を支える

自立生活援助では、**定期的に利用者の居宅を訪問**して、食事や洗濯、掃除の様子の確認、家賃など生活費の支払状況、地域住民との関係などを確認し、必要に応じたアドバイスや、医療機関等との連絡や調整を行います。また、急に困ったことが起きたときなど、利用者からの相談要請に対しては、訪問や電話、メールなどで随時対応を取ることになっています。

もちろん一人暮らしを始めたら、ある程度の生活力を身につける必要があるので、この**サービスの利用期間は原則1年間**となっています。期間限定サービスではありますが、これまで自信がなくて一人暮らしに踏み出せなかった人が「1年間のサポートがつくのであれば地域での生活を希望する」というケースは少なくないと思われます。

地域で生活するという、当事者からすれば「不安との闘い」ともいえる状況のなかで、一緒になって考えてくれる人の存在は、とても大きなものといえるのではないでしょうか。

自立生活援助とは

概要	一人暮らしに必要な理解力や生活力を補うために、定期的な居宅訪問や随時の対応により必要な支援を行う
対象者 （AかつBを満たす者）	A 定期的な巡回訪問または随時通報による必要な情報の提供および助言その他の援助が必要な障害者 B 障害者支援施設もしくは共同生活援助を行う住居等を利用していた障害者、または居宅において単身（家族と同居している場合でも家族等が障害、疾病等）のため、居宅における自立した日常生活を営む上での各般の問題に対する支援が見込めない状況にある障害者
支援内容	① 定期的な巡回または随時通報を受けて行う訪問 ② 相談対応等の方法による障害者等にかかる状況の把握 ③ 必要な情報の提供および助言並びに相談 ④ 関係機関（計画相談支援事業所や障害福祉サービス事業所、医療機関等）との連絡調整 ⑤ その他の障害者が自立した日常生活を営むための環境整備に必要な援助
利用期間	1年間（利用期間終了後について、市町村審査会における個別審査を経てその必要性を判断した上で適当と認められる場合には更新を可能とする）

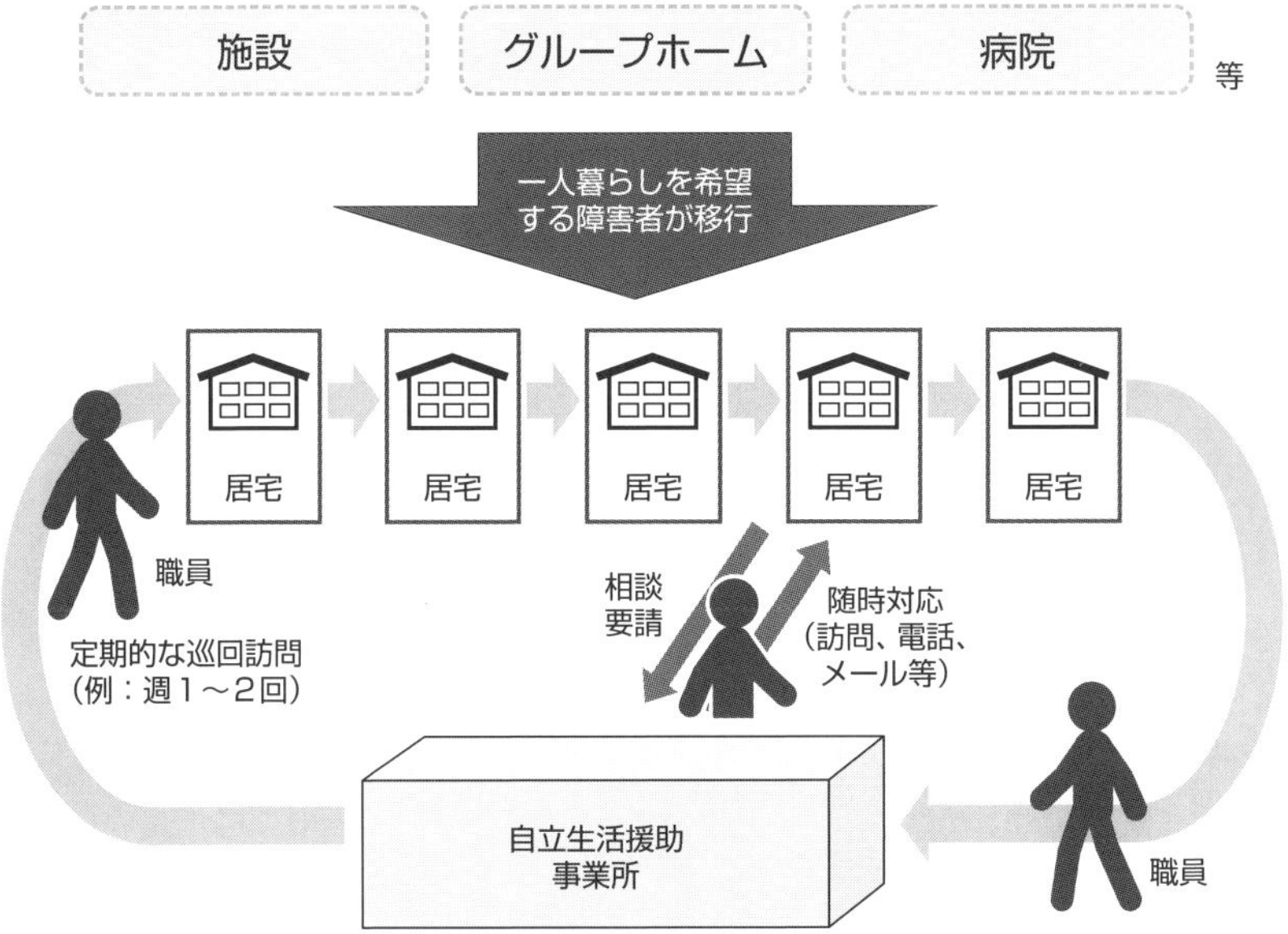

施設
グループホーム
病院
等
一人暮らしを希望する障害者が移行
居宅
居宅
居宅
居宅
居宅
職員
定期的な巡回訪問
（例：週1～2回）
相談要請
随時対応
（訪問、電話、メール等）
自立生活援助事業所
職員

出典：厚生労働省HPをもとに著者作成

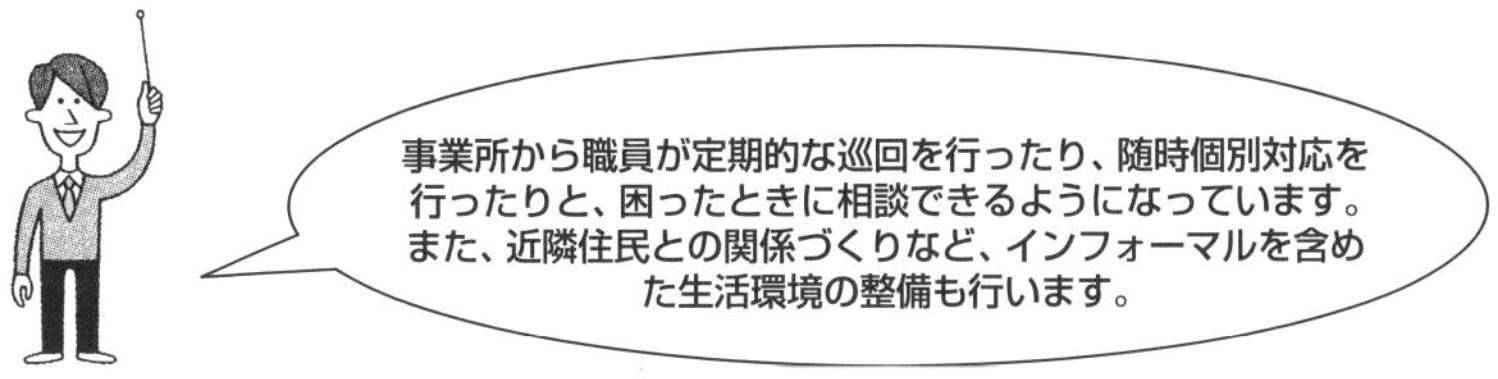

事業所から職員が定期的な巡回を行ったり、随時個別対応を行ったりと、困ったときに相談できるようになっています。また、近隣住民との関係づくりなど、インフォーマルを含めた生活環境の整備も行います。

自立生活を送る訓練をしたい人のためのサービス

自立訓練は、生活能力の維持・向上のための支援です。

地域生活を送るうえでの能力を育てる

地域生活を送るうえで、様々なサポートが用意されているとはいえ、一定程度の能力があったほうが、より自分自身の望む生活を送れることは間違いありません。

そこで、地域生活を送るために必要な、身体能力や生活能力の維持・向上を目的として行われるのが**自立訓練**です。この自立訓練は、**主に身体障害を対象とした「機能訓練」**と、**主に知的障害・精神障害を対象とした「生活訓練」**に分けられます。

生活の維持向上に向けた訓練

機能訓練では、理学療法や作業療法を活用して地域生活を安定して送れるよう支援を行います。

対象者は、入所していた施設や学校を退院した人で、「身体的なリハビリテーションが地域生活を送るうえで必要」と判断されていることが条件になっており、通所や訪問によって必要な訓練を受けることになります。

内容としては日常生活動作の訓練や福祉用具を使った訓練のほか、視覚障害者を対象にした移動・コミュニケーション訓練などを行う事業所もあります。

生活能力を高める生活訓練

一方で、**生活訓練**には身体的なリハビリテーションというのは原則ありません。代わりに、食事や家事など日常生活をするのに必要になってくる能力、また地域生活を行ううえで必要となってくる社会性を身につけるために行います。なお、生活訓練は宿泊型もあるため、**地域に戻っていくための訓練**という意味もあります。

もちろん、訓練だけではなく、地域生活を送るための支援が用意されていることが重要です。訓練が終わった後に、施設に戻ることがないようなシステムを作っていくことが大切です。

「機能訓練」と「生活訓練」の違い

項目	機能訓練	生活訓練
支援内容	理学療法や作業療法等の身体的リハビリテーション、日常生活上の相談支援等を実施する	食事や家事等の日常生活能力を向上するための支援や、日常生活上の相談支援等を実施する
標準期間	18か月	24か月(長期入所者は36か月)
宿泊型	なし	あり(標準利用期間は2年間)

要件緩和によって、障害の区別なく利用することができるようになりました。

自立訓練(生活訓練)事業の支援プロセス

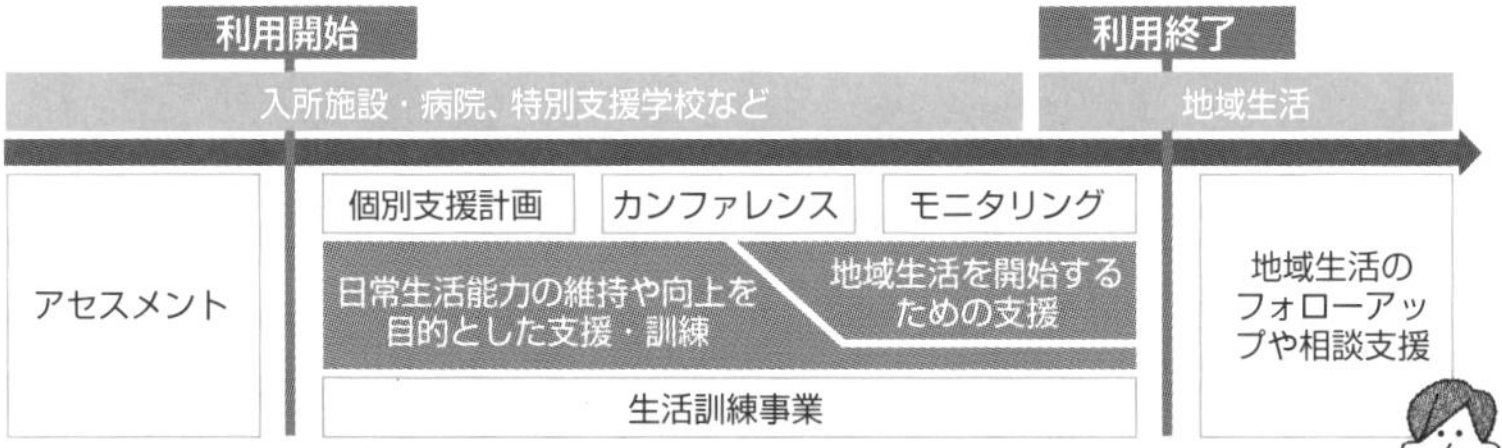

自立訓練(生活訓練)事業の利用者は、入所施設、病院、特別支援学校等が想定されています。社会での生活体験ができなかった、少なかったなどのために、社会生活を送るための能力が十分ではないことが多くあります。施設等で長く生活することで失われた(減らされた)生活するための能力を取り戻すことが目的の1つとなっています。

宿泊型自立訓練の地域移行と地域支援機能の強化

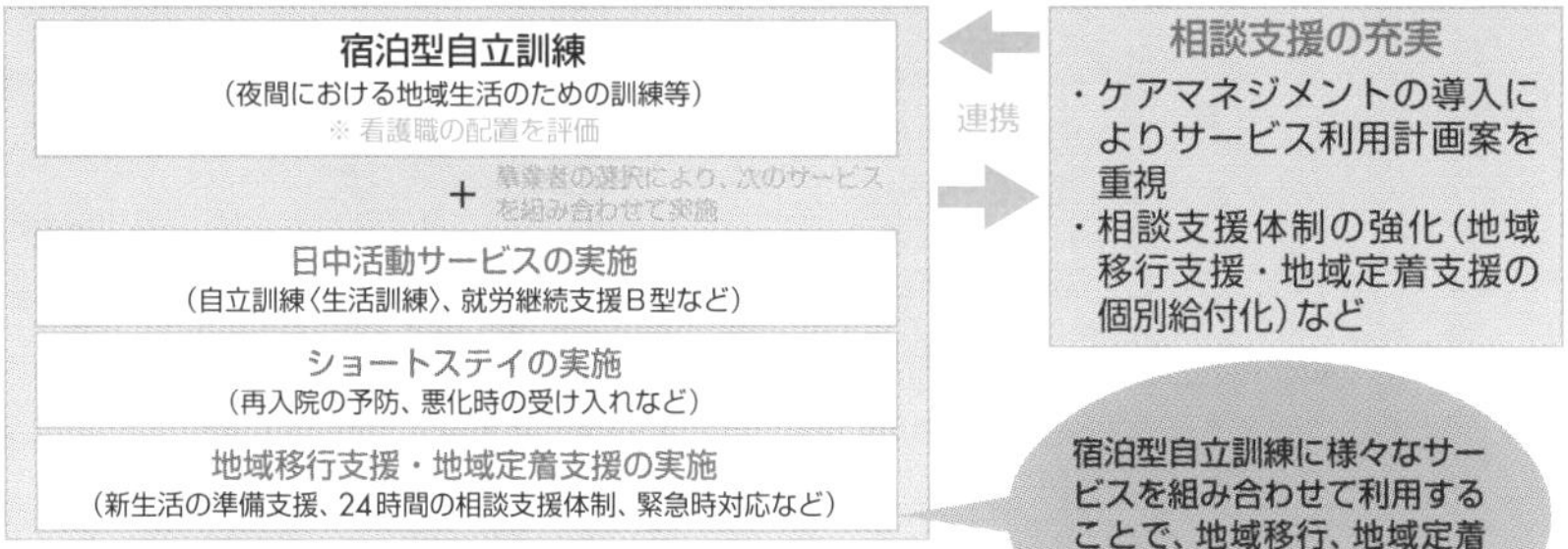

出典:厚生労働省HPをもとに著者作成

宿泊型自立訓練に様々なサービスを組み合わせて利用することで、地域移行、地域定着を一層深めていく

一般企業で働きたい人のための支援

就労移行支援は、一般企業での就職を目指すサービスです。

一般就労を目指す支援

地域で自立した生活を送るために〝働く〟ことは大きなポイントの1つです。人生において、働くことは大きな意味を持ちますが、障害を持つ人もそれは同様です。そのため社会のほうにも障害者を受け入れる体制が整うように、国も積極的に障害者雇用に取り組んでいます。

「**就労移行支援**」は、**一般企業での就業や、あるいは仕事で独立することを目指す障害者**が、本人に見合った職場への就職と定着を目指して行われるサービスです。

就労移行支援は、その特性上、対象は企業等へ就労を希望する人とされています。また、集中的に支援活動ができるように、標準利用期間が24か月（必要性があれば、最大12か月間の更新が可能）と決められています。

就職活動を支える就労支援員

就労移行支援を行う施設では、就労系施設にもいる職業指導員や、就労支援員も配置されています。就労支援員は、求職活動の支援のほか、職場の開拓や就職後の職場定着への支援などを行う職種として活躍しています。

重要なのは定着

就労移行支援は、ただ一般企業へ就職をさせたらおしまい、というものではありません。大切なのは就職することよりも、その後、**安定して働き続けることができるか**です。そのため、一般企業のほか、ハローワークや地域障害者職業センター、障害者就業・生活支援センターなど、関連する機関・施設と密に関係を持つことが大切です。

施設から一般就労への移行者の数は、平成15年から比べて令和元年では約17倍に増加し、初めて2万人を超えるなど、一般就労へのニーズの高さが伺えます。そうしたなか、就労移行支援における一般就労への移行割合は50％を超え、一般就労を目指す障害者にとって大きな役割を担う事業といえます。

就労移行支援事業と労働施策の連携

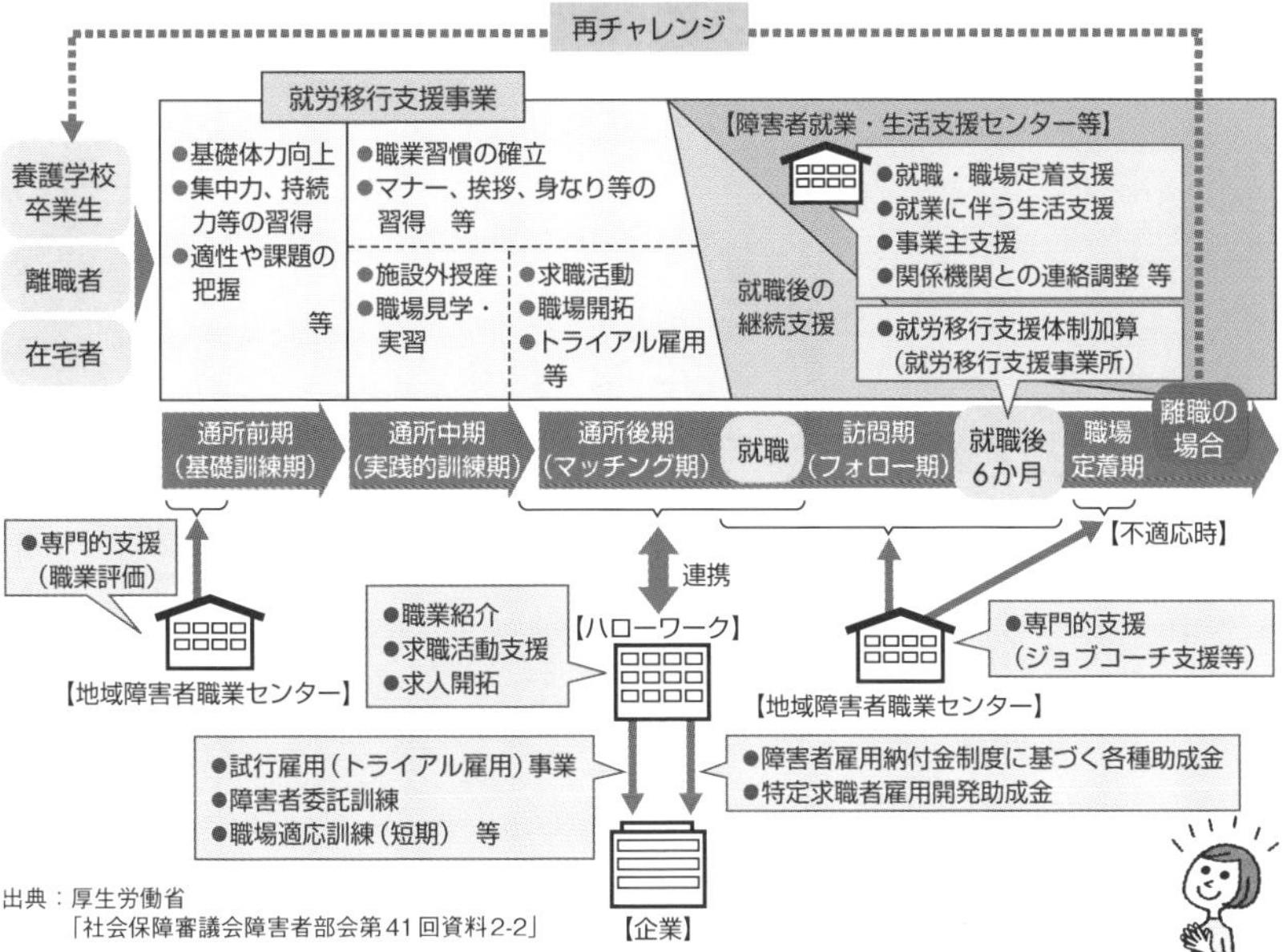

出典：厚生労働省
「社会保障審議会障害者部会第41回資料2-2」

就労移行支援を受けて就職した人たちは、原則6か月間は、就労移行支援事業者から継続的な支援（フォローアップ）を受けることになっているんですね。

ハローワークにおける障害者の職業紹介件数

新規求職申込件数（件）						
合計	身体障害者		知的障害者		精神障害者	その他
		うち重度		うち重度		
223,985	58,033	19,759	34,651	4,029	108,251	23,050

就職件数（件）						
合計	身体障害者		知的障害者		精神障害者	その他
		うち重度		うち重度		
96,180	20,829	7,479	19,957	3,151	45,885	9,509

※ハローワークに初めて求職の申込みをした者。ただし、求職申込みの有効期間を経過した後に申込みをした者、雇用保険受給者であって受給公共職業安定所を変更した者等を含む。

就労希望者は増えてきていますが、実際に就職に結びつく人はその半分以下となっています。

出典：厚生労働省「令和3年度・障害者の職業紹介状況等」をもとに著者作成

一般企業で働くことが難しい人のための支援

「就労継続支援A型」は保護的な就労を行うサービスです。

雇用契約を結ぶA型

障害者の一般就労が進められてきたとはいえ、ある程度の支援を受けないと働くことができない方は多くいます。そのようななかで、支援を受けながら働くための訓練を受けることができるサービスが、**就労継続支援**です。就労継続支援は、**「A型」（雇用型）と「B型」（非雇用型）**に分けられています。このうちA型は、施設と利用者との間で雇用契約を結び、労働基準法に準じた業務を行うことになっています。そのため、一般的に低いといわれる工賃は、原則としてその地域の最低賃金を守ることが義務づけられています。

いろいろな事業所がある

A型は**雇用契約が行われる**ため、ある程度の就業能力が必要となります。そのため、利用者は、就職したいけどなかなかできない人や、ほんのちょっとだけフォローがあれば働けるという人が中心になります。また就労移行支援のように、いつまでに就職しなければならないという制限もないため、まさにその施設に就職した、という表現がぴったりきます。利用定員の規模に応じて一定数、一般の人の就職も認められています。これは業務の内容によっては障害者のみで実施することが困難なケース等に対応するためです。

事業の内容も多種多様で、機械製造業やクリーニング業、配食サービスや飲食店をしているところなどもあります。

まだまだ課題は多いが……

A型事業所の前身である福祉工場は、自立支援法以前である平成17年には１００を超える程度でしたが、令和３年にはA型事業所は４１３０施設（社会福祉施設等調査）と増加しています。就労ニーズの高まりから、A型事業所のニーズは多い反面、最低賃金を保障できるだけの収益を得るための取り組みをどう進めていくのかは大きな課題といえ、安心して働ける安定経営に向けた取り組みが期待されます。

就労継続支援A型の主な対象者

通常の事業所に雇用されることが困難であって、適切な支援により雇用契約に基づく就労が可能な者	①就労移行支援事業を利用したが、企業等の雇用に結びつかなかった者
	②特別支援学校を卒業して就職活動を行ったが、企業等の雇用に結びつかなかった者
	③企業等を離職した者等就労経験のある者で、現に雇用関係がない者

平成**30**年の改正により、**65**歳になる前まで**A**型を利用していた等の条件を満たした方は**65**歳を超えても利用が可能です。

各就労支援事業を比べてみると…

	A型事業	B型事業	移行支援
職業指導員・生活支援員の人員基準	10：1以上	10：1以上	6：1以上
就労支援員の人員基準	定めなし	定めなし	15：1以上
雇用契約	原則必要	必要なし	必要なし
利用期間	定めなし	定めなし	原則2年間

職業指導員は、主に就労するために必要な技能を身につけるための訓練を、生活支援員は、日常生活における支援を、就労支援員は、就労するにあたって必要となる支援を行います。これらになるために必要な条件は特にありません。

職業準備性のピラミッド

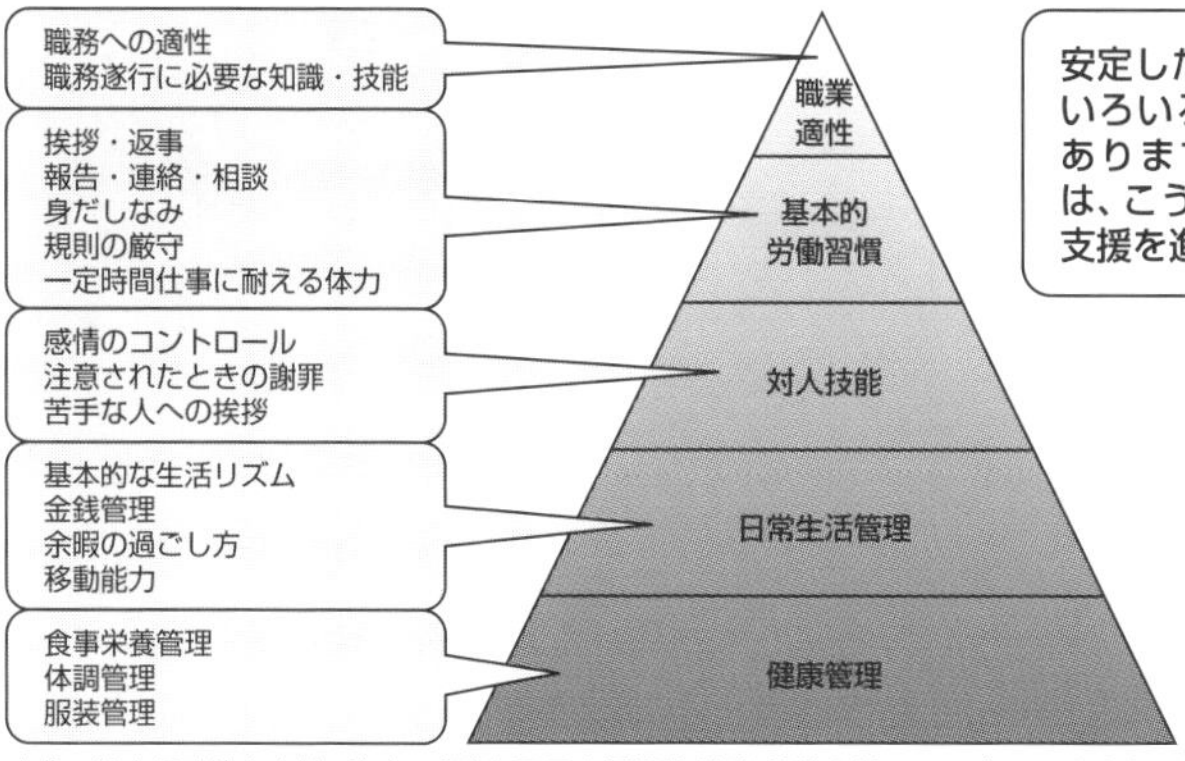

安定した就労をするためには、いろいろな段階を経る必要があります。就労支援の現場では、こういった準備の段階から支援を進めています。

出典：独立行政法人高齢・障害・求職者雇用支援機構「新版就業支援ハンドブック 障害者の就業支援に取り組む方のために」

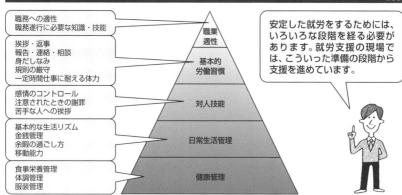

働く場や居場所を求めている人のための支援

就労継続支援B型では、生産性にこだわらない、自分のペースで働ける場を提供します。

働く場所と居場所を合わせた施設

就労継続支援A型は働くことを中心にした施設ですが、**就労継続支援B型**は、働くだけではなく、**働く場と居場所が同居している**という性質を持っています。A型と同様に、就労や生産活動の機会の提供、また就労意欲が高まった人については、一般就労に向けた支援を行います。ただし、A型とは違って**雇用契約は結びません。**

作業内容は千差万別

B型事業所は様々な事業を行っており、内職作業中心の施設や、自主製品の製作、パン屋や喫茶店などの飲食店のほか、変わったところではレストランウエディングを展開しているところもあります。最近は、パッと見では障害者の施設とわからない、おしゃれなお店も増えてきました。

利用者の障害の程度も比較的バラバラですから、その人ができることをする、という形で作業を行うことがほとんどです。

様々なニーズを支えることも

状態に合わせて作業内容を調整することができるため、就職となるとハードルが高い人でも通いやすい反面、工賃は低いところがほとんどです。能力に応じて、または一律同じ金額など、算定の仕方は様々ですが、**おおむね時給で150~200円程度**となっており、1日も休まず働いても月2~3万円と、生活する金額を稼ぐというわけにはいきません。ですので、B型事業所はお金を稼ぐという目的よりも、**施設を居場所として活用し、社会的孤立を防ぐ**という役割が強いといえます。

また、都会ならば、その人に応じたサービスを選ぶことができるほど施設がありますが、地方には通える範囲で利用できる施設がB型しかない、なんてこともあります。それでも、様々なニーズを持つ障害者を地域でしっかり支えている施設といえるでしょう。

就労継続支援B型の主な対象者

就労移行支援事業等を利用したが、一般企業等の雇用に結びつかない者や、一定年齢に達している者などであって、就労の機会等を通じ、生産活動にかかる知識及び能力の向上や維持が期待される者	①企業等や就労継続支援事業（A型）での就労経験がある者であって、年齢や体力の面で一般企業に雇用されることが困難となった者
	②50歳に達している者、または障害基礎年金1級受給者
	③①、②に該当しない者で、就労移行支援事業者等によるアセスメントにより、就労面にかかる課題等の把握が行われている者

利用期間の縛りはありません。ただし、平均工賃の目標水準を設定し、実績と併せて都道府県知事へ報告、公表することは必要です。

就労継続支援B型は、年齢やその他の事情によって、他の就労支援サービスを利用しても就労できない人に働く場を提供するサービスです。

障害者の就労の状況

一般企業や障害者就労施設で就労している障害者の数

一般企業において雇用	61.4万人	（※1）
就労継続支援A型事業所を利用	9.9万人	（※2）
就労継続支援B型事業所を利用	40.2万人	（※2）
就労移行支援事業所を利用	3.9万人	（※2）

（※1）障害者雇用状況の集計結果（厚生労働省）令和4年12月時点。

（※2）社会福祉施設等調査（厚生労働省）令和3年9月時点。

B型事業所における工賃の状況

	（平成23年度）		（平成28年度）		（令和3年度）
1人当たり月額	13,586円	→	15,295円	→	16,507円

（注）平成23年度までは就労継続支援B型事業所、授産施設、小規模通所授産施設の平均工賃

出典：厚生労働省HPをもとに著者作成

コロナ禍等の影響で大変な苦労をされた事業所も少なくありませんでしたが、全体としては工賃は少しずつ上昇してきています。

就労定着に向けた支援を行うサービス

一般就労に伴って出てくる生活上の支援を行うサービスです。

就労による生活スタイルの変化

就労定着支援とは、就労移行支援等の利用を経て一般就労へ移行した障害者を対象として行うサービスです。就労定着支援という名称ですが、就労そのものに対する支援を行うのではなく、**主に一般就労をすることによって生じる「生活上の問題」に対して支援を行**うサービスです。

「一般就労できた」。そのこと自体は喜ばしいのですが、その一方で、今までの生活スタイルが大きく変わることも意味しています。これは障害者に限ったことではありません。教育機関を卒業して、普通に就職をした人も、学生時代の生活スタイルが、就職後大きく変わることはよくあることです。その差を埋めることができず、結果として、新しい環境に適応できなくて気分が落ち込むといった五月病の症状に陥る人は少なくありません。

特に障害者にとって、新しいことへの挑戦や、生活スタイルの変化は大きなストレスになりやすく、結果として退職につながりがちです。その対応をするための専門機関ができたといってもよいでしょう。

就労を続けるための土台づくり

就労定着支援事業所は、障害者からの相談に基づいて抱えている課題を把握し、勤務先の企業や出身の就労移行支援事業所や、障害者就業・生活支援センターなどと連絡調整を行いながら、抱えている課題について支援を行います。企業側も業務に必要な能力以外の、配慮すべき点などについて就労定着支援事業所から助言を得ることができ、以降の障害者雇用の参考にもなると思われます。**サービスの利用期間は3年間ですが、1年ごとに支給決定期間を更新**することになっています。

あくまでも就労先で働き続けるための土台づくりのサービスですので、長々と続けるものではなく、その人の課題を克服するための効率的な支援が求められるといえるでしょう。

就労定着支援の具体的内容は？

	内容
対象者	生活介護 自立訓練 就労移行支援 就労継続支援 を利用して通常の事業所に新たに雇用された障害者であって、就労を継続している期間が6月を経過した障害者
利用期間	3年間 （1年ごとに支給決定期間を更新）
サービス内容	障害者が新たに雇用された事業所での就労の継続を図るため…… ①事業所の事業主、障害福祉サービス事業者、医療機関や、その他関係者などとの連絡調整（法定事項） ②雇用に伴って生じる、日常生活や社会生活を営む上でのさまざまな問題に関する相談、指導、助言などの必要な支援

ハローワークや特別支援学校から
こうした就労移行支援事業所などを通らずに
一般就労をした方は、就労定着支援の
対象外となっています。

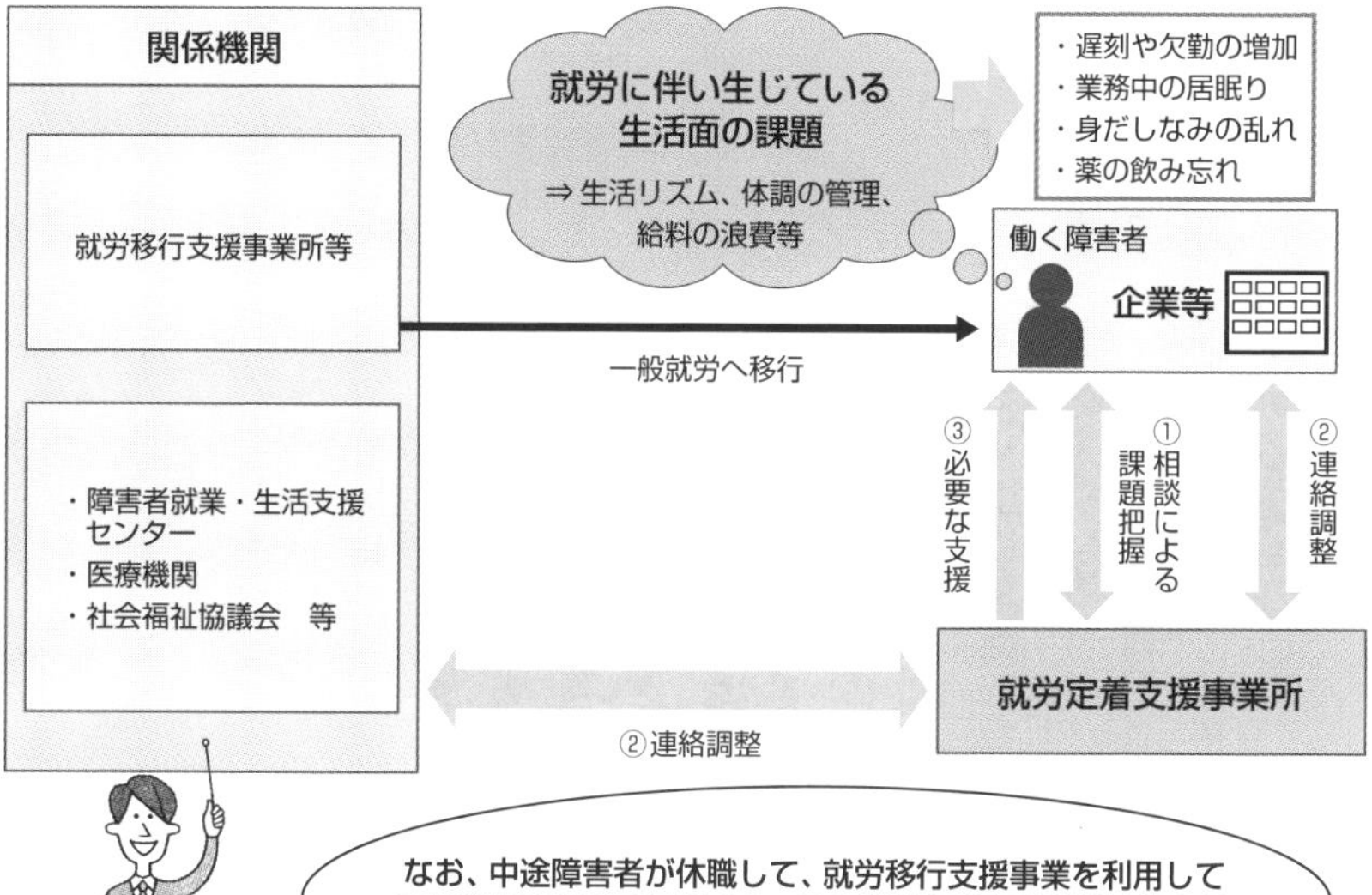

なお、中途障害者が休職して、就労移行支援事業を利用して
再度職場に復帰する場合も、この就労定着支援事業は使える
ことになっています。

自分に合った働く場を探すための支援

今回の法改正で、就労アセスメントを実施する就労選択支援が創設されました。

どんな支援が適切か、から考える

今までも、就労移行支援など就労支援を行う事業所で、一人ひとりの特性に合わせた支援が行われています。しかし、利用者それぞれの評価をしようとしても客観的な指標がなく、各事業所の**職員の判断に任されている**部分が多分にありました。その結果、支援者が「利用者本人が最初から就労継続支援B型を希望していたから」として、一般就労などの可能性を考えずB型に行く前提でアセスメントをするケースや、適切な評価ができず、就労につながらない、つながっても定着まで至らないといったケースがありました。

このような、マッチングミスといえる状況を改善するため、今回の法改正により、就労の前段階として、利用者自身の能力や適性、興味関心に合った就労ができるように、どのような支援ができるのかを考える**就労選択支援**ができました。

利用者も一緒になってアセスメントする

就労選択支援の大きな特徴は、**就労アセスメントの導入**です。就労アセスメントでは、個別面接や本人の自己評価などを踏まえてアセスメントシートを作成し、これを支援に用いることが予定されています。このシートは、支援者だけで利用者の就労能力や適性を評価するのではなく、支援者と利用者が一緒になって作ることにより、ニーズや利用者の持つ強み、職業上の課題等を明らかにし、さらに就労にあたって必要となる支援や配慮は何があるかを整理していきます。

就労支援は一定の期間だけで完結することは少なく、加えて一人の利用者に対して複数の機関がかかわることになります。就労アセスメントという統一の評価指標を使うことで、ハローワークや就労移行支援事業所など複数の機関が行う支援の質の向上が期待されます。

就労選択支援のイメージ

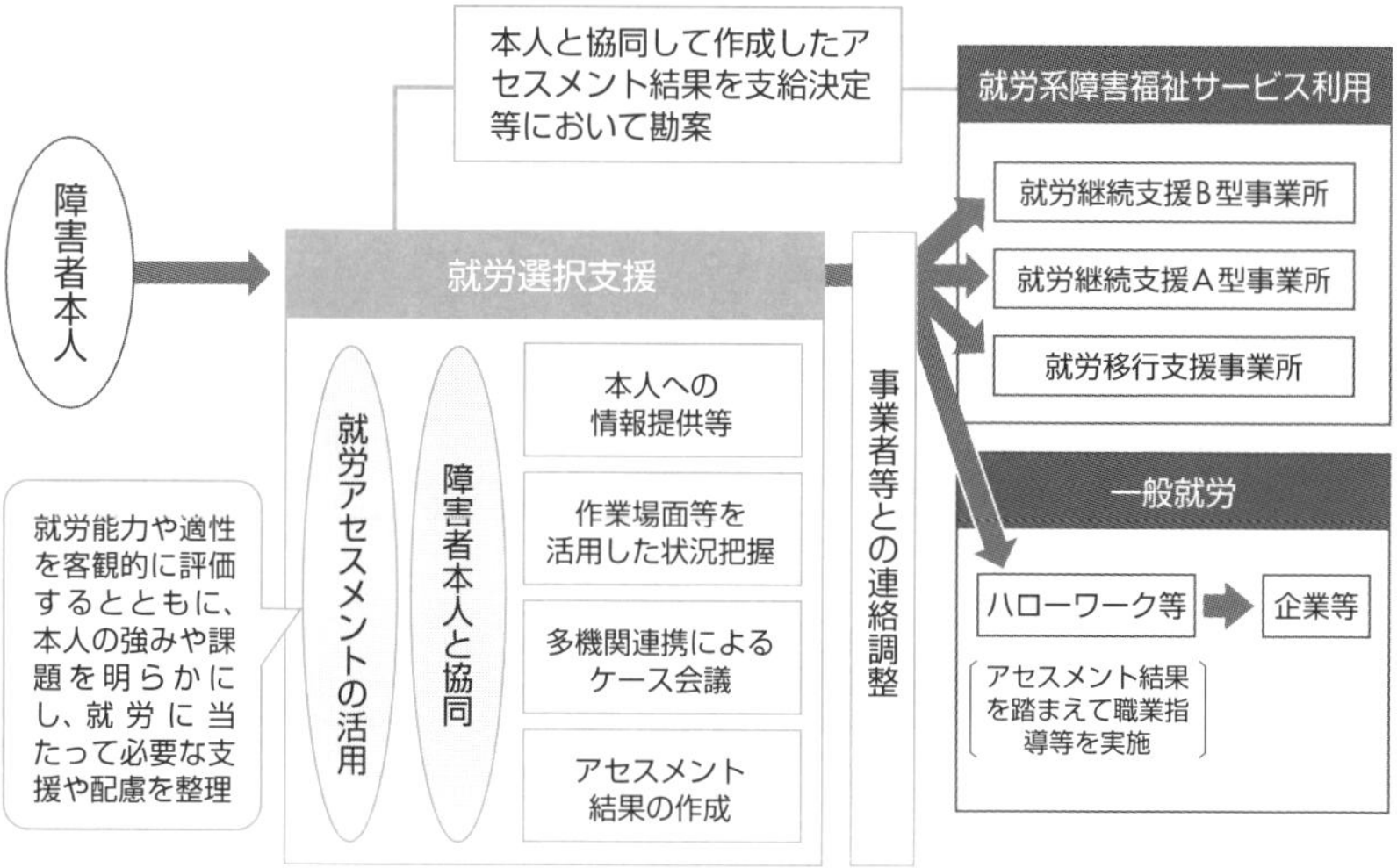

出典：厚生労働省「障害者の日常生活及び社会生活を総合的に支援するための法律等の一部を改正する法律案（令和4年10月26日提出）」の概要をもとに著者作成

就労選択支援創設後の支援イメージ（A型の場合）

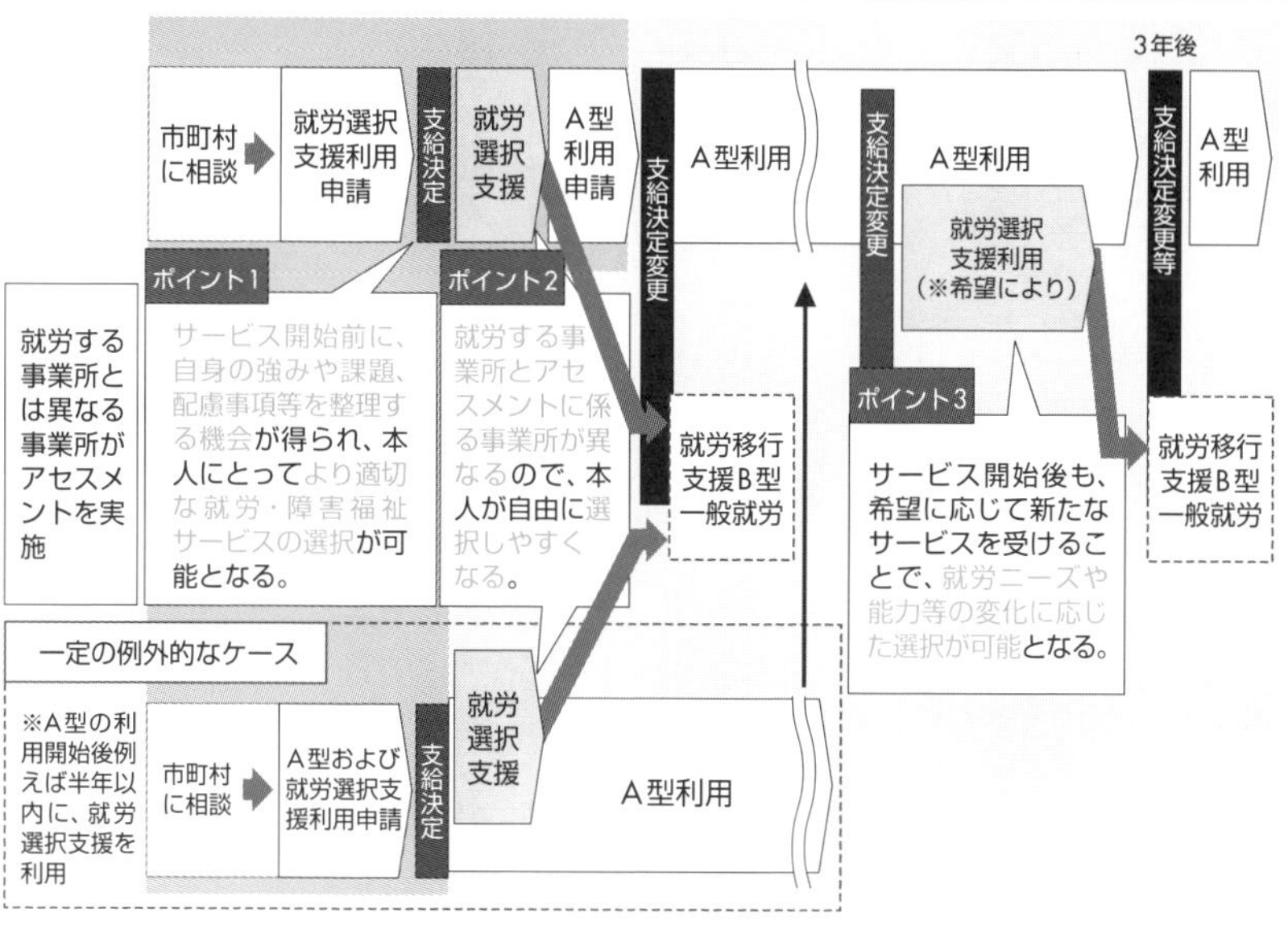

出典：厚生労働省「社会保障審議会障害者部会第129回参考資料」（令和4年5月13日）

地域の状況に応じた事業を行う

地域生活支援事業は、全国一律ではなく、都道府県・市町村ごとに行う事業です。

地域の実情に合わせた事業を行う

今まで紹介してきたのは、地域によってサービスの量は異なりますが、全国どこにいても受けることができるサービスです。しかし、例えば北海道と東京では当然環境も違いますし、地域が持っている社会資源も異なります。全国サービスだけでは対応できない、その土地に合った支援を作る必要があります。

それを行うのが、「**地域生活支援事業**」です。地域生活支援事業には、市町村が行う市町村地域生活支援事業と、都道府県が行う都道府県地域生活支援事業に分かれています。

都道府県は人材育成や広域事業を行う

都道府県は、人材育成に関する事業や、専門性の高い事業、広域的に行う必要がある事業を行うなど、市町村をサポートする事業を中心に行っています。**前線で動く市町村、後方支援をする都道府県**と、役割分担をして、その地域にあった支援が行えるようにしています。

特に専門性の高い意思疎通支援者の人材確保については医療や法律の場など、自分の意思を正確に伝えることが必要な場面でも重要であり、その養成・派遣を行う都道府県の役割は大きいといえます。

市町村は身近なサービスを実施

市町村で行う地域生活支援事業は、相談支援や成年後見制度、移動支援、地域活動支援センターなど、生活に直結するサービスを展開しています。表に挙げた必ず行わなければならない事業（必須事業）のほかに、日中一時支援や訪問入浴サービス、芸術文化活動振興、点字・声の広報等発行など、任意に行う事業があり、地域の実情に合わせた、障害者が地域で暮らすために必要な「**かゆいところに手が届く**」サービスの実施が求められているといえます。

市町村が行う事業（令和5年度）

必須事業	任意事業
理解促進研修・啓発事業 自発的活動支援事業 相談支援事業	【日常生活支援】 ①福祉ホームの運営 ②訪問入浴サービス ③生活訓練等 ④日中一時支援 ⑤地域移行のための安心生活支援　等
成年後見制度利用支援事業 成年後見制度法人後見支援事業 意思疎通支援事業 日常生活用具給付等事業 手話奉仕員養成研修事業	【社会参加支援】 ①レクリエーション活動等支援 ②芸術文化活動振興 ③点字・声の広報等発行 ④奉仕員養成研修 ⑤複数市町村による意思疎通支援の共同実施促進 ⑥家庭・教育・福祉連携推進事業
移動支援事業 地域活動支援センター機能強化事業	【就業・就労支援】 ①盲人ホームの運営 ②知的障害者職親委託

必須事業は行うことが義務づけられている中核的な事業です。対して任意事業は、市町村が現在の状況などを考慮し、実施されることになります。

これらのほかに、「障害支援区分認定等事務」等が市町村事業に入っています。

都道府県が行う事業（令和5年度）

必須事業	任意事業
専門性の高い相談支援事業 専門性の高い意思疎通支援を行う者の養成研修事業 専門性の高い意思疎通支援を行う者の派遣事業	【日常生活支援】 ①福祉ホームの運営 ②オストメイト（人工肛門、人工膀胱造設者）社会適応訓練 ③音声機能障害者発声訓練 ④児童発達支援センター等の機能強化　　等
意思疎通支援を行う者の派遣に係る市町村相互間の連絡調整事業 広域的な支援事業 ①都道府県相談支援体制整備事業 ②精神障害者地域生活支援広域調整等事業 ③発達障害者支援地域協議会による体制整備事業	【社会参加支援】 ①手話通訳者設置 ②字幕入り映像ライブラリーの提供 ③点字・声の広報等発行 ④点字による即時情報ネットワーク ⑤都道府県障害者社会参加推進センター運営　等
	【就業・就労支援】 ①盲人ホームの運営 ②重度障害者在宅就労促進　　等
	【重度障害者に係る市町村特別支援】
	【障害福祉のしごと魅力発信事業】

これらのほかに「サービス・相談支援者、指導者育成事業」があります。この事業では、障害支援区分認定調査員研修やサービス管理責任者研修のほか、障害者ピアサポート研修事業や、精神障害関係従事者養成研修等が行われています。

国が地方自治体に特に進めてほしい事業に補助金を確保

地域活動支援事業として行っていた事業を含め、国が特に「促進」すべきとする事業です。

地域生活支援促進事業って?

従来の地域生活支援事業では、市町村と都道府県が、事業を必須と任意に分けて各種事業を展開していました。そのため、自治体によって、やっていることとやっていないことの差が出てきています。そこで、平成29年度より、一部の事業を**地域生活支援促進事業**(促進という言葉が追加されています)として地域生活支援事業から分割し、さらに新たな事業を加えて制度化されました。

地域生活支援促進事業では、地域生活支援事業と同様、市町村と都道府県で分け、発達障害者支援、障害者虐待防止対策、障害者就労支援、障害者の芸術文化活動の促進等についての事業が行われることになります。

地域生活支援事業と何が違うの?

地域生活支援事業は、各自治体が地域の実情や利用者の状況に応じて柔軟な形態により実施する事業であり、また、交付された補助金は各自治体の裁量で個々の事業に柔軟に配分することができる「統合補助金」としています。

一方、地域生活支援促進事業については、地域生活支援事業に含まれる事業やその他補助事業のうち、国として「促進すべき事業」として特別枠に位置づけています。このため、**5割または定額の補助率を確保**し、質の高い事業実施を図ることとしており、**事業ごとに補助金を交付**し、それぞれ実施することとしています。ですので、地域生活支援事業と地域生活支援促進事業としてそれぞれ交付された補助金は混ぜて取り扱うことができません。

事業内容としては、新規に立てられるもののほか、より重点的に実施するため地域生活支援事業等から移行されたものもあります。例えば工賃向上計画支援等事業では、工賃向上に向けた経営や商品開発に対する支援、受発注のマッチング支援や農福連携に向けた取り組みが行われています。

地域生活支援促進事業の事業例（令和5年度）

	事業名
都道府県 地域生活支援促進事業	発達障害児者地域生活支援モデル事業
	かかりつけ医等発達障害対応力向上研修事業
	発達障害者支援体制整備事業
	工賃向上計画支援等事業
	強度行動障害支援者養成研修事業（基礎研修、実践研修）
	アルコール関連問題に取り組む民間団体支援事業
	「心のバリアフリー」推進事業
	精神障害にも対応した地域包括ケアシステムの構築推進事業
	障害者ICTサポート総合推進事業
	地域における読書バリアフリー体制強化事業
	入院者訪問支援事業
	高次脳機能障害及びその関連障害に対する地域支援ネットワーク構築促進事業
市町村 地域生活支援促進事業	発達障害児者地域生活支援モデル事業
	障害者虐待防止対策支援事業
	成年後見制度普及啓発事業
	発達障害児者及び家族等支援事業
	重度訪問介護利用者の大学修学支援事業
	地域生活支援事業の効果的な取組推進事業
	雇用施策との連携による重度障害者等就労支援特別事業
	「心のバリアフリー」推進事業

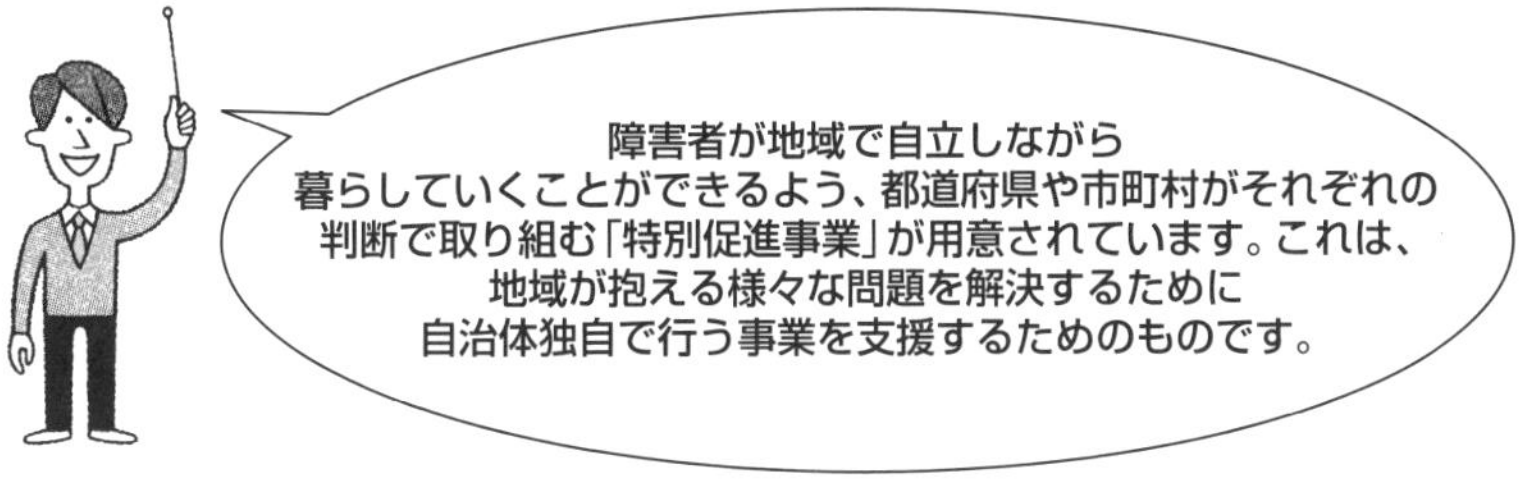
障害者が地域で自立しながら
暮らしていくことができるよう、都道府県や市町村がそれぞれの
判断で取り組む「特別促進事業」が用意されています。これは、
地域が抱える様々な問題を解決するために
自治体独自で行う事業を支援するためのものです。

どんなサービスを使ったらいいかわからないときは？

相談支援事業は、いろいろな悩みを解決してくれたり、今後の計画を一緒に考えてくれたりする事業です。

様々な不安に対応する相談支援

総合支援法のサービスは多岐にわたっていて、それらを組み合わせて自分用の支援プランを作っていくことができます。

しかし、利用する側からすると、どのようなサービスがあるのかわからない、自分や家族の状態だと、どんなサービスを受けられるだろう、など、よくわからないと思うことも多いでしょう。今ではインターネットなども含め、情報がたくさん手に入るのはよいのですが、その情報をうまく生かすということはとても難しいものです。

そこで、様々な疑問や不安に対応する事業として、**相談支援事業**が市町村の地域生活支援事業として行われています。

相談の種類はいくつもある

相談支援事業で行われる相談には、障害福祉サービスを実際に利用するにあたって、本人や家族の状態を判断し、その人に合うサービス計画を作成する「**サービス等利用計画**」、施設や病院から地域に出たいという人たちのための「**地域移行支援**」、地域生活を始めた人をフォローする「**地域定着支援**」、そして障害者福祉に関する様々な問題について、障害者本人や家族等からの相談に応じて、必要な情報の提供、障害福祉サービスの利用支援等を行うほか、権利擁護のために必要な援助を行う「**基本相談支援**」などがあります。

こうした相談支援事業を効果的に実施するために、**各地方公共団体に協議会が設置**されています。協議会では相談支援事業所によって差が生まれないようにしたり、地域の関係機関が連携していろいろな問題に対応したりできるように検討が行われています。

他にも、保証人がいないなど賃貸住宅に住むのが困難な人のための住宅入居等支援事業、障害福祉サービスの利用契約の締結などが適切に行われるようにするための成年後見制度利用支援事業なども実施されています。

相談支援事業

計画相談支援

●サービス利用支援

障害福祉サービス等の申請にかかわる支給決定前に、サービス等利用計画案を作成し、支給決定後に、サービス事業者等との連絡調整等を行うとともに、サービス等利用計画の作成を行います。

●継続サービス利用支援

支給決定されたサービス等の利用状況の検証(モニタリング)を行い、サービス事業者等との連絡調整を行います。

地域相談支援

●地域移行支援

障害者支援施設、精神科病院、児童福祉施設を利用する18歳以上の者等を対象として、地域移行支援計画の作成、相談による不安解消、外出への同行支援、住居確保、関係機関との調整等を行います。

●地域定着支援

居宅において単身で生活している障害者等を対象に常時の連絡体制を確保し、緊急時には必要な支援を行います。

基本相談支援

障害のある人の福祉に関する様々な問題について、障害のある人や、その保護者などからの相談に対応し、必要な情報の提供、障害福祉サービスの利用支援等を行うほか、権利擁護のために必要な援助も行います。

障害者の相談支援事業者には、大きく分けると、計画相談支援と基本相談支援を受け持つ「特定相談支援事業者」と、地域相談支援と基本相談支援を受け持つ「一般相談支援事業者」の2種類があります。

相談支援専門員の要件

指定された業務における一定の実務経験 ＋ 相談支援従事者初任者研修 ＝ 相談支援専門員

相談支援事業では、障害特性や障害者の生活実態に関する知識や経験が必要であるため、相談支援専門員という有資格者を配置しなければなりません。相談支援専門員になるには過去5年間に2年以上の相談支援の実務経験と、42.5時間の研修を受ける必要があり、その後も定期的な研修が義務づけられています。

サービス計画を立てたい・地域生活をしたいと思ったときは？

事業所によって行える相談内容が異なることに注意が必要です。

特定と一般って？

相談支援のなかでも、事業所によって行っている相談内容は異なります。相談支援事業所は、大きく分けて「**特定相談支援事業所**」と「**一般相談支援事業所**」があります。特定では、障害福祉サービスを利用するためのサービス計画の作成を行います。一般はというと、施設や病院から出て、地域で暮らすための地域移行支援・地域定着支援を担当しています。ちなみになぜ「一般」なのかといえば、法制度を作る際、**精神障害者の地域移行支援が先に実施されていたため、そちらを「一般」、それ以外を「特定」と定義**したためです。

その人に合った支援プランを考える

特定相談支援事業所は、障害福祉サービスを利用したいという人たちのために、具体的にどのような支援を受けたいかを聞き、それに合わせたプラン作成を行います。また、実際に利用してみて、その人に本当に合っているのか、今の状況に合った支援になるように調整を行ったりします。

安心して地域で暮らし続けるための支援

施設で生活している人や、精神科病院に入院をしている人は、地域で生活できるだけの力を持っていても、長年の生活のなかで、多くの不安を抱えてしまっています。私たちでいうなら、急に言葉の通じない異国の地で暮らしなさい、といわれるような状態といえるでしょう。ですから、一般相談支援事業者は彼らが安心して地域で暮らしていくための支援として、地域に出てくるまでの支援（地域移行支援）と、地域に出てきてから再入所、再入院をすることなく暮らし続けるための支援（地域定着支援）を行っていきます。

社会的入院などが問題になっているなか、ただ地域に出すだけではなく、**その後のフォローを考えた取り組み**をすることが大切です。

支給決定にいたるプロセス

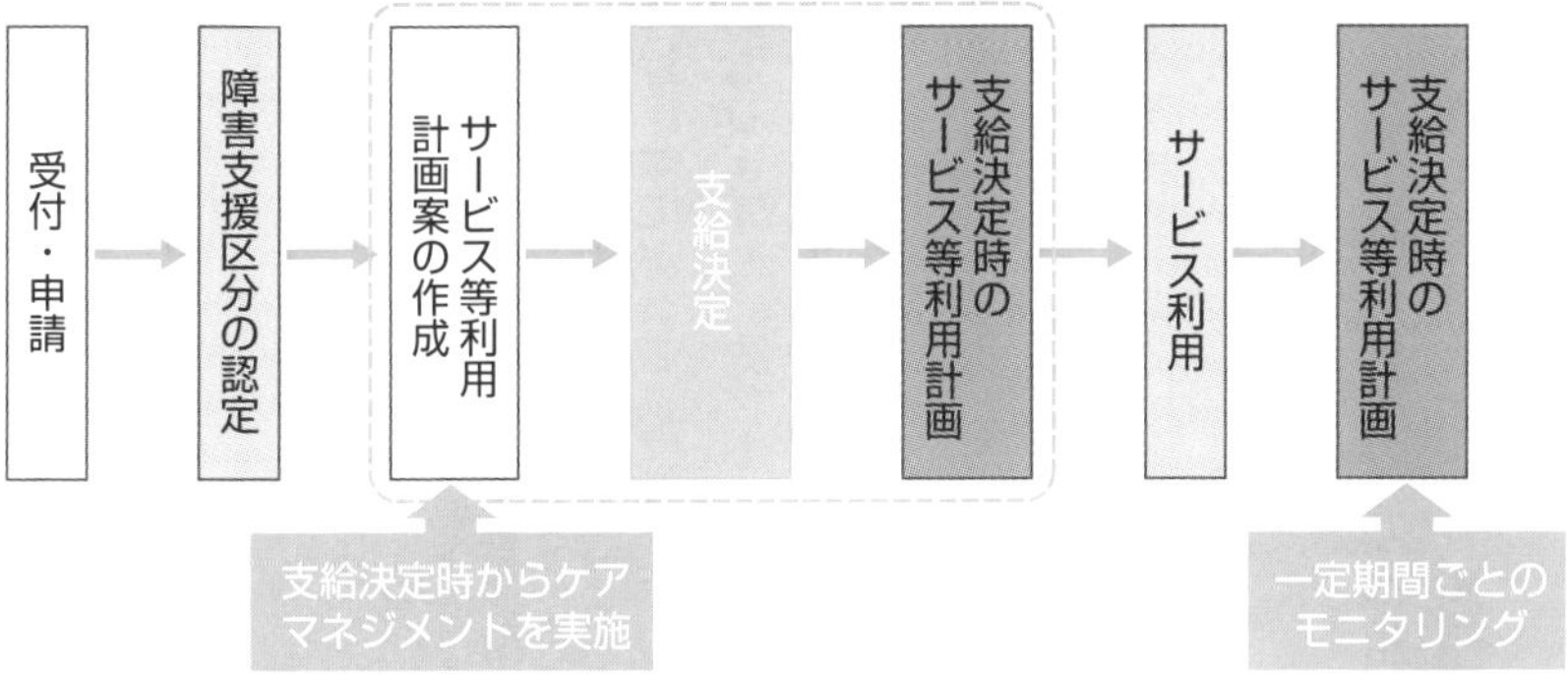

プランは、本人や家族など、特定相談支援事業者以外の人でも作ることができます。これをセルフプランといいます。ただし、その場合、その後のモニタリングは行われません。

地域移行支援・地域定着支援

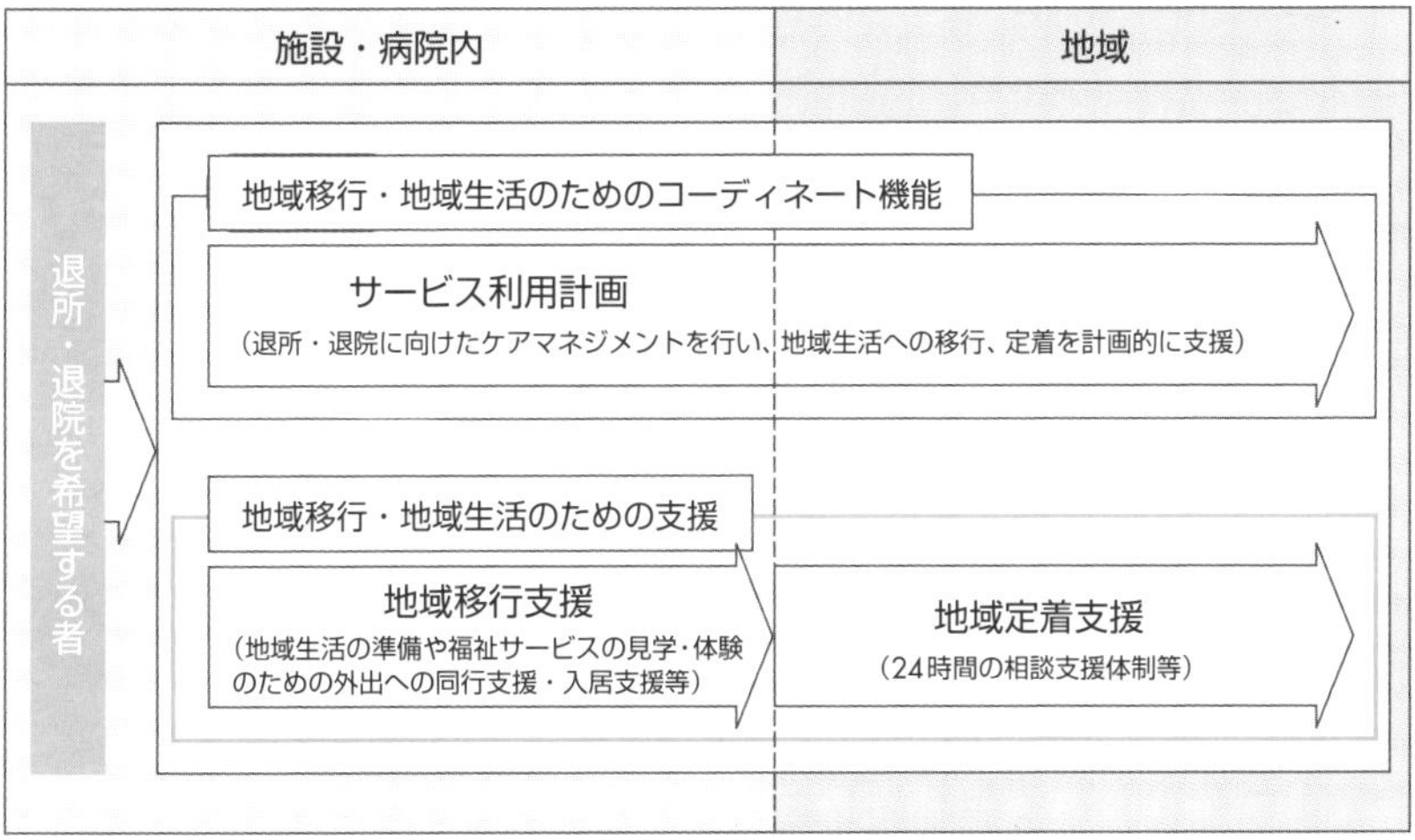

対象は、社会福祉施設、精神科病院のほか、矯正施設（刑事施設、少年院）や保護施設（救護施設、更生施設）に入所・入院している障害者です。

「どこに相談に行けばいいかわからない」ときに利用する

基幹相談支援センターでは、ワンストップの相談支援を展開してくれます。

総合的な相談業務を行う

地域のなかには、相談支援事業所がたくさんあるところもあります。それぞれ運営母体によって、得意とする領域が異なりますし、先にも出た相談支援事業所の種別も異なります。このため、結局どこに相談に行っていいのかわからない、ということも出てくるでしょう。また、相談支援事業所としては、相談を受けたけど、難しいケースでどうしたらいいか悩んでしまうこともあると思います。

そのようなとき、地域のなかの相談支援の中核を担う施設として、**基幹相談支援センター**があります。

地域の相談支援における中核的存在

基幹相談支援センターは、地域における相談支援の中核的な存在です。業務内容としては、**障害の種別に関係なく対応することができる相談支援事業所**として機能し、相談の内容に応じて対応できる相談支援事業所を紹介したり、逆に地域の相談支援事業所では対応しきれない専門的なケースを担当したりなどします。

また地域にある相談支援事業所のレベルアップを図るために、訪問指導や、研修会・事例検討会などを開いたりして人材育成を進めていくことも行います。そのため、基幹相談支援センターは、**市町村が設置するか、市町村が委託**をした相談支援事業所となっています。また人材についても、相談支援専門員、社会福祉士、精神保健福祉士、保健師など、中核的な機関として必要な優れた人材を配置しなければなりません。

地域によっては、1つの市町村だけで基幹相談支援センターを持つことは難しい場合に、複数の市町村で設置をすることも認められています。重要な役割を持つ機関であり、今回の法改正によって設置について努力義務が課されたことからもわかる通り、今後ますます必要性は高まってくるでしょう。

基幹相談支援センターの役割イメージ

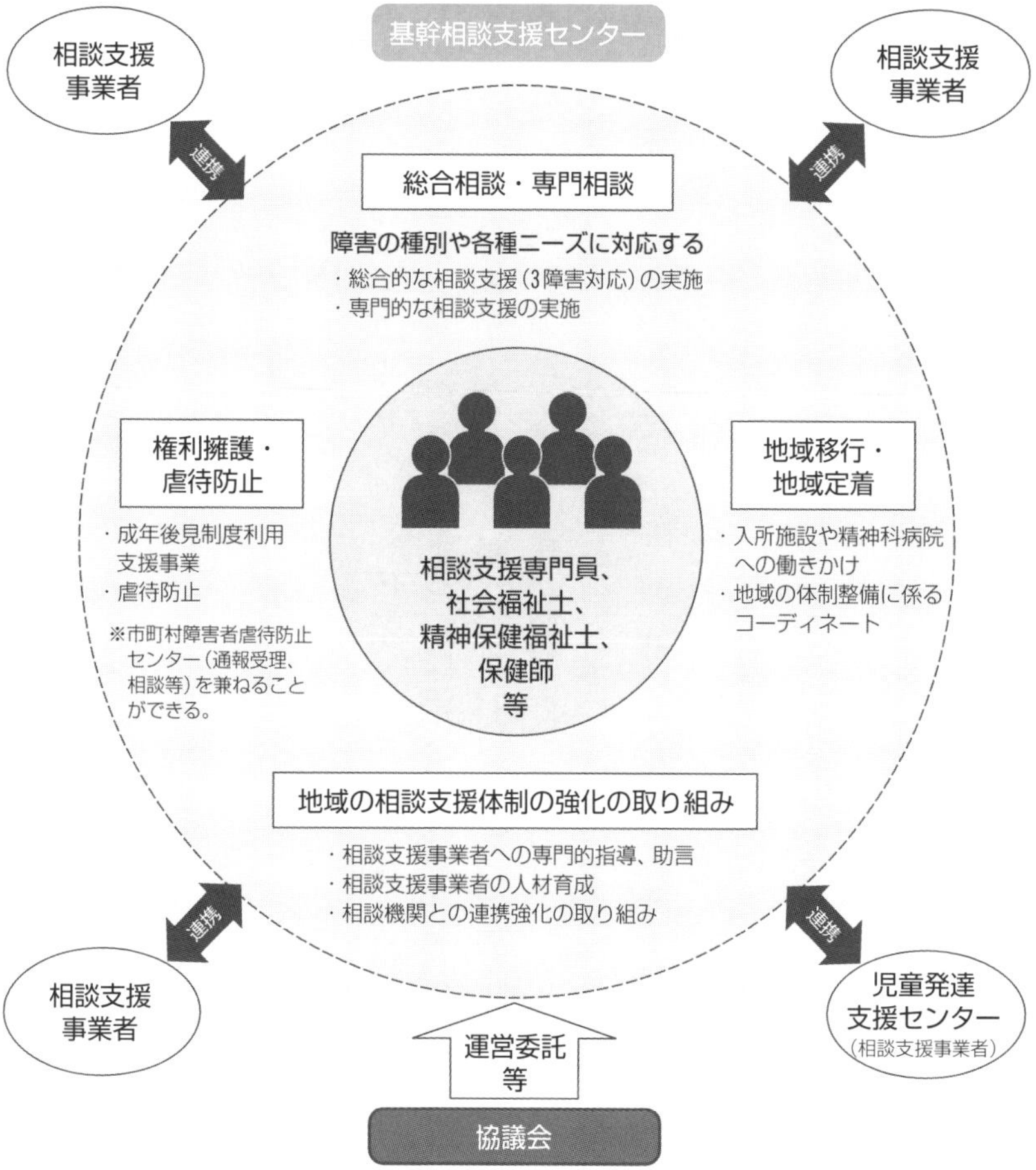

出典：厚生労働省HP

基幹相談支援センターは、
相談場所がわからない一般からの相談も受けつけますし、
また、特殊なケースといった場合には相談支援事業所から
の相談も受けつける、地域の中核的な存在です。

協議会は、地域の関係者が集まり、
地域の課題を共有して、地域の基盤の整備を進めていく
重要な組織ですよね。その運営を基幹相談支援センターが
担っている場合があるんですね。

住むところが見つからない人のために

居住サポート事業は、入居にかかわる調整・支援を行うサービスです。

住む場所が見つからない！

「地域で暮らす」と決めた後に必ず出てくる問題は、〝では、どこで生活するか〟です。自宅がある人や家族の家で生活をする、という人はよいのですが、一人暮らしをするとなった場合、様々な問題が出てきます。保証人が見つからないことで部屋を借りることができなかったり、障害の内容によっては、家主から拒否されたりすることもあります。これでは、せっかく本人が地域で暮らすと心に決めてもスタート地点で出端をくじかれることになってしまいます。そこで生まれたのが**住宅入居等支援事業（居住サポート支援）**です。

家主が安心して受け入れてくれるために

住宅入居等支援事業は、**賃貸契約による一般住宅への入居を希望しているが、保証人がいない等の理由により入居が困難な障害者**に対して、入居に必要な調整等についての支援を行うとともに、家主等への相談・助言を通じて障害者の地域生活を支援します。

特に障害者を受け入れたことがない家主としては、障害のことをよく知らない、いろいろと問題が起こったときに対応できない、という不安がついてきます。そのため、入居に二の足を踏んでしまうことも、仕方がないといえるでしょう。入居を希望している人のことをきちんと知り、フォローがあることを理解してもらうことが、入居支援ではとても大切になってきます。

あんしん賃貸支援事業との連携

また、国土交通省が行っている、障害者のほか、高齢者や外国人、子育て世帯を対象とした入居支援事業である、あんしん賃貸支援事業と連携して、より受け入れがスムーズになるように支援が行われています。

様々なサービスを活用して、**安心して住むことができる場を確保すること**が、地域生活を送るうえで、最初の大事な一歩です。

居住サポート事業とあんしん賃貸支援事業の連携

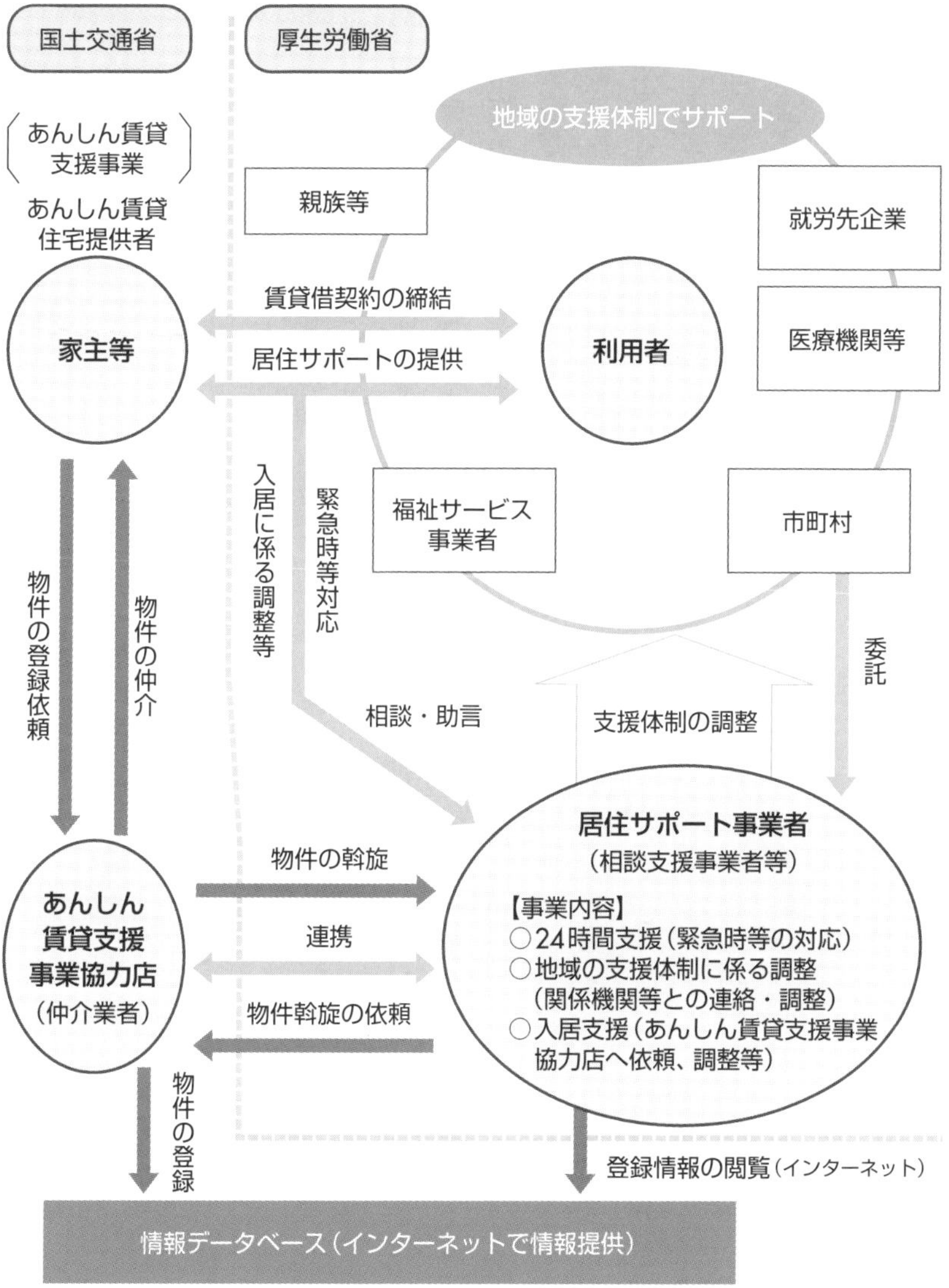

出典：厚生労働省HP

「住宅入居等支援事業（居住サポート支援）」は厚生労働省、「あんしん賃貸支援事業」は国土交通省と、それぞれ事業を管轄する省が異なりますが、事業名称どおりに、スムーズな連携によって、安心して居住ができるようなサービスが求められていますね。

障害に関係なく外に出る手助けをしてほしい人のために

移動支援は市町村ごとで行われるサービスで、障害者の種類に関係なく利用できます。

必須事業として行われている

移動支援は、一人では外出困難な障害者（児）が、社会生活上必要不可欠な外出や、余暇活動、社会参加のための外出をする際に、**ガイドヘルパーを派遣して、外出時の移動の介助や、外出に伴って必要となる身の回りの介護**を行います。同行援護と違い、対象は視覚障害者に限定されません。

市町村によって行われる事業ですので、実施している市町村で提供されるサービスの内容は異なります。その代わり、**市町村で必ず実施**されなければならない事業ですので、同行援護のように、事業所が近くにないから移動のための支援を受けられない、ということはあまりありません。

大きく分けて3形態

実施内容は、市町村の判断で定められますが、利用形態としては、①個別支援型、②グループ支援型、③車両移送型の3つが想定されています。

①個別支援型は、一人ひとり違うニーズに対応するために、マンツーマンで対応することを想定しています。利用者にとっては一番よい形と思えますが、その分市町村が抱える負担が大きいともいえます。

②グループ支援型は、例えば外でレクリエーションをするときなど、複数の人を同時に支援することを想定しているものです。当然細かなサービスは難しいですが、市町村の負担は少なめに事業を行うことができます。

③車両移送型は、コミュニティバスのようなものを想像してもらうとよいでしょう。大きなショッピングセンターに行くなど、決まった場所に行くことはできますが、個人個人の行きたいところに行ける、というわけでは必ずしもありません。

自分の住んでいる町がどの形態で行っているかは、担当課に確認してみましょう。それぞれに利点と課題はありますので、障害福祉サービスとうまく組み合わせて利用するとよいでしょう。

3障害における移動支援の利用条件

	定めている	定めていない	その他
身体障害者手帳の有無	280	165	244
身体障害に関する区分認定の有無	53	633	20
身体障害の種類要件	391	321	—
療育手帳の有無	474（手帳級数の制限ありを含む）	194	33
知的障害に関する障害支援区分認定の有無	47	631	17
精神障害者保健福祉手帳の有無	375	236	85
精神障害に関する障害支援区分認定の有無	54	623	17

手帳所持が条件になっているところも少なくありません。また、医療的ケア児・者などに対しては、要件に定められていない自治体が多いようです。

出典：PwCコンサルティング合同会社「（厚生労働省補助事業）令和２年度障害者総合福祉推進事業補助金　地域における地域生活支援事業の効果を検証するための調査研究 事業報告書」（令和３年３月）をもとに著者作成

移動支援事業における利用用途別の利用可否

n = 720

	利用用途	①常に利用可能である	②一定の条件下で利用できる	③全く利用できない	無回答	合計
1	通勤	41	169	490	20	720
2	通学	60	314	330	16	720
3	通院	194	305	206	15	720
4	行政手続き	555	96	57	12	720
5	冠婚葬祭	597	93	18	12	720
6	理美容	620	73	13	14	720
7	日用品の買い物	564	107	38	11	720
8	公的行事	586	104	17	13	720
9	お墓詣り	595	90	21	14	720
10	娯楽（レジャー、レクリエーション）	576	118	13	13	720
11	研修会等への参加	523	166	17	14	720
12	その他	71	325	11	313	720

出典：PwCコンサルティング合同会社「（厚生労働省補助事業）令和２年度障害者総合福祉推進事業補助金　地域における地域生活支援事業の効果を検証するための調査研究 事業報告書」（令和３年３月）

地域で生活する拠点として利用する

地域活動支援センターは3つの類型に分かれています。

多様なニーズに応えてくれる

居場所としての役割を果たす施設として、生活介護や就労継続支援B型などが障害福祉サービスとしては用意されています。

しかし、例えば一般就労していて休みの日だけ寄りたい、気軽に相談できる場所がほしいという人や、地域との交流を望んでいる人もいるでしょう。また自立支援法以前に、家族会などが行っていた無認可の作業所が地域の居場所として役立っていましたが、自立支援法が始まった際に、こうした無認可の施設に対する自治体の援助が打ち切られるケースが増えてきました。

このような状態に対応するのが、**地域活動支援センター**です。

大きく分けて3つの類型がある

地域活動支援センターは、**2階建てのシステム**になっています。

1階部分は共通の内容として、地域の実情に合わせて、創作的活動や生産活動の機会の提供、また社会との交流促進等を目的としています。

そこに**2階部分の事業として、Ⅰ型・Ⅱ型・Ⅲ型と3つの形**が用意されています。

Ⅰ型事業所は、障害者が地域で暮らしていくうえで必要となる、障害者に対する理解を進めたり、普及啓発活動を行ったりと、地域内の社会資源がうまく連携できるようにすること、また相談支援事業を実施することとなっています。利用者も居場所として利用したり、相談をしに来たりと様々です。場所によっては夜間も開いていたりします。

Ⅱ型は、機能訓練や社会適応訓練など、地域生活に必要な訓練をしたり、施設によっては入浴サービスを行ったりしています。

Ⅲ型は、昔あった無認可作業所が移行できるよう設定されたものです。授産作業を行うなど就労継続支援に似ていますが、地域生活支援事業で行われているため、財源等も違います。

地域活動支援センターの類型

類型	事業内容	職員配置	実利用人員の想定
Ⅰ型	・相談支援事業 ・医療・福祉及び地域の社会基盤との連携強化のための調整 ・地域住民ボランティア育成 ・障害に対する理解促進を図るための普及啓発等	・専門職員（精神保健福祉士等）を配置。 ・基礎的事業職員数＋1名（2名以上常勤）	1日当たり概ね20名以上
Ⅱ型	機能訓練、社会適応訓練、入浴等のサービスを実施	基礎的事業職員数＋1名（1名以上常勤）	1日当たり概ね15名以上
Ⅲ型	地域の障害者のための援護対策として地域の障害者団体等が実施する通所による援護事業の実績を、概ね5年以上有し、安定的な運営が図られている	基礎的事業職員数（1名以上常勤）	1日当たり概ね10名以上
基礎的事業	創作的活動、生産活動の機会の提供等、地域の実情に応じた支援を行う	2名以上（1名は専従者）	

地域活動支援センターは、名前は同じでも類型によって行っている活動がかなり違いますね。利用する前に、求めているサービスかどうかを確認したほうがいいですね。

地域生活支援事業と個別給付との違い

内容	地域活動支援センターなどの地域生活支援事業	障害福祉サービスの個別給付
費用の流れ	自治体が実施	利用者本人に対する給付
利用者	実施主体の裁量	障害支援区分認定、支給決定が必要
利用料	実施主体の裁量	応能負担
事業実施にあたっての基準	実施主体の裁量	指定基準、設備運営基準あり
財源	補助金	負担金

障害が重くなっても自分の権利を守るために

成年後見制度を利用するために必要な費用を補助してくれます。

お金がなくて自分の権利が守れない、ということがないように

物事の判断を自分の意思で行うことは、当たり前に保障された権利です。しかし、そうはいっても認知症の症状が出てきたり、知的障害や精神障害のために、よくわからないまま必要のない商品を買ってしまったり、言われるままハンコを押したら財産を取られてしまったりする事件が後を絶ちません。それを防ぐためにあるのが、**「成年後見制度」**です。しかし、現状制度利用は進んでいません。理由として、制度そのものがよく理解されていないこともありますが、費用がかかる（鑑定書に5万から10万円ほどかかることや、専門職を後見人にしたときにかかる費用など）点も問題でした。そこで、この**費用を市町村が負担することで制度の利用を促そうとしているのが、成年後見制度利用支援**です。

社会福祉士などが支えている

成年後見制度を利用した場合は、判断能力の程度により、後見、保佐、補助のそれぞれの類型に分けられ、どこまでを自分で決められ、どこから後見人（成年後見人、保佐人、補助人のこと）に決めてもらうのかが決まります。自分の意思を後見人に託すわけですから、後見人になる人はその人のことを考えた意思決定をしなければなりません。後見人には本人の親族が多いですが、独り身だったり家族内でのトラブルがあったりする場合は、弁護士、司法書士などの法律関係職や、社会福祉士などの社会福祉職の人たちが後見人として支えてくれることになっています。後見人に対しても、当然報酬を支払うことになりますが、この報酬もこの制度の対象となっています。

現在は独立型の社会福祉士などが、積極的に成年後見事業に取り組んでいます。社会福祉士会のホームページなどで情報が公開されていますので、利用したいと思った際は相談をしてみるとよいでしょう。

成年後見制度利用支援事業の仕組み

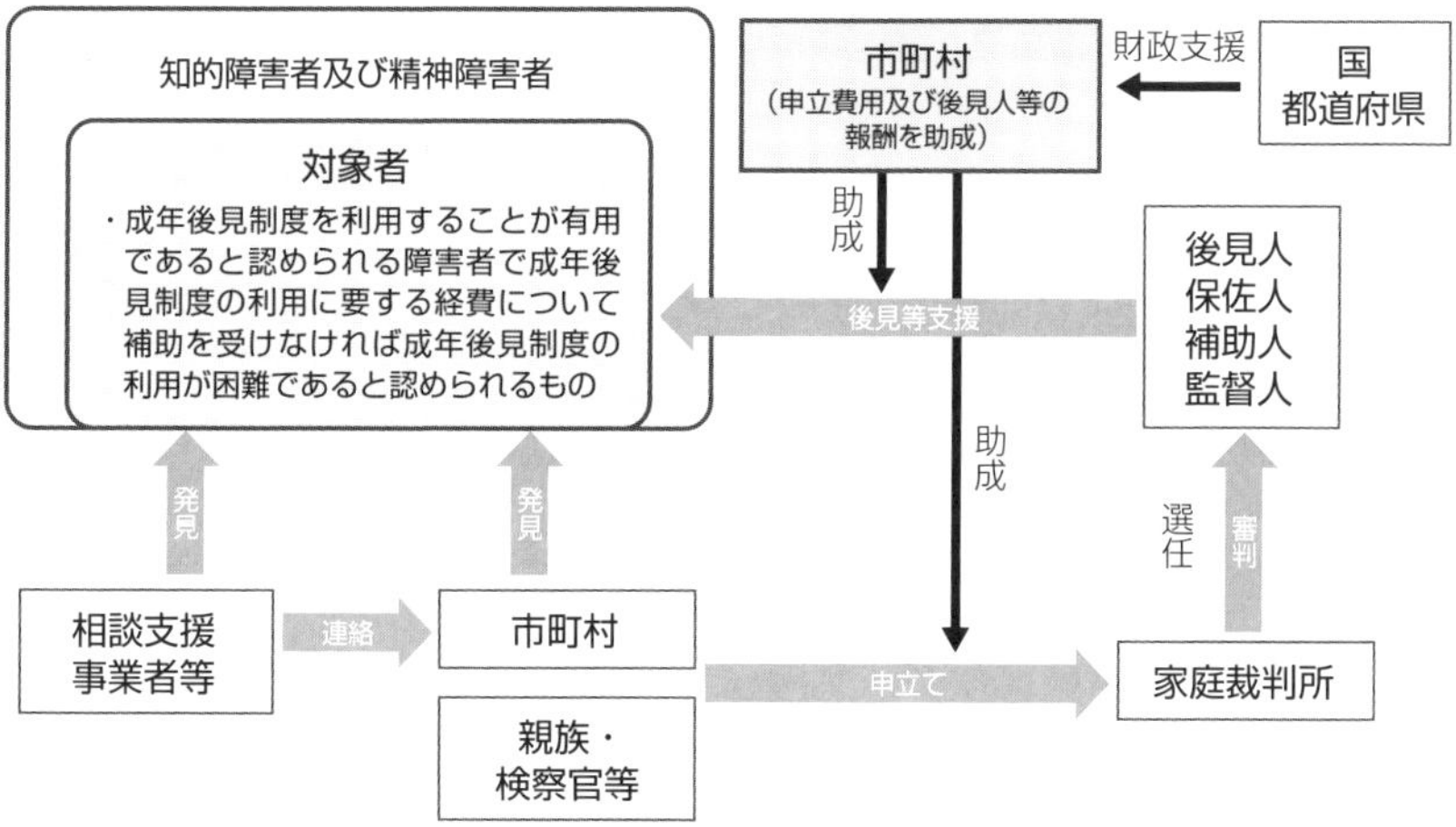

出典：厚生労働省「成年後見制度利用支援事業について」をもとに著者作成

組織として後見人になれる「法人後見」という制度があります。安心して後見人を任せられる法人を確保できる体制の整備や、法人後見実施の研修など、法人後見の活動を支援する「成年後見制度法人後見支援事業」が必須事業として行われています。

成年後見の3つの類型

	後見	保佐	補助
対象	判断能力が全くない人	判断能力が著しく不十分な人	判断能力が不十分な人
申立てできる人	本人、配偶者、四親等内の親族、検察官、市町村長など		
本人の名称	成年被後見人	被保佐人	被補助人
援助者の名称	成年後見人	保佐人	補助人
成年後見人等の権限	すべての法律行為の代理権と取消権(日常生活に関する行為を除く)	・本人が重要な財産行為等を行う際の同意権 ・本人が保佐人の同意を得ずに重要な財産行為等を行った場合の取消権 ・申立ての範囲内で家庭裁判所が定める特定の法律行為の代理権	申立ての範囲内で家庭裁判所が定める特定の法律行為の同意権、取消権、代理権

障害が重い ← 軽い

日常生活に関する行為というのは、食料品の買い物などの、日常で行われる金銭のやり取りを指します。

意思疎通を円滑に進めたいとき

意思疎通支援事業は、手話通訳者や要約筆記者を派遣してくれる支援です。

コミュニケーションを支える事業

地域のなかで生活するためには、当然地域住民とのコミュニケーションは必須です。しかしながら、コミュニケーションに関して国が定めた障害福祉サービスはありません。そのため、コミュニケーションに関する事業は、地域支援事業のなかでも特に大切といえるでしょう。

障害者のコミュニケーション手段として思いつくのは、手話、要約筆記、点字などですが、**意思疎通支援事業では、特に手話や要約筆記に関する事業**を中心に行っています。

手話は「言語」

特に手話については、障害者権利条約で**手話は〝言語〟**であると定義され、日本でも平成23年に障害者基本法において言語として認められる記載がされました。また鳥取県では、平成25年10月に都道府県で初めて手話を言語とする条例が成立しました。

しかし、手話でのコミュニケーションを支える手話通訳士の活躍の場はまだまだ少ない状況です。日常的には、ＮＨＫの手話ニュースや、講演会で演壇のわきで手話通訳をしている人をたまに見る程度でしょうか。聴覚障害者が有権者としてかかわる選挙でも、演説に手話通訳がつくものとつかないものがあり、まだまだ体制は不十分だといえるでしょう。

また、手話通訳を行う人の数も不十分です。全国には多くの手話通訳者がいますが、レベルはバラバラで、高度な通訳業務ができる人から日常会話程度まで様々です。手話通訳の資格である手話通訳士の数は、令和５年３月の段階で４０７２名と、聴覚障害者の情報保障を支えていくうえで、十分な数がいるとはいえません。

市町村は、手話通訳者、要約筆記者の派遣事業を行いますが、都道府県の行う育成事業と合わせて、より一層の展開が望まれます。

手話通訳者派遣の利用イメージ（通院時の付き添い）

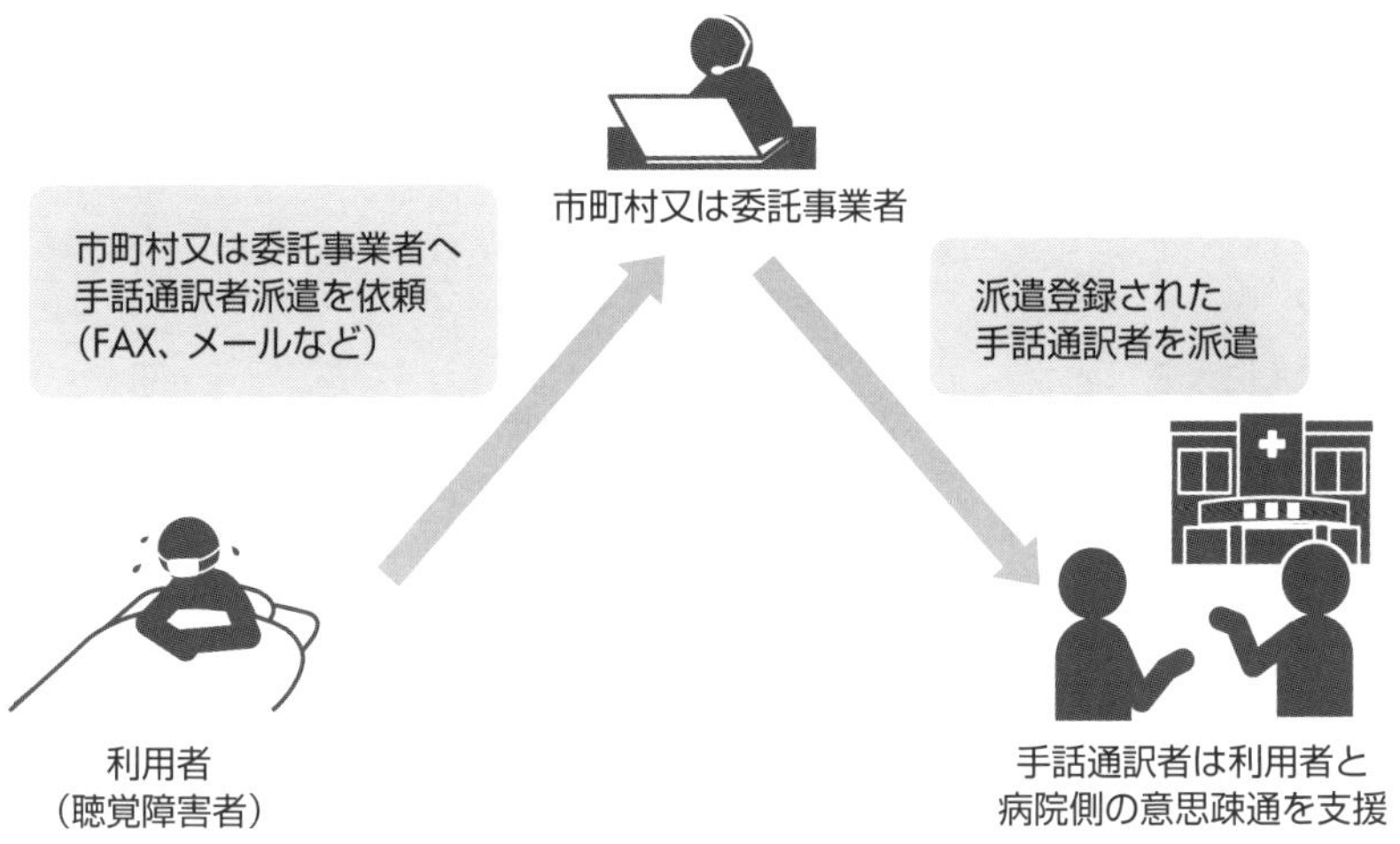

意思疎通支援者の養成・派遣の概要

市町村・都道府県で支援者の派遣等を実施

市町村	○手話通訳者、要約筆記者の派遣 ○手話通訳者の設置 ○点訳、代筆、代読、音声訳等による支援 ＊右記の都道府県に掲げられている支援者の派遣も実施可能
都道府県	○手話通訳士・者、要約筆記者派遣 ○盲ろう者向け通訳･介助員派遣 ○失語症者向け意思疎通支援者派遣 ○派遣に係る市町村相互間の連絡調整

↑

都道府県・市町村で養成研修を実施

市町村	○手話奉仕員の養成 ○点訳奉仕員、朗読奉仕員等の養成（任意事業）
都道府県	○手話通訳者の養成 ○要約筆記者の養成 ○盲ろう者向け通訳･介助員の養成 ○失語症者向け意思疎通支援者の養成 ○手話奉仕員、点訳奉仕員、朗読奉仕員等の養成（任意事業）

↑

国で指導者を養成

出典：いずれも厚生労働省「社会保障審議会障害者部会第128回資料3」（令和4年4月25日）

日常生活を送るのに必要な補装具がほしいとき

補装具費用の一部を補助する制度です。

生活になくてはならない補装具

町を歩くと、白杖《はくじょう》を持った方や、電動車いすを使っている人を見かけることがあるでしょう。また、事故などで足を失ってしまった人などは、義肢などを装着していることもあります。特に身体障害者にとって、補装具は自分の生活を支える大切な道具といえます。

しかし、補装具は決して価格が安いものではありません。補装具には、義肢・装具や車いす、補聴器、意思伝達装置などがあります。そのうち、電動車いすだと、厚生労働省による基準額が大体30万円以上、ものによっては100万円近くかかります。義肢も約47万円と安いものではありません。さらに当然生活に直結するもののため、必要に応じて買い替えなければいけないときも出てきます。

その**補装具を購入するための費用を負担してくれるのが、補装具費支給制度**です。

なんでもいいわけではありません

単純に補装具というと、整形外科などで処方されるサポーターなども該当します。ですが、総合支援法による助成は補装具だったらなんでも対応しているかというとそうではなく、以下の定義に合うことが必要です。

①身体の欠損または失われた身体機能を補完・代替するもので、障害個別に対応して設計・加工されたもの。

②身体に装着（装用）して日常生活や就学・就労に用いるもので、同一製品を継続して使用するもの。

③給付に際して専門的な知見（医師の判定書や意見書）を要するもの。

つまり、治療が終わっても、**日常生活を送るうえで補装具が必要とされることが必要**になります。

特に子どもの頃から補装具が必要になる場合、体の成長に伴って、補装具も調整・新調する必要があります。長い人生をともに歩くからこそ、補装具に対する支援は必要不可欠なのです。

補装具の種類

身体障害者・身体障害児共通	義肢・装具・座位保持装置・盲人安全つえ・義眼・眼鏡・補聴器・車いす・電動車いす・歩行器・歩行補助つえ・重度障害者用意思伝達装置・人工内耳
身体障害児のみ	座位保持椅子・起立保持具・頭部保持具・排便補助具

成長への対応や障害進行への対応、仮合わせ前の試用を理由に一部については貸与が認められます。

費用の利用者負担

所得区分		負担上限月額
生活保護	生活保護世帯に属する者	0円
低所得	市町村民税非課税世帯	0円
一般	市町村民税課税世帯	37,200円

利用者負担は原則1割となっていますが、世帯の所得に応じて、負担の上限金額が決められています。ただし、障害者本人や世帯員に一定以上の所得がある場合は対象外です。

補装具費の支給の仕組み

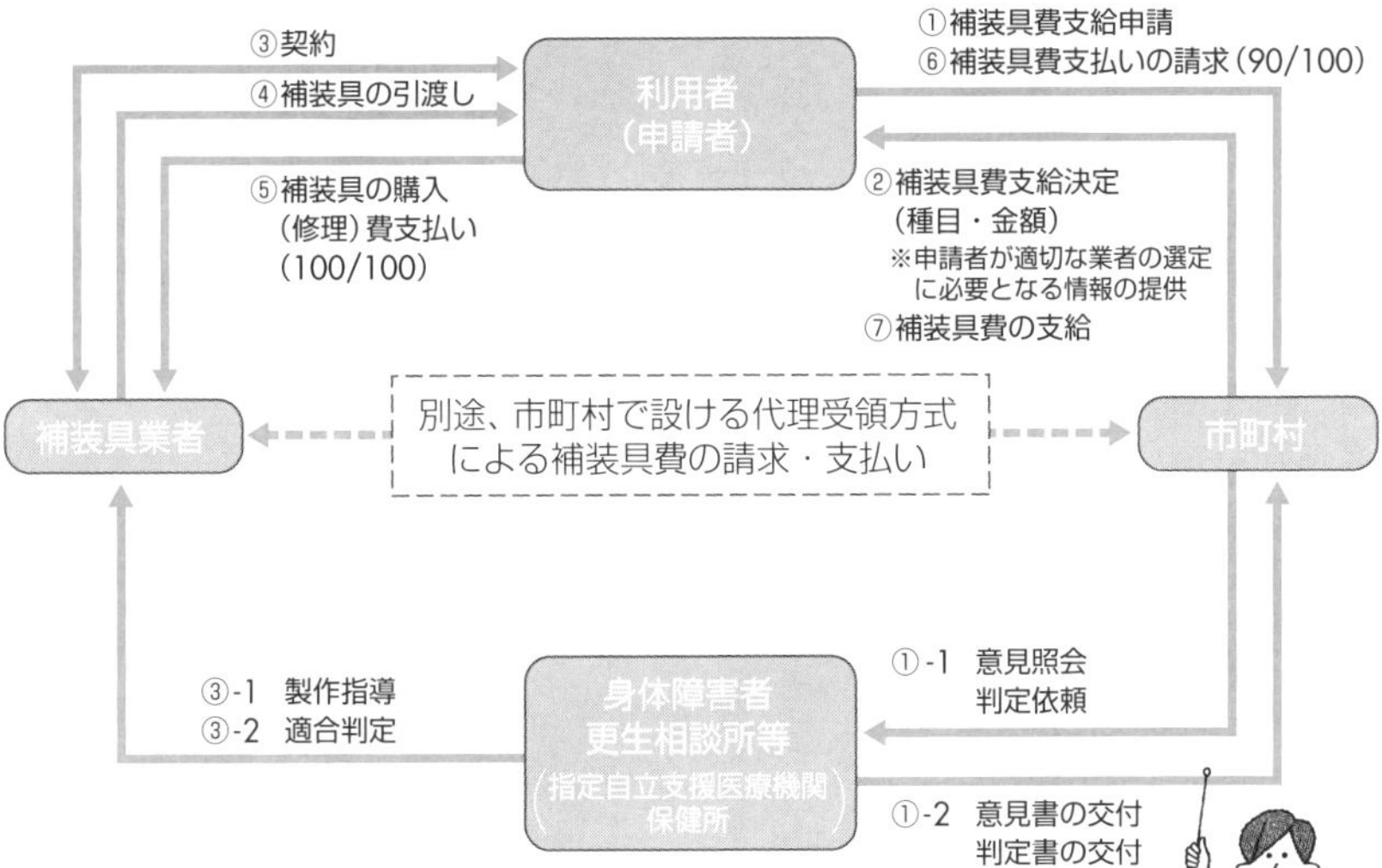

補装具の支給方法は2通りあります。先に全額を支払って、後から支給金額分を返してもらう「償還払い」と、先に利用者が負担額だけ支払い、残りは市町村と補装具業者とが直接やり取りする「代理受領方式」があります。

Q 「仕方なく」障害者を雇うのをやめませんか？

障害者雇用が促進されている現在ではありますが、障害者が働き続けるという面では、まだまだ課題があります。現在、筆者は地域の就労移行支援事業所とともに「精神障害者がどうしたら仕事を続けることができるのか」についての研究をさせていただいています。

そのなかで、2社ほど実際に精神障害者を雇用している企業とお話をする機会を得ました。「さぞ特別な取り組みをしているのでは？」と思っていたのですが、結論からいえば、特別なことはなく、その人の状況に合わせて仕事を任せるという、ある意味で当たり前の取り組みをしていました。逆にいえば、勤務先の上長が行う当たり前の配慮があれば十分に就労継続できることを改めて確認することができた場でもありました。

ただ、その2社とも共通していたのが、どちらの担当者も精神障害についてある程度の知識があったことです。どのような症状があるのか、どの程度のことができて、どのようなことが難しいのかについて、丁寧に本人と話し合うこと、そしてそれを他の職員に対してきちんと伝えるとともに理解を求めることを徹底して行っていました。

業務というものは相互理解がなければうまくいきません。誰でも同じではなく、一人ひとりの特性を理解して、伸び代を考えて仕事をまわす、チームとして仕事をするうえで適材適所の振り分けを考える、ということはどこの企業でも行われていることだと思います。一方で、障害者雇用においては「どうせこの程度しかできないのだろう」と、誤った認識のまま仕事を振ったり、その人の強みを見ることなく弱みばかりを見たりしていれば、確かに仕事を続けようとするモチベーションの維持は難しいでしょう。

雇用とは、雇っておしまいではありません。ともに仕事をしていく仲間として、支え、支えられる関係になることが重要だと思います。障害者雇用の場においても、一緒に働く仲間として理解しようとし、その人の力を発揮できる環境を構築することが必要です。その環境を作るためにも、福祉現場と企業がともに協力していく機会が増えていくことが、障害者雇用を促進していくためには必須ではないでしょうか。

第4章

障害児のためのサービス

障害者総合支援法では、障害児に対するサービスは、在宅のものしか設定されていません。通所による支援を受けたいときや、入所施設を利用したい場合は、児童福祉法によって規定されているサービスを利用することになります。この章では、そうした障害児のためのサービスを紹介します。

障害児のための施設はどんなものがある？

障害児のためのサービスには、大きく分けて「通所」と「入所」の2種類のサービスがあります。

障害児のサービスは児童福祉法に基づく

障害児の施設サービスは、本来障害者総合支援法（以下、総合支援法）に基づく制度ではありません。しかし大変かかわりが深いことから、ここで整理していきます。

次ページの図に示した通り、障害者自立支援法（以下、自立支援法）時代、同法に基づく障害児の施設サービスに「児童デイサービス」がありました。他の施設サービスはすべて児童福祉法に基づいたものであり、障害の種別によって施設が分かれていました。つまり、施設によって、自立支援法と児童福祉法という2つの法律によって運営されるという、わかりにくい状況になっていました。これが平成24年から、障害児に向けたすべての施設サービスは、児童福祉法に基づいて実施されるようになりました。

サービスは大きく通所・入所の2つに分けられる

成人の障害者の施設は、障害の種別ではなく、サービスの内容で分けられていますが、対象が障害児の場合にも同様に、サービスの内容ごと、すなわち通所サービスである**障害児通所支援**と、入所施設である**障害児入所支援**の大きく2つに分けることになりました。

なぜこのように施設を整理したかといえば、身近な地域で支援が受けられるようにしようとしたからです。障害児施設は数が少なく、障害の種別でも分かれていたため、自分の状況に合った支援を受けることができるかどうかは、住んでいるところに大きく影響されました。それを統合させることで、どこに住んでいても支援を受けられ、より地域生活をしやすくしたのです。

もちろん、ただサービスを受けられるようにしただけでは意味がありません。障害特性に応じた専門的な支援を受けられるよう、支援者の質が担保されるよう考えられ、制度設計が行われています。

障害児施設・事業が再編された

<<障害者自立支援法>> 【市町村】

- 児童デイサービス

<<児童福祉法>> 【都道府県】

通所サービス
- 知的障害児通園施設
- 難聴幼児通園施設
- 肢体不自由児通園施設（医）
- 重症心身障害児（者）通園事業（補助事業）

入所サービス
- 知的障害児施設　第一種自閉症児施設（医）　第二種自閉症児施設
- 盲児施設　ろうあ児施設
- 肢体不自由児施設（医）　肢体不自由児療護施設
- 重症心身障害児施設（医）

→

<<児童福祉法>> 【市町村】

障害児通所支援
- ・児童発達支援 ※
- ・医療型児童発達支援 ※
- ・居宅訪問型児童発達支援
- ・放課後等デイサービス
- ・保育所等訪問支援

※令和6年度より一元化

→

【都道府県】

障害児入所支援
- ・福祉型障害児入所施設
- ・医療型障害児入所施設

（医）とあるのは医療の提供を行っているもの

以前は、知的・身体と障害の種別で施設が分かれていましたが、平成**24**年からは、通所か入所かの**2**つに分かれたんですね。

障害児施設・事業一元化の基本的な考え方

身近な地域で支援が受けられるよう、どの障害にも対応できるようにするとともに、引き続き、障害特性に応じた専門的な支援が提供されるよう質の確保を図る。

出典：厚生労働省「障害児支援の強化について」（平成24年4月）

通所サービスの実施主体は、市町村です。以前は、通園施設の実施主体は都道府県でしたが、平成**24**年に市町村に変わっています。通所施設は数も多く必要になるため、身近な地域で、より細かく対応できるようにしたためです。

療育が必要な子どもに身近な地域で支援を行う

身近な場所としての児童発達支援と、中核的な役割を担う児童発達支援センターがあります。

障害児通所支援の4つの機能

平成24年改正以前の障害児に向けたサービスは、知的障害児や肢体不自由児など、障害の種別ごとに施設が分かれていました。それらが統合し、大きなくくりとしてできたうちの1つが、「障害児通所支援」です。これは、地域で生活している障害児のための、通所による各種サービスを指します。

障害児通所支援は、①児童発達支援、②居宅訪問型児童発達支援、③放課後等デイサービス、④保育所等訪問支援の4つのサービスで構成されています。これらから、自分に合ったサービスを利用します。

身近な療育の場と基幹センターとしての役割を担う「児童発達支援」

児童発達支援を行う施設には、地域における障害児支援の中核的役割を担う**児童発達支援センター**と、それ以外の**児童発達支援事業**があります。

もともと児童福祉の施設は、ニーズに対して十分といえるほど数はなく、近くに施設があっても、障害の内容が違えば利用することはできませんでした。児童発達支援は、そのような利用しにくい制度を変え、地域における身近な障害児支援を担う場所として設計されています。もちろん、原則として3障害（身体・知的・精神）に対応することとなっていますが、知的障害や発達障害など専門機能に特化したサービス提供も認められています。

福祉型と医療型の一元化

令和6年度より、**福祉型と医療型に分けられていた児童発達支援センターが一元化**されることになりました。これによって、医療が必要な場合であっても、身近なところで支援を受けやすい土壌ができることになります。一方で、特性に合わせて必要になってくる専門性をどう担保していくのかが、今後の大きな課題となるでしょう。

地域における児童発達支援センターを中心とした支援体制

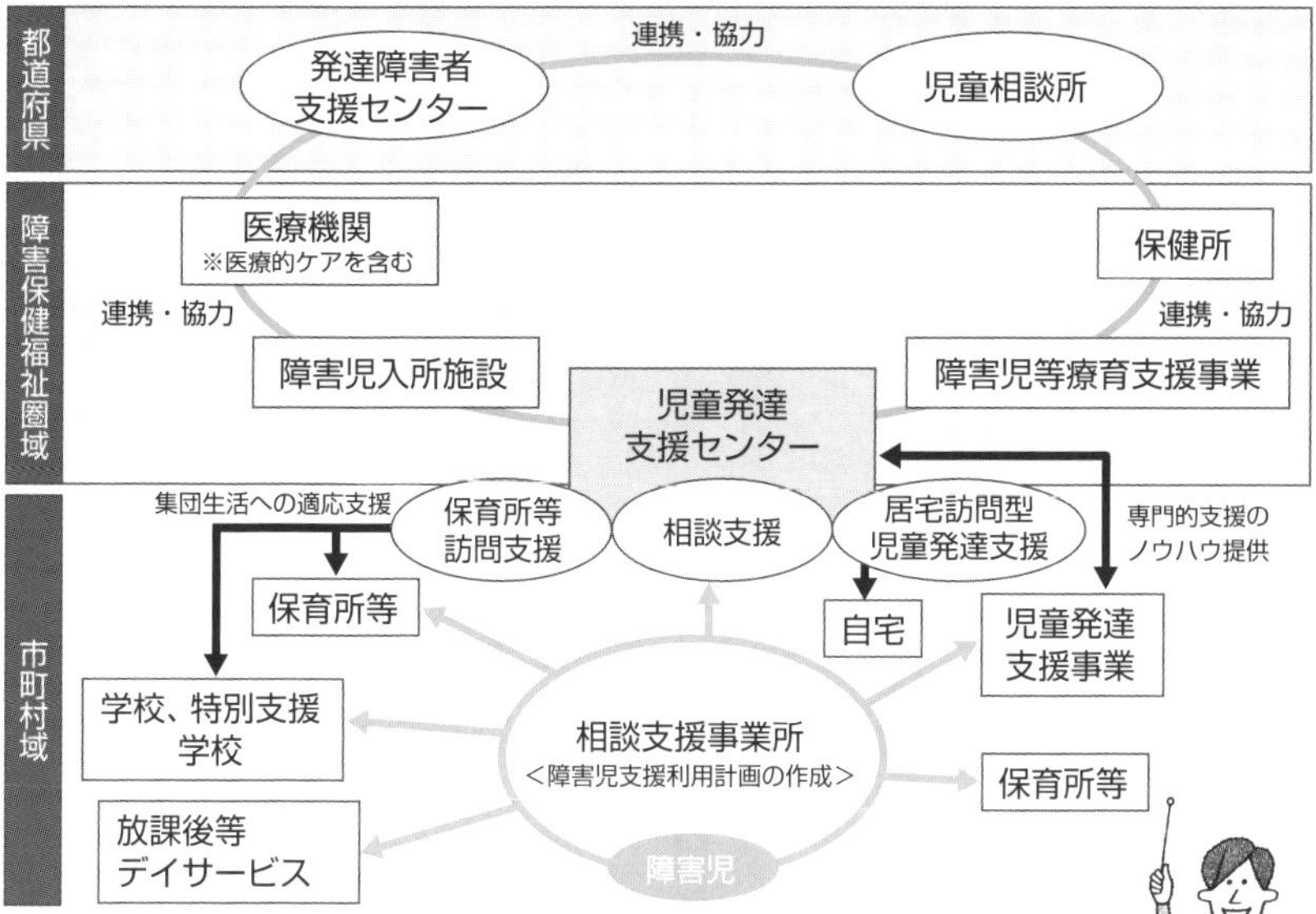

出典：厚生労働省「障害児支援の強化について」（平成24年4月）をもとに著者作成

児童発達支援センターは、市町村または障害保健福祉圏域に1～2か所設置されます。地域の関係機関と連携したり、都道府県のバックアップを受けたりして、適切な支援を実施していきます。

「福祉型」と「医療型」を児童発達支援センターに一元化

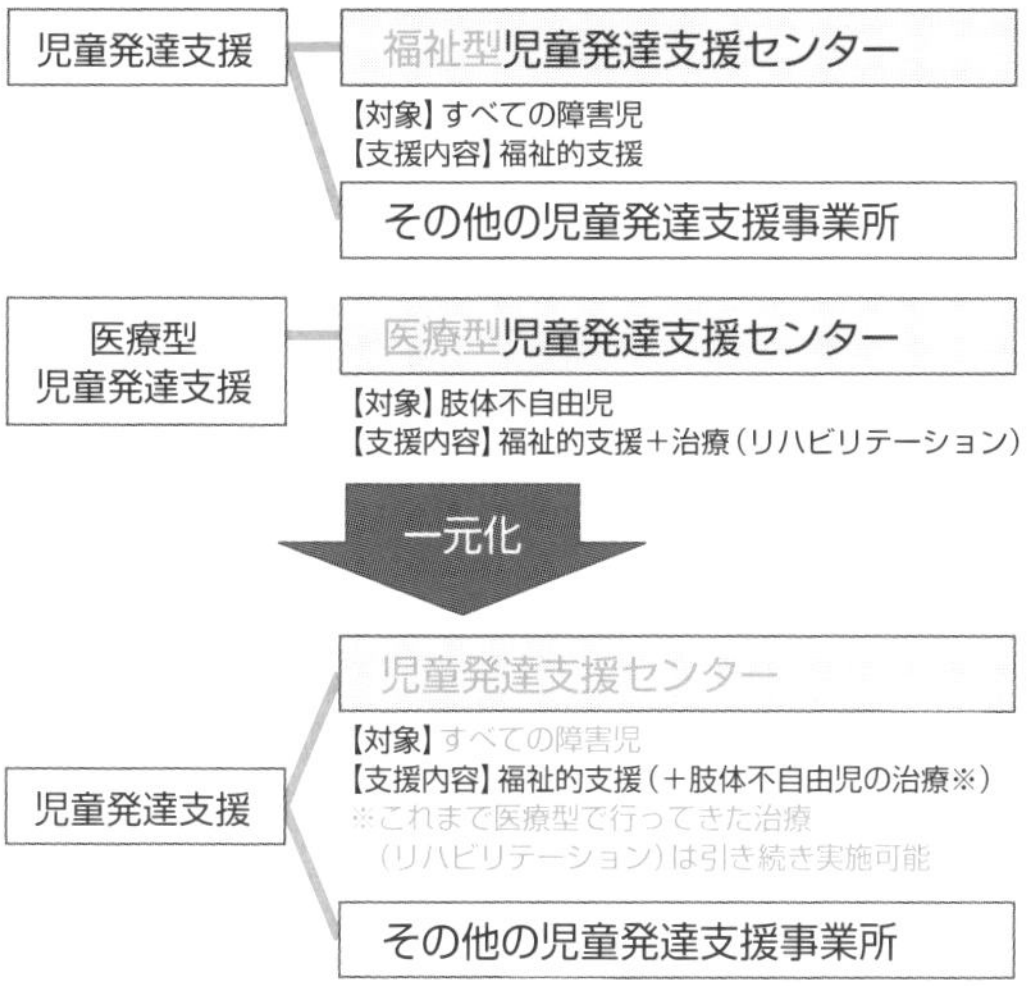

法改正に伴い、児童発達支援センターの役割として、下記の内容が求められています。

① 幅広い高度な専門性に基づく発達支援・家族支援機能
② 地域の障害児通所支援事業所に対するスーパーバイズ・コンサルテーション機能（支援内容等の助言・援助機能）
③ 地域のインクルージョン推進の中核としての機能
④ 地域の障害児の発達支援の入口としての相談機能

出典：厚生労働省「児童福祉法等の一部を改正する法律（令和4年法律第66号）の概要」をもとに著者作成

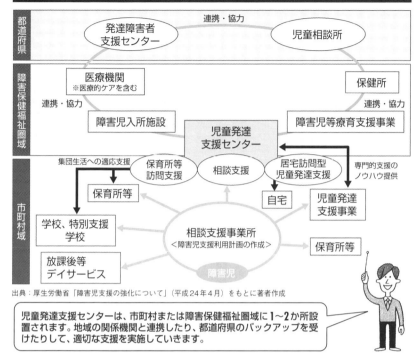

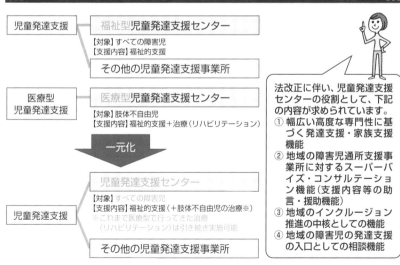

外出が困難な障害児を支援するサービス

障害児の居宅を訪問して発達支援を行うサービスです。

外出が困難な児童の発達を支援

居宅訪問型児童発達支援は、従来あった児童発達支援や放課後等デイサービスと同様のサービスを「在宅」でも受けることができるよう平成30年度の改正で新設された制度です。

対象は、従来ある**通所型の児童発達支援や放課後等デイサービスを利用することができない重度の障害児**に限定されています。なお、目的の1つとして、在宅で発達支援を行うことによって、通所型の支援につなげることができるようにするなど、社会生活の幅を広げる、ということもあります。

医療的ケア児も対象に

ここでいう重度障害児とは、各種手帳制度において重度判定がなされている子どもだけではなく、人工呼吸器装着など、日常的に医療を受けることが必要な**医療的ケア児**、さらに重い疾患のために外出することによって感染症にかかるリスクが高く、**外出先で支援を受けることが困難な子ども**も含まれます。

医療的ケア児は、各種手帳制度に照らしてみると、等級が低く出たり等級がつかなかったりする場合も多くあります。しかし、日常的に医療的ケアが必要ということで、外部での支援を受けるとなると、医療的ケアを実施できる看護師などの専門スタッフの配置や、それぞれの症状に応じた機器の配置なども行わなければなりません。そのため、今までの支援体制では、受け入れたくても人員上、設備上、受け入れることが困難な状態にありました。

医療的ケア児でも在宅でリハビリの専門職等による発達支援を受けることができる土台ができることになり、家族の負担軽減にもつながることが想定されています。しかし、通所施設での医療的ケア児の受け入れ態勢のさらなる充実化など、今後も医療的ケア児に対する支援のあり方については検討していく必要があります。

居宅訪問型児童発達支援の対象は？

重度の障害の状態その他これに準ずるものとして厚生労働省令で定める状態にある障害児で、児童発達支援等のサービスを受けるために外出することが著しく困難な者

①重度の障害等の状態にある障害児（※）

※重度の障害の判定は、各種手帳の重度判定（身体障害者手帳１・２級相当、療育手帳重度相当、精神障害者保健福祉手帳１級相当）を基本とする

②重度の障害の状態に準ずる者

a　人工呼吸器を装着している状態その他の日常生活を営むために医療を要する状態にある場合＝医療的ケア児

b　重い疾病のため感染症にかかるおそれがある状態にある場合

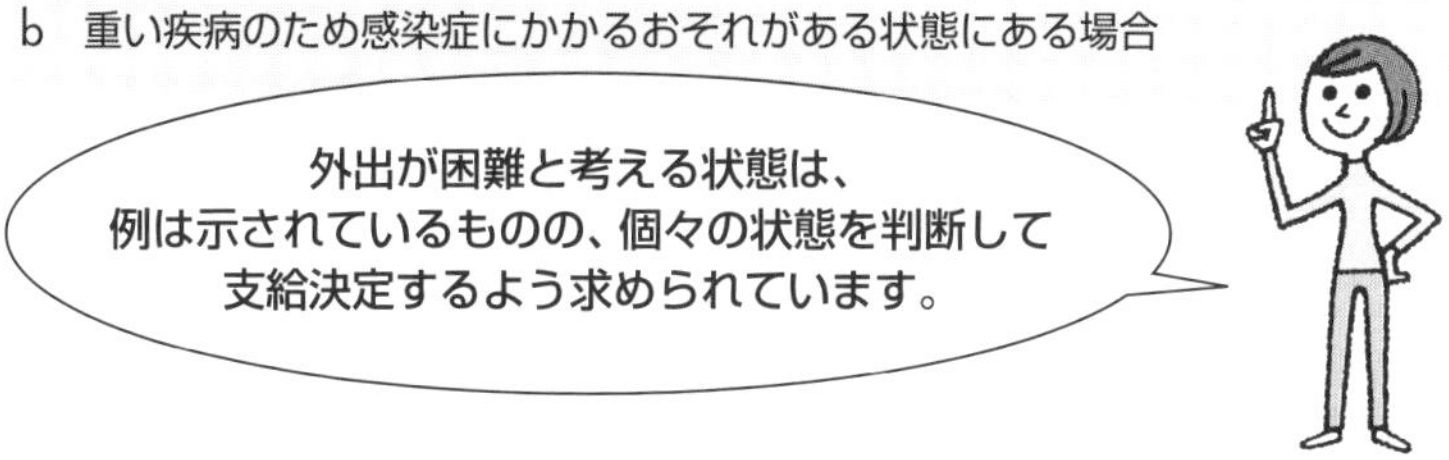

地域における医療的ケア児の支援体制の整備に向けて

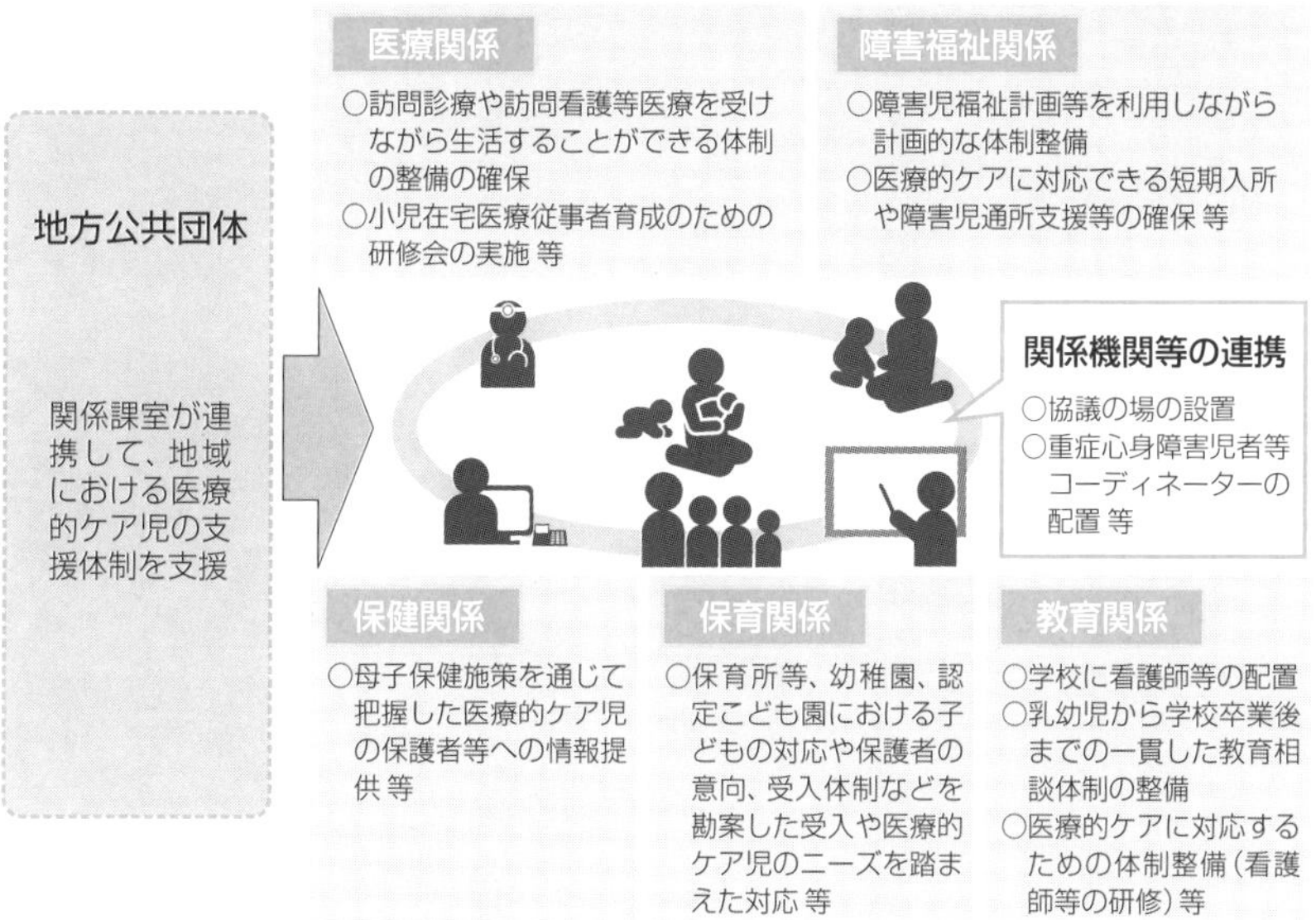

出典：厚生労働省「第17回医療計画の見直し等に関する検討会資料1-3」（令和２年１月15日）をもとに著者作成

地域で暮らす障害児のための支援あれこれ

「放課後等デイサービス」や「保育所等訪問支援」が子どもたちの居場所づくりを支えています。

「児童デイサービス」から「放課後等デイサービス」に

自立支援法時代に、児童に対するサービスとして唯一行われていたのが「児童デイサービス」でした。これは障害児に対して集団生活を通じて療育を行うというものです。他のサービスが児童福祉法に基づいているなかで、確かに少し違和感を覚えるものでした。しかし、それだけ需要が高いサービスだったともいえます。

仕事を持つ保護者の多くは、学校などが終わった後や夏休み中など、子どもたちの様子を見ることができません。児童デイサービスはその間の療育を担当する場所として、多くのNPOなどにより立ち上げられました。今は、児童福祉法のサービスに組み込まれ、名称も新たに**放課後等デイサービス**として運用されています。

障害を持つ乳幼児の保育所への受け入れを支える

放課後等デイサービスの**対象となるのは、基本的に就学児**です。乳幼児は保育所等を利用することになりますが、預かる側の職員は、どのように障害児と接すればいいのか、どうすれば集団生活に適応できるかなど、受け持つうえで不安を抱えています。それは就学後に日中生活する学校側も同様です。そこで児童指導員などが保育所や幼稚園、学校などに訪問し、かかわり方や抱えている悩みなどに対応します。この制度を「**保育所等訪問支援**」といい、受け入れたくても自信がないから受け入れできない、という状況を少しでも改善することが期待されます。

子育てしやすい社会へ

今まで、障害児を持つ母親の負担は非常に大きく、子どもの世話のため、働きに出るどころか外出もままならない状況が少なからずありました。サービスの整備によって、障害のあるなしにかかわらず、地域全体で子育てを支えるという社会の実現が望まれます。

放課後等デイサービスのイメージ

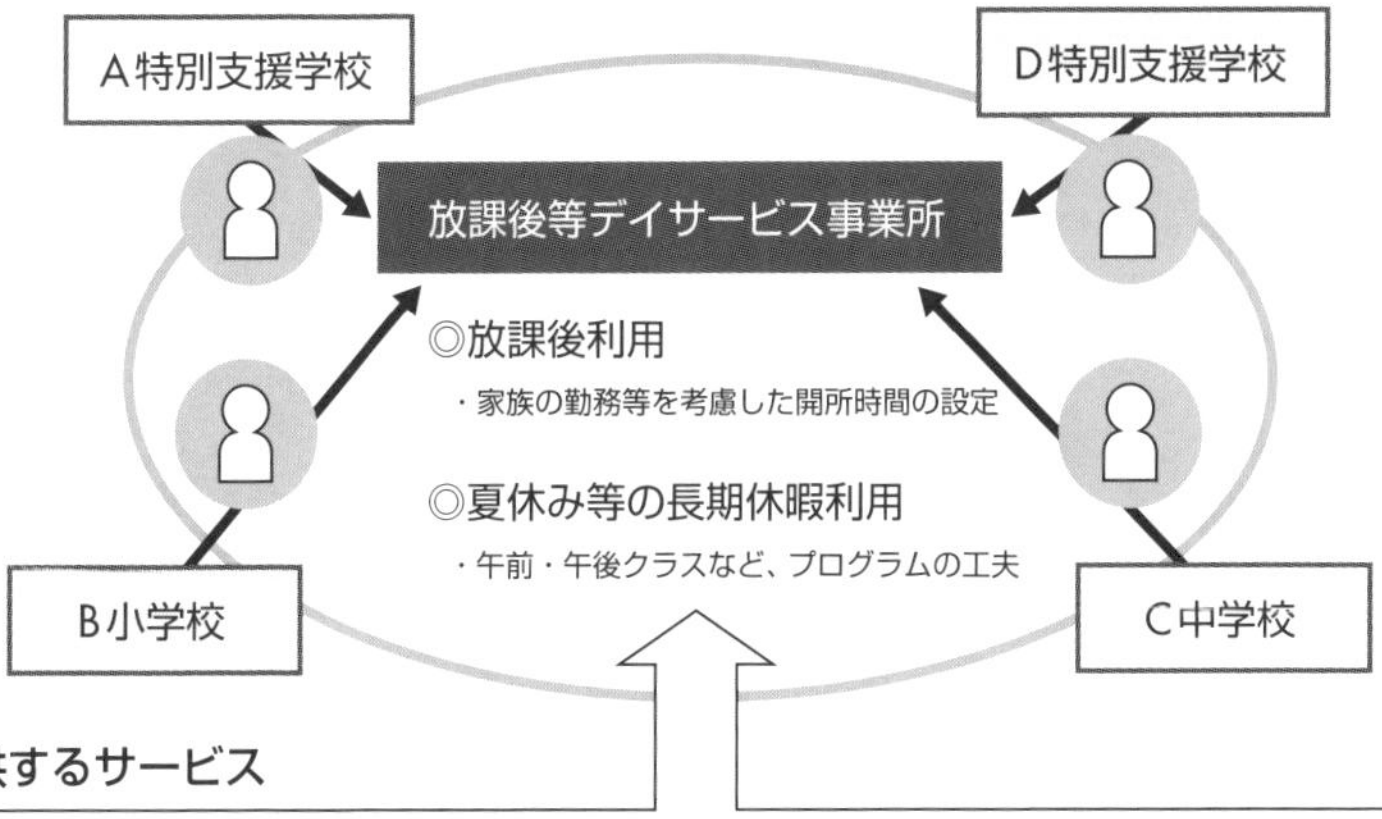

提供するサービス

学校事業終了後または休業日において、生活能力の向上のために必要な訓練、社会との交流の促進その他の便宜を供与

- 自立生活を営むために必要な訓練や創作的活動、余暇の提供など、多彩なメニューを設け、本人の希望を踏まえたサービスを提供
- 学校との連携・協働による支援

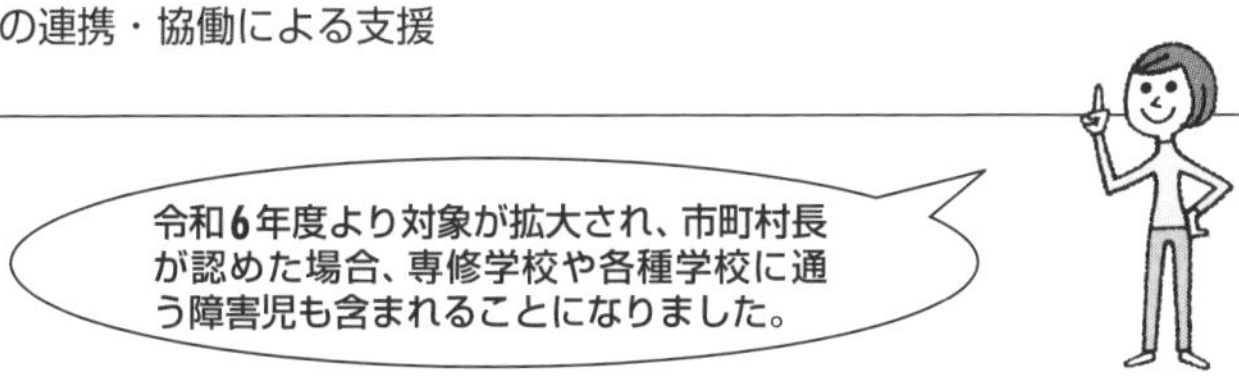

保育所等訪問支援のイメージ

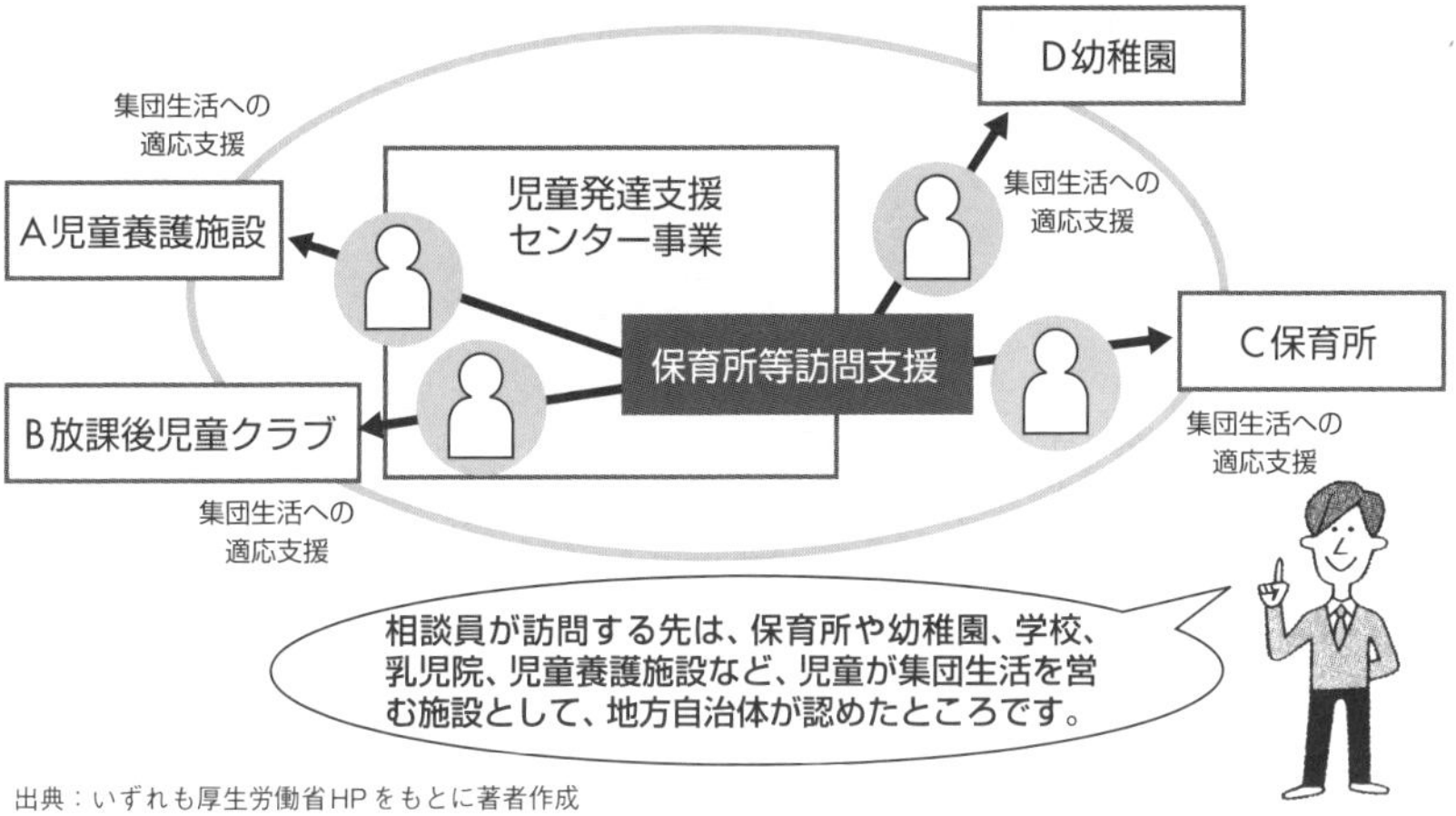

出典：いずれも厚生労働省HPをもとに著者作成

子どもの障害が重度で家庭での生活が難しい場合の支援とは

重度障害であっても自立のための支援を充実させた「障害児入所支援」があります。

施設に入所して自立した生活を目指すということ

障害の状況や家庭環境などによっては、在宅での生活が難しく、施設での生活を余儀なくされる場合もあります。以前は障害の種別によって施設が分かれていましたが、平成24年に「**障害児入所施設**」として1つに統合されました。ただし、医療の必要があるかどうかで、福祉型と医療型の2つに分けられています。

障害児入所支援では、児童の保護や日常生活の指導、生活を送るうえで必要な知識や技能を身につけるための訓練などが行われます。医療型の場合は、それに加えて治療も大きな役割です。

以前、施設といえば、一度入ってしまえば外に出ることは難しいという認識が強くありました。しかし現在では、地域生活への移行を目的として、**自立支援に向けた取り組み**が各施設で行われています。

18歳以上になったらどうなる?

これらの施設は、児童福祉法に根拠を持っており、利用できるのは法律で定義されている児童、つまり18歳未満とされています。しかし、18歳以上になったからといって、すぐに環境等を整えて、施設を出られる人ばかりではありません。

平成24年度の法改正で、移行を進める一方で児童の生活に支障がある場合、20歳まで入所できるようになっていましたが、現在でも移行調整が十分に進んでいない状況があります。そのため、令和6年度より移行調整の責任主体を都道府県・指定都市と明確にしたうえで、関係機関との協議の場を設けたり資源整備等も含めた総合的な調整を進めたりすることとなりました。また、一定年齢以上の入所で移行可能な状態に至っていない場合や、強度行動障害等が18歳近くになって強く現れてきた場合などに、**22歳満了時(入所時期が最も遅い18歳直前から起算して5年間)まで入所**ができるようになります。

18歳以上の障害児施設入所者への対応

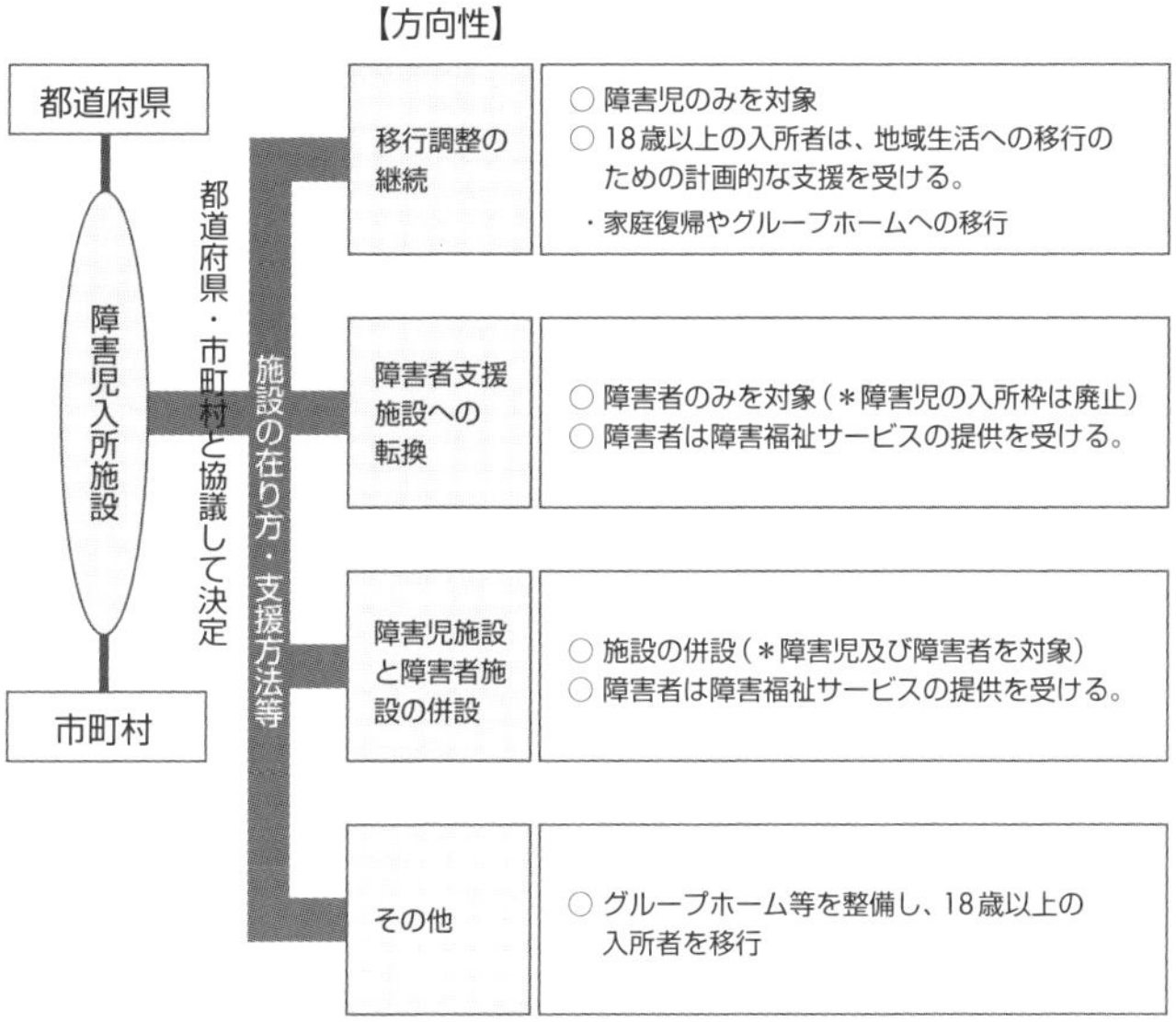
【方向性】
都道府県
障害児入所施設
市町村
都道府県・市町村と協議して決定
施設の在り方・支援方法等
移行調整の継続
○ 障害児のみを対象
○ 18歳以上の入所者は、地域生活への移行のための計画的な支援を受ける。
・家庭復帰やグループホームへの移行
障害者支援施設への転換
○ 障害者のみを対象（＊障害児の入所枠は廃止）
○ 障害者は障害福祉サービスの提供を受ける。
障害児施設と障害者施設の併設
○ 施設の併設（＊障害児及び障害者を対象）
○ 障害者は障害福祉サービスの提供を受ける。
その他
○ グループホーム等を整備し、18歳以上の入所者を移行

令和3年12月に、これらの対応を加速するように通知が出されています。

出典：厚生労働省「障害保健福祉関係主管課長会議資料」（平成24年2月20日）をもとに著者作成

都道府県・政令市の協議の場の運営のイメージ

協議の場における検討内容

① 管内の移行対象者の把握・情報共有・進捗管理
② 広域調整
関係団体の協力も得て、地域資源（グループホーム等）の定員状況等を共有し、円滑な移行につなげる。
③ 個別ケース会議
移行調整が難しい事例について、課題把握や調整等を行う。
④ 地域資源開発
個別ケースを通じて、移行先として必要な地域資源について議論し、障害者福祉計画等へ反映させていく。

個別ケース会議の検討内容

① 移行が難しい事例の状況把握や課題点の確認
② 必要な移行先条件や支援内容等の検討
③ 支援方針の確立と役割分担の決定及びその認識の共有
④ 特別な事情により移行困難な場合の入所延長（22歳まで）の判断

関係者イメージ

都道府県・政令市
市町村
児童相談所
相談支援事業所
障害児入所施設
本人及び保護者
学校関係者
障害者支援施設等
関係団体
その他

※個別ケース会議の際には、個々のケースに応じて必要な関係者を参集する。

出典：厚生労働省「障害児の新たな移行調整の枠組みに向けた実務者会議 報告書」（令和3年8月12日）をもとに著者作成

子どもに合った通所支援サービスを受けるには?

通所サービスを利用するときには障害児相談支援事業を利用します。

通所サービスに対応した相談支援

相談支援というのは、障害者・児がどんなことに困っているのか、どのような生活を送りたいかを理解して、人それぞれに合ったサービスを提供するための橋渡しをする、とても重要な支援といえます。

自立支援法時代までは、障害児の相談先といえば、一般的な相談は相談支援事業が、通所や入所サービスに対する相談は主に児童相談所が担ってきました。しかし、児童相談所は圏域で設置されるため、必ずしも近くにあるわけではありません。また気軽には相談しづらいという印象を持たれがちです。

そこで通所サービスの相談窓口として、**障害児相談支援事業**が実施されるようになりました。なお、この相談支援は、総合支援法によるものではなく、児童福祉法に基づく制度として行われています。

サービスの計画も作ってくれる!

障害児相談支援事業には、障害児支援利用援助と継続障害児支援利用援助の2つがあります。

障害児支援利用援助は、具体的にどのようなサービスを使うかを検討し、プラン（障害児支援利用計画）を作成します。作成にかかる費用負担はありません。なお、本人や家族などがプランを作成（セルフプラン）することもできます。

継続障害児支援利用援助は、一定期間サービスを利用したなかで、**本当にそれでいいのか、場合によってはプランの変更を行うといった見直し（モニタリング）**を行います。これらは通所サービスに対するもので、入所サービスは児童相談所が専門的な判断を行うため、対象外となっています。

図からわかる通り、内容としては障害者の相談支援事業と大きく変わりません。相談支援専門員はプランを作り、利用の様子から見直しを行い、よりその人に合った支援が提供されるように本人、家族と一緒に考えていきます。

「障害児」の相談支援体系

市町村による相談支援事業	サービス等利用計画等	
	居宅サービス	通所サービス
市町村／指定特定（計画作成担当）・一般相談支援事業者（地域移行・定着担当）に委託可	指定特定相談支援事業者（計画作成担当） ※事業者指定は、市町村長が行う。	障害児相談支援事業者 ※事業者指定は、市町村長が行う。
○障害者・障害児等からの相談（交付税）	○計画相談支援（個別給付） ・サービス利用支援 ・継続サービス利用支援 ○基本相談支援（障害者・障害児等からの相談）	○障害児相談支援（個別給付） ・障害児支援利用援助 ・継続障害児支援利用援助

障害児相談支援事業は、主に通所サービスを利用したいときに活用します。日常的な相談は、相談支援事業（障害者総合支援法による規定。市町村が実施）で対応します。

障害児の場合も、大人の障害者と同様に、居宅介護などの居宅サービスについては、障害者総合支援法によるサービスを受けることになるんですよね？

そうです。児童福祉法の「障害児相談支援事業者」の指定だけでは、障害者総合支援法の居宅サービスの調整ができないので、原則、障害者総合支援法に基づく「特定相談支援事業」の指定も受けているんですね。障害児入所支援については、児童相談所が対応することになっています。

サービス利用までの流れ（児童通所支援の場合）

1. サービス利用申請
2. 指定障害児相談支援事業者と契約
3. サービス意向調査
4. 障害児支援利用計画案の提出
5. 障害児通所支援の給付決定
6. 障害児支援利用計画の作成
7. サービス開始
8. 定期的なモニタリングの実施

障害児支援利用計画は、本人、家族などが作成することも可能です（セルフプランといいます）。ただし、その場合はモニタリングを受けることができません。

慢性疾患を抱える子どもたちを支える

医療費助成や、子どもたちの状況に合わせた自立・成長支援を行っています。

小児慢性疾患に対する事業

身体障害や知的障害などを抱えた障害児のほかにも、病気によって生活に困難を抱えている子どもたちは多くいます。そのなかでも、医療の進歩に伴って命の危険は減ったものの、慢性疾患により治療が長期化し、大きな負担がかかっている子どもや家庭のための制度として、**小児慢性特定疾病対策が児童福祉法に規定**されています。令和3年11月現在、788疾病が対象となっています。

医療費負担を軽減

小児慢性特定疾病対策の内容は大きく2つあり、1つが**医療費助成**です。先にも述べたとおり、慢性疾患のなかには高額な医療費が長期間かかるものもあり、その負担は家庭に大きくのしかかってきます。そのため、家庭の収入状況に応じて自己負担の上限を定めることで、負担軽減を図っています。その他、必要に応じて車椅子や特殊寝台、クールベストやネブライザー（吸引器）など、日常生活を送るうえで必要となる日常生活用具の給付も行われています。対象になるかどうか、どのようなものが給付されるのかについては、通院している医療機関の医療ソーシャルワーカー等にお気軽に問い合わせてください。

子どもの自立・成長支援も行う

もう1つが**自立支援事業**です。50ページでも触れていますが、療養相談やピアカウンセリングなどといった相談支援事業が必須事業として行われているほか、任意事業として日中における居場所の確保を行う療養生活支援事業やコミュニケーション能力の向上や社会性を身につけていく等を目的に行われる相互交流事業などが設定されています。

まだまだ十分に整備されているとはいいがたいところはありますが、今回の法改正で、子どもたちへの支援が広がっていくことが望まれます。

小児慢性特定疾病医療費申請の流れ

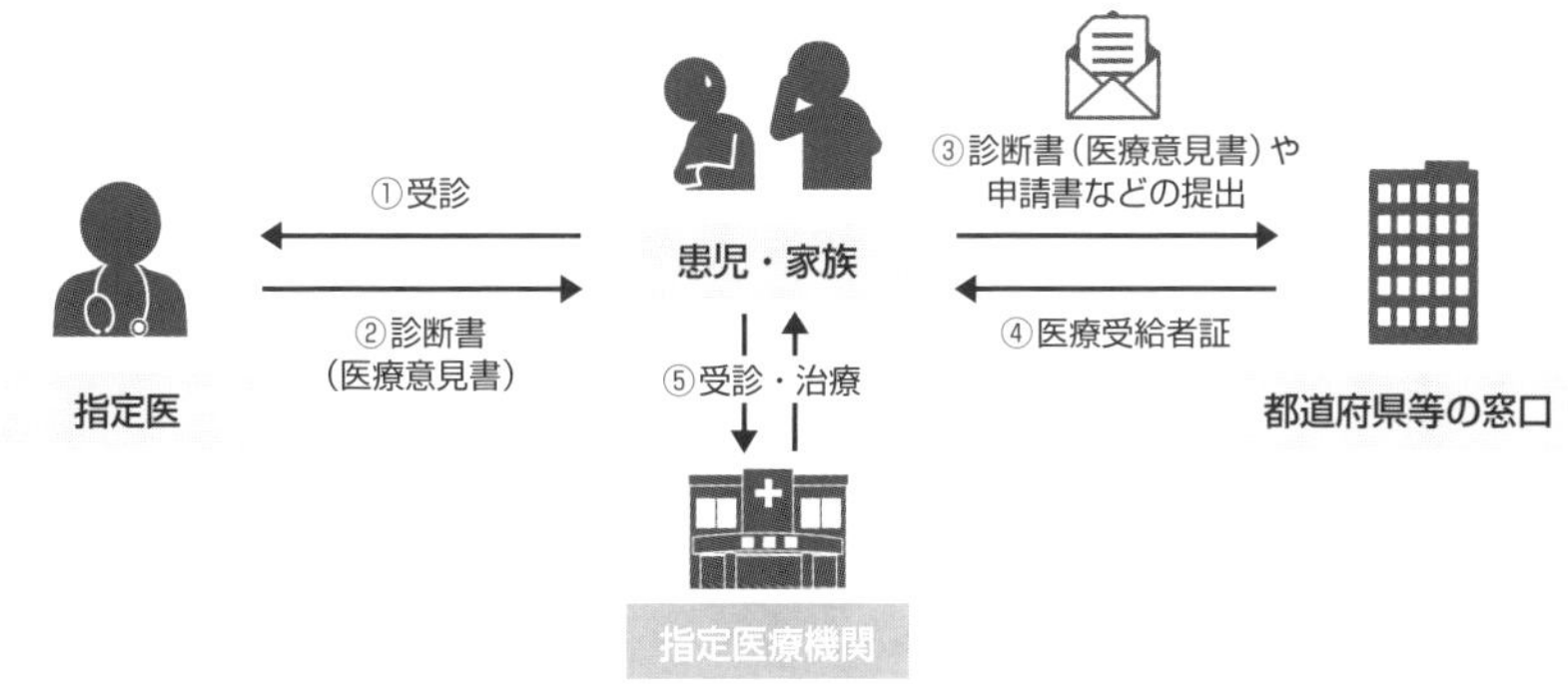

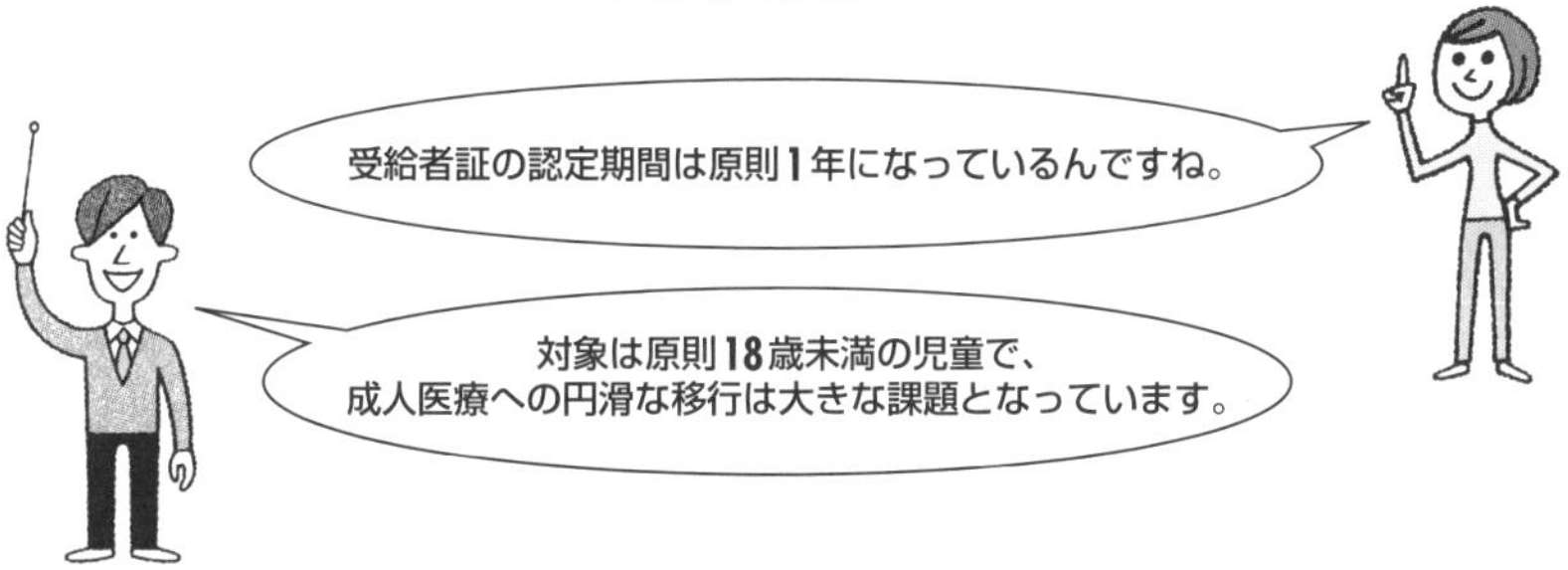

小児慢性特定疾病の医療費助成に係る自己負担上限額（令和4年度現在）

階層区分	年収の目安（夫婦2人子ども1人世帯の場合）		自己負担上限額		
			一般	重症※	人工呼吸器等装着者
Ⅰ	生活保護等		0円		
Ⅱ	市町村民税非課税	低所得Ⅰ（～約80万円）	1,250円		500円
Ⅲ		低所得Ⅱ（～約200万円）	2,500円		
Ⅳ	一般所得Ⅰ（市区町村民税7.1万円未満、～約430万円）		5,000円	2,500円	
Ⅴ	一般所得Ⅱ（市区町村民税25.1万円未満、～約850万円）		10,000円	5,000円	
Ⅵ	上位所得（市区町村民税25.1万円以上、約850万円～）		15,000円	10,000円	
	入院時の食費		1／2自己負担		

※重症　①高額な医療費が長期的に継続する者（医療費総額が5万円／月（例えば医療保険の2割負担の場合、医療費の自己負担が1万円／月）を超える月が年間6回以上ある場合）、②現行の重症患者基準に適合するもの、のいずれかに該当。

出典：小児慢性特定疾病情報センター「小児慢性特定疾病の医療費助成に係る自己負担上限額」（https://www.shouman.jp/assist/expenses）

Q 医療的ケア児支援法が成立した

平成28年の児童福祉法改正により、医療的ケア児への支援体制整備が法文化されたことを本書の前版（第2版）のコラムで記載しましたが、あくまで市町村の努力義務規定だったこともあり、支援体制のばらつきも危惧されていました。

そのようななか、令和3年に「医療的ケア児及びその家族に対する支援に関する法律」（医療的ケア児支援法）が成立しました。これにより国や自治体、保育所や学校等の設置者に対する責務が示されることとなり、努力義務から一歩先に進んだステージに登ったといえるでしょう。

とはいうものの、本法は理念法として設定されており、具体的な支援内容を規定するものではありません。まだまだここから、というところではありますが、自治体の取り組みに期待が高まります。

さて、障害福祉サービス等の観点からいえば、児童福祉法における障害児通所支援においての報酬改定も大きな変化でした。今までは医療的ケア児もそうでない障害児も同じテーブルで評価が行われており、結果として、負担がかかる医療的ケア児の受け入れが十分に進んでこなかった部分があります。この改訂において、動ける医療的ケア児にも対応した新たな判定スコアを用いて報酬単価が引き上がるように調整されており、また少人数の受け入れしかできない場合でも受け入れが進められるように、医療連携体制加算の単価拡充が行われています。

多くの事業所が「なんとかしたい。でもなんとかするだけの事業所体力がない」などの理由で受け入れることができず、本人・家族、事業所双方にとって辛い状態が続いていましたが、少しずつ状況が変わり始めています。

医療的ケア児に対する支援には「これで十分」というものはないかもしれませんが、今日よりも明日、今年よりも来年はもっと暮らしやすい社会になるように、ご家族、支援者が一緒になって考えていくことが今一番必要なことなのではないでしょうか。

社会を変えていくには時間がかかりますが、進めた歩みは必ず何かの糧となることを忘れず、日々の取り組みをしていくことが大切なのではと日々感じています。

第5章

障害福祉サービスの使い方

サービス申請や利用料を減免することは、様々な書類を揃えたり、たくさんの調査を必要としたりするため難しく感じるかもしれません。しかし、手順を1つずつ小分けにしてみるとそんなに難しいことではありません。本章では、簡単にサービス利用をしていただけるよう解説します。

サービスを利用したいときはどこに申請するの？

サービスを利用したいときの相談や申請は、市町村の窓口にします。

申請の窓口は市町村！

介護給付、訓練等給付を利用するためには、**市町村の窓口へ支給申請を行い、支給決定を受ける**必要があります。市町村によって課や係の名称は様々ですが、「障害福祉課」や「障害保健福祉課」の名称が多いようです。

支給申請は、所定の用紙に障害者や障害児の保護者が、氏名、居住地、また状況に応じて障害者基礎年金1級の受給の有無、介護保険申請状況等の項目について記載し、提出します。もし、障害者本人やその家族に居住地がない場合、また居住地がわからない場合には、現在地の市町村に対して申請を行います。

また、障害者支援施設や特定施設等に入所している場合は、入所前に居住地があった市町村に対して申請を行います。

申請後、まずは障害支援区分の認定調査が行われる

申請を受けつけた市町村は、支給するかどうかを決定（支給要否決定といいます）するため、**障害支援区分の認定を行います**。そこで市町村の職員は、障害者本人やその家族と面接して、心身の状況や置かれている環境について調査します。

この調査は市町村から指定一般相談支援事業者（地域移行支援や地域定着支援を行っている事業所のこと）等に委託することも可能です。ただし、委託を受けた指定一般相談支援事業者等は、障害者等の保健福祉に関する専門知識と技術を持った専門家が調査することが条件となっています。

市町村は、障害者本人やその家族が遠い地に住んでいる場合は、調査をその居住している市町村に嘱託することも可能です。

サービス利用を考える場合は、まず市町村へ相談することが大切です。申請手続きは難しく感じるかもしれません。わからないことがあったら、担当者に何でも聞くようにしましょう。

申請手続きの流れ

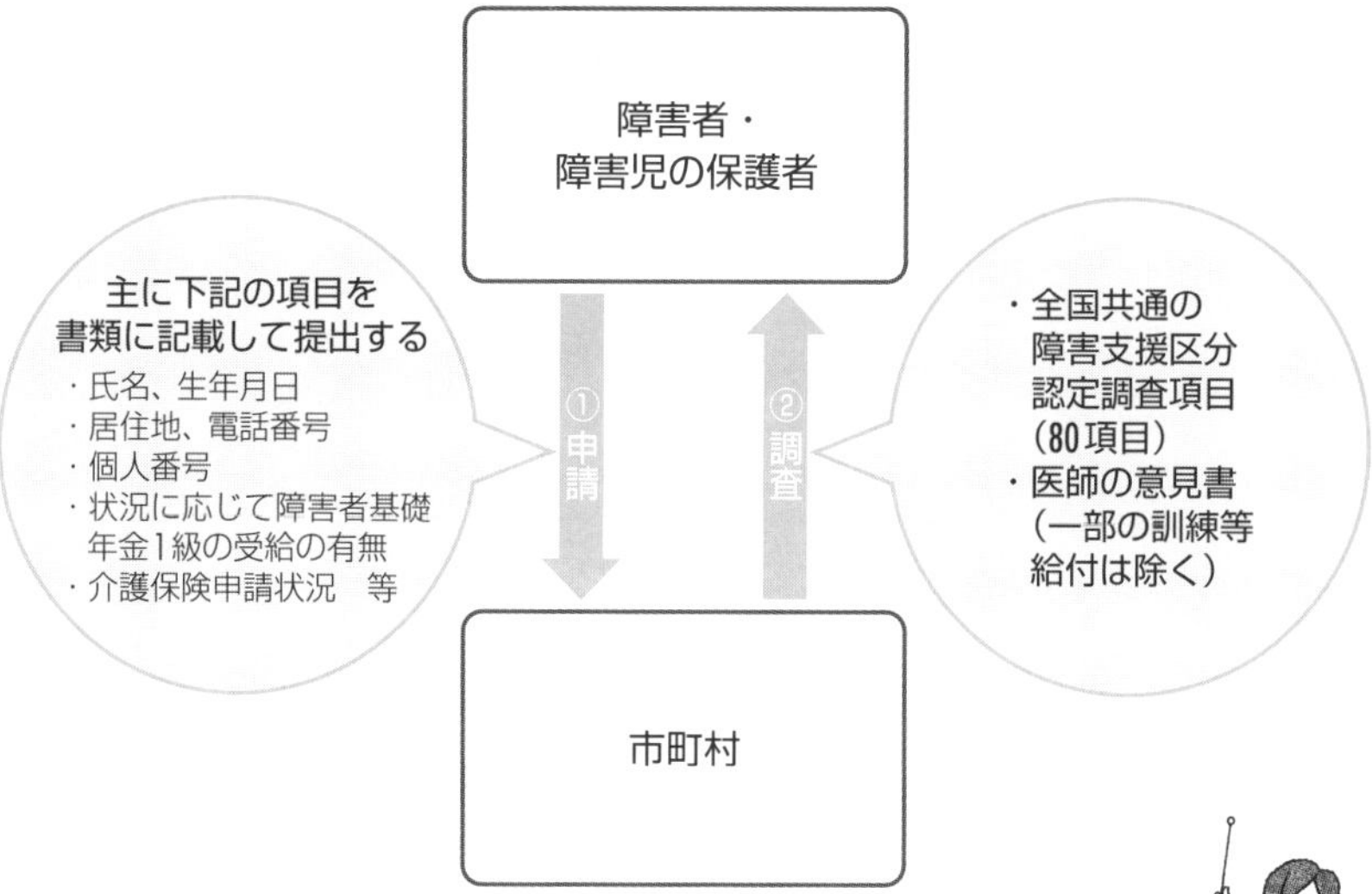

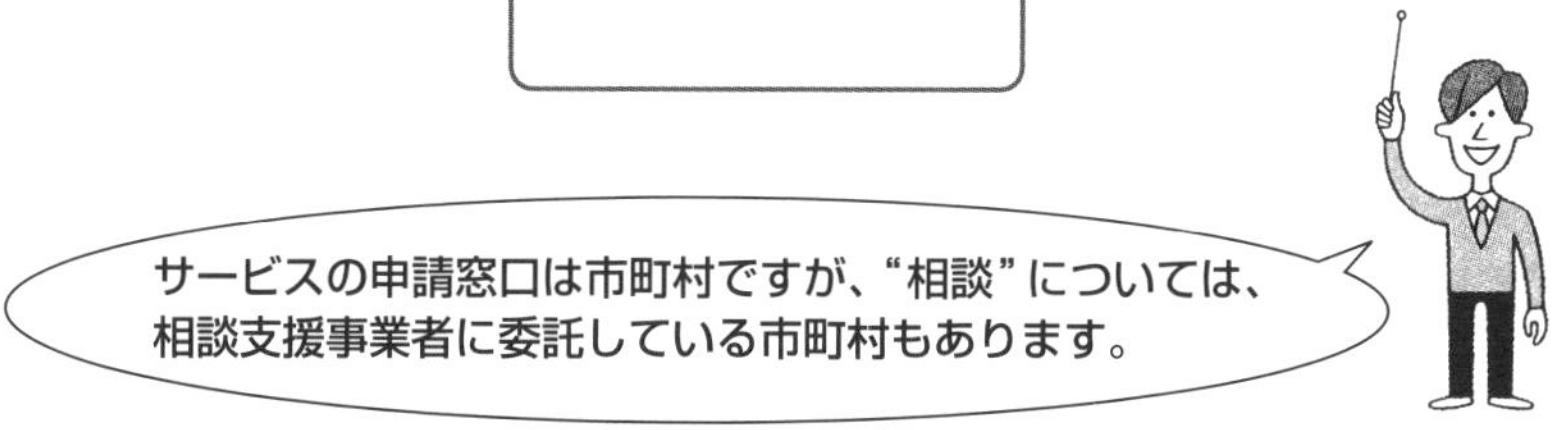

申請は家族以外でもできる！

障害者総合支援法における障害児の「保護者」の定義とは？

↓

「親権を行う者、未成年後見人その他の者で、児童を現に監護する者」
（児童福祉法第6条で規定）を指す

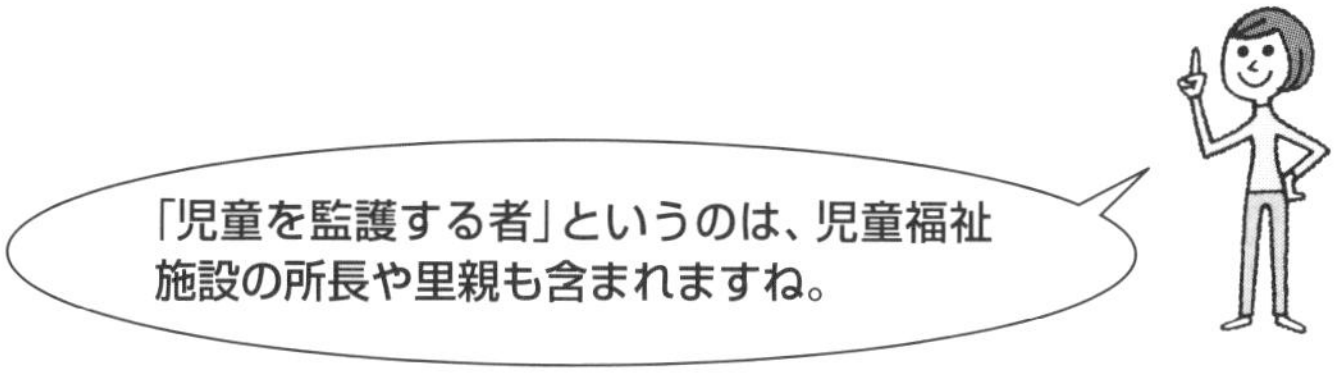

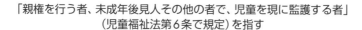

サービスを支給するかどうかを決める調査は大きく3つ

認定調査の内容と面接の留意点について解説します。

支給を決める認定調査の内容は？

申請のあったサービスを支給するかどうかのための認定調査は、大きく分けて、**①概況調査、②認定調査、③特記事項の3つ**で構成されています。

①概況調査

概況調査には、②の認定調査と併せて、本人と家族等の基本情報や、現在受けているサービスがあればその内容（訪問介護や訪問入浴介護など）、家族からの介護状況が詳しく記載されます。特に、日中活動関連や介護者関連、居住関連については詳細に記載されます。

②障害支援区分認定調査

障害は程度によって区分に分けられ、サービスの種類・量ともに変わりますが、この障害支援区分を判定するために認定調査員は、申請のあった本人・保護者等と面接をし、**3障害共通の調査項目等について認定調査**を行います（このとき同時にサービスの利用意向について確認することもあります）。

③特記事項

認定調査員が判断に迷うような場合は、現在受けているサービスの回数や頻度といった具体的な状況、判断の根拠について「特記事項」に記載します。

調査の際の留意点は？

原則として認定調査は、1名の調査対象者につき、1名の認定調査員が、1回実施します。また、調査対象者本人や介護者等双方から聞き取りを行うようにしており、単身者や施設入所者等についても、可能な限り家族や施設職員等、調査対象者の日頃の状況を把握している者に立ち会いを求め、できるだけ正確な調査が行われるように配慮されています。

このように**公平性の確保と標準的な調査となるように工夫と注意**がされています。

概況調査票の内容

調査者について	実施日や場所、氏名、所属機関など
調査対象者	対象者の氏名、年齢、住所など
障害の状態・等級等	身体障害者等級、障害の種類、各手帳等級、生活保護の有無
現在受けているサービスの状況	居宅サービスなど
地域生活関連について	外出の頻度、社会活動の参加、入所・入院歴や期間など
就労関連について	就労状況、就労経験、就労希望など
日中活動について	自宅・施設・病院など主に活動している場所
介護者関連について	介護者の有無や健康状態など
居住関連について	生活の場所・居住環境

認定調査項目の内容

1. 移動や動作等に関連する項目		
1-1 寝返り	1-5 立ち上がり	1-9 移動
1-2 起き上がり	1-6 両足での立位保持	1-10 衣服の着脱
1-3 座位保持	1-7 片足での立位保持	1-11 じょくそう
1-4 移乗	1-8 歩行	1-12 えん下
2. 身の回りの世話や日常生活等に関連する項目		
2-1 食事	2-7 薬の管理	2-13 掃除
2-2 口腔清潔	2-8 金銭の管理	2-14 洗濯
2-3 入浴	2-9 電話等の利用	2-15 買い物
2-4 排尿	2-10 日常生活の意思決定	2-16 交通手段の利用
2-5 排便	2-11 危険の認識	
2-6 健康・栄養管理	2-12 調理	
3. 意思疎通等に関連する項目		
3-1 視力	3-3 コミュニケーション	3-5 読み書き
3-2 聴力	3-4 説明の理解	3-6 感覚過敏・感覚鈍麻
4. 行動障害に関連する項目		
4-1 被害的・拒否的	4-13 収集癖	4-25 過食・反すう等
4-2 作話	4-14 物や衣類を壊す	4-26 そう鬱状態
4-3 感情が不安定	4-15 不潔行為	4-27 反復的な行動
4-4 昼夜逆転	4-16 異食行動	4-28 対人面の不安緊張
4-5 暴言暴行	4-17 ひどい物忘れ	4-29 意欲が乏しい
4-6 同じ話をする	4-18 こだわり	4-30 話がまとまらない
4-7 大声・奇声を出す	4-19 多動・行動停止	4-31 集中力が続かない
4-8 支援の拒否	4-20 不安定な行動	4-32 自己の過大評価
4-9 徘徊	4-21 自らを傷つける行為	4-33 集団への不適応
4-10 落ち着きがない	4-22 他人を傷つける行為	4-34 多飲水・過飲水
4-11 外出して戻れない	4-23 不適切な行為	
4-12 1人で出たがる	4-24 突発的な行動	
5. 特別な医療に関連する項目		
5-1 点滴の管理	5-5 酸素療法	5-9 経管栄養
5-2 中心静脈栄養	5-6 レスピレーター	5-10 モニター測定
5-3 透析	5-7 気管切開の処置	5-11 じょくそうの処置
5-4 ストーマの処置	5-8 疼痛の看護	5-12 カテーテル

認定調査項目は、全部で**80**項目あります。これを専門的知識のある認定調査員が、本人や家族に対して、**1**時間程度で聞き取り調査を行います。

支給はどのように決定されるのか

支給決定方法は、介護給付と訓練等給付ではステップが違います。

介護給付を希望する場合

認定調査の実施後、介護給付を希望する場合は、**一次と二次、2回の判定を通して障害支援区分が決定**されます。

まず一次判定では、調査結果を全国共通の判定用ソフトウェアを導入したコンピュータに入力し、処理を行います。二次判定では、市町村はコンピュータで処理された一次判定結果と認定調査で得た結果（概況調査、特記事項）、さらに医師意見書を揃えて、市町村審査会に審査判定を依頼します。二次判定の結果によって、障害支援区分が決まります。その後、利用者のサービス利用の意向聴取等を行って支給決定します。

訓練等給付を希望する場合

訓練等給付では、障害支援区分を認定する必要はありません。手続き（共同生活援助で介護が必要な場合を除く）を経て、暫定支給が決定されます。これは短期間の支給のことです。サービスの継続利用の際に、利用者の最終的な意向の確認とサービスが適切かどうかの客観的な判断を行うための期間（暫定支給決定期間）を設けます。

介護給付に必要な医師意見書

介護給付を希望する際には、医師意見書が必要になります。市町村は、障害者本人や家族からサービス利用申請があった場合に医師意見書を作成してくれる医師がいるかについて確認をします。医師意見書の記載の依頼は、市町村から医師（医療機関）へ直接行われます。

医師意見書は、疾病・身体の障害内容・精神の状況・介護に関する所見など、申請者の医学的知見から意見を求めるものです。一次判定において24項目、二次判定で残りの項目が使用されます。

かかりつけの医師がいないからといって介護給付が利用できないわけではありません。その場合は申請した窓口の担当者に相談してみましょう。

申請から支給決定までの基本的な流れ

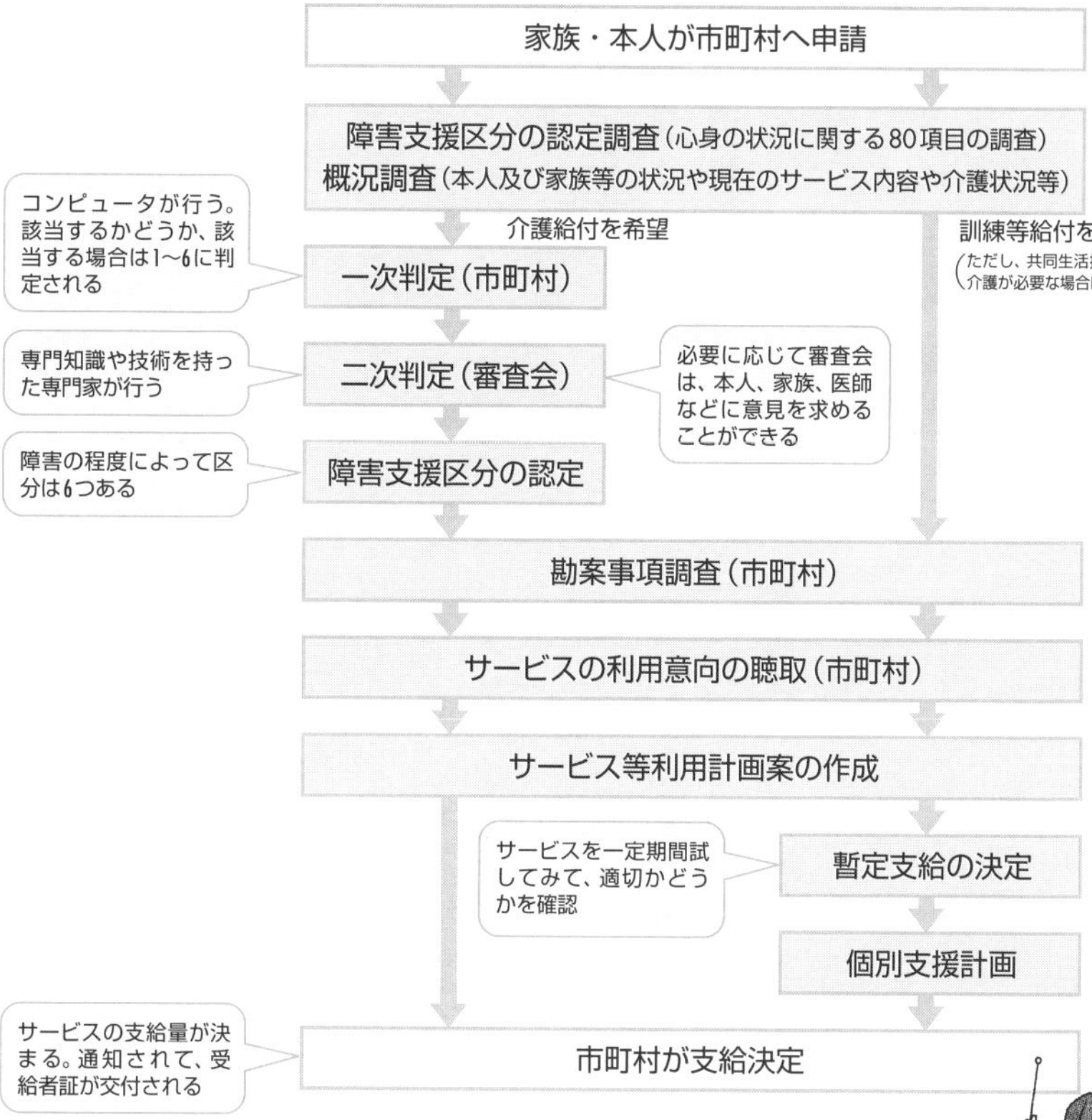
訓練等給付を希望
（ただし、共同生活援助で介護が必要な場合は除く）

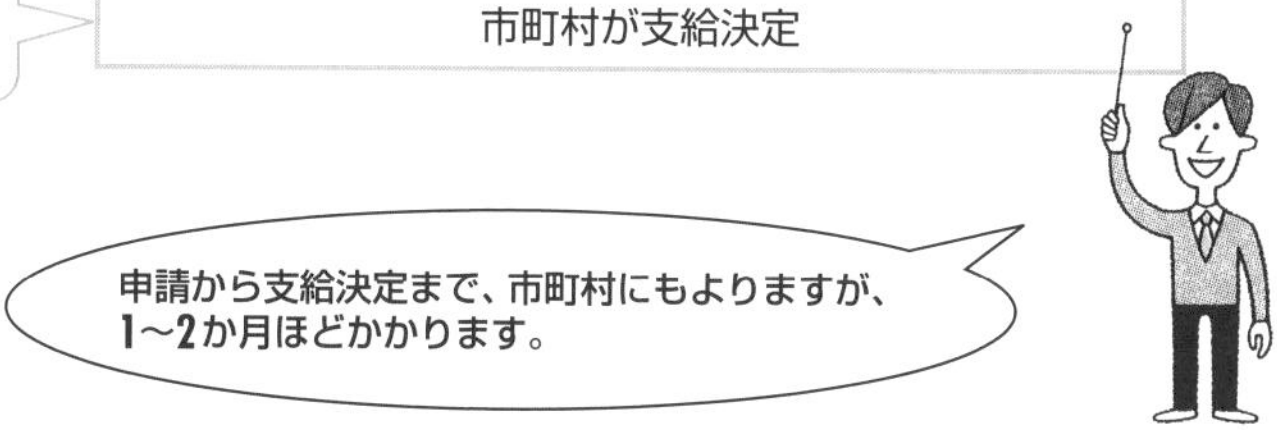

障害支援区分の有効期間

障害支援区分の有効期間は、原則として3年

ただし、市町村審査会は、「現在の状況がどの程度継続するか」との観点から、以下の場合、認定の有効期間を3か月から3年の範囲内で短縮することができる

- 身体上または精神上の障害の程度が変動しやすい状態にあると考えられる場合
- 施設から在宅に移るなど、置かれている環境が大きく変化する場合
- その他審査会が特に必要と認める場合

サービスの利用には「計画書」が必要

サービスを利用するには、サービスの種類や量などが記載された「サービス等利用計画」が必要です。

サービス等利用計画とは

サービス等利用計画は、障害者（児）が、地域で生活をしていく際に、必要な様々なサービスを適切に活用するための計画です。これは市町村から指定を受けた指定特定相談支援事業所の相談支援専門員が、本人や家族と面接して、**意向を尊重しながら作成するもので**、サービスの内容や量、援助の方針や課題などが盛り込まれます。なお、この作成には、**利用者負担はありません**。

平成24年4月の障害者自立支援法一部改正により、原則としてすべての障害福祉サービス利用者は、利用計画を作成することが必要となりました。また、サービスの申請時においては、支給前に計画案を作成し、支給決定後にサービスの種類や内容、担当者を記載して作成することになりました。

利用計画作成のメリットは？

①本人中心のサービスであること

これまでの社会福祉政策全体の歴史的経緯もあり、必ずしも本人の意向が尊重されたサービス提供が行われているとはいいがたい状況でした。しかし、利用者本人との面接を通して、望む生活や希望するサービスを聞くことにより、計画に反映することが可能となりました。

②サービス一元化と情報共有が可能

せっかくのサービスもそれぞれのサービスがバラバラに提供されては意味がありません。ケアマネジメントの手法を用いて、本人はもちろん、家族や支援者等かかわる全員が情報共有を行い、同じ方向を向いて支援していくことが重要となります。

支援のための情報共有は必要ですが、障害者（児）すべての情報を共有するということではありません。情報共有すべきことと、しなくてもよいことについてはケース・バイ・ケースですが、**プライバシーの侵害とならないように**注意が必要です。

サービス一元化と情報共有が可能！

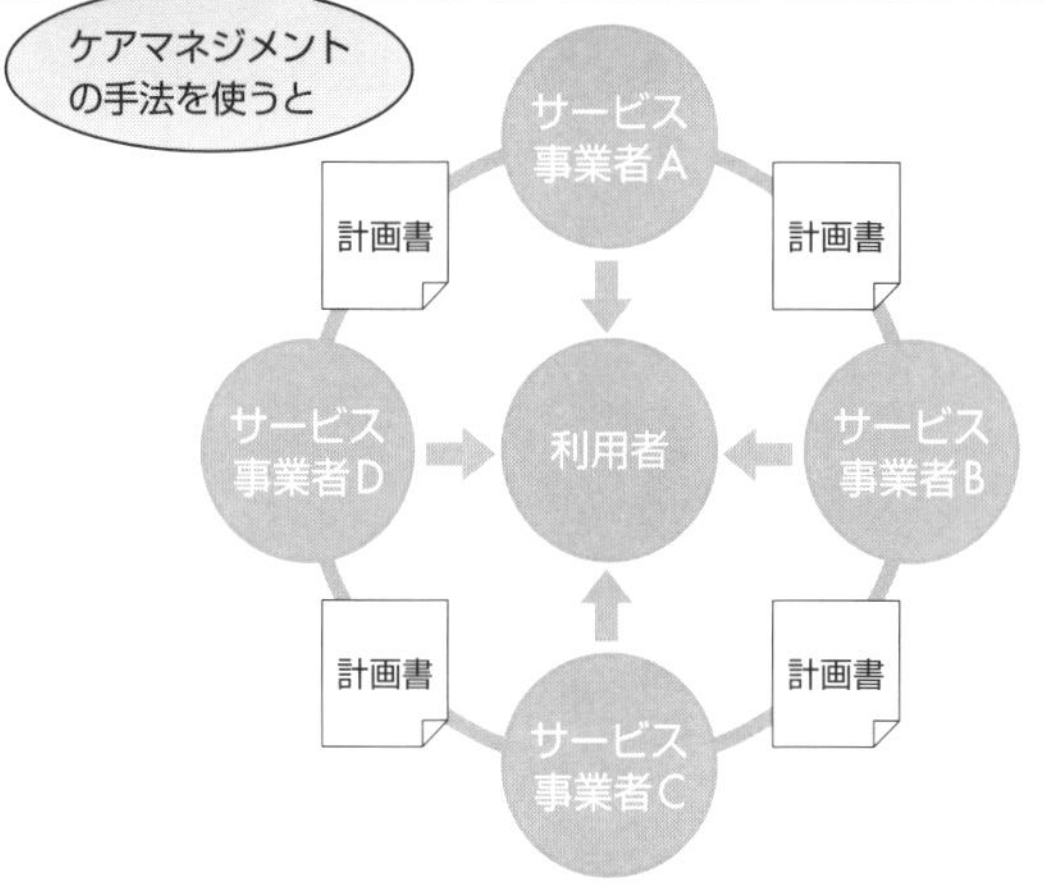
ケアマネジメントの手法を使うと
サービス事業者A
サービス事業者B
サービス事業者C
サービス事業者D
利用者
計画書
計画書
計画書
計画書

「ケアマネジメント」の手法を使うと、かかわる全員が情報を共有できて、結果的に、本人の望む生活への支援もできるようになるんですね！

ケアマネジメントのプロセス

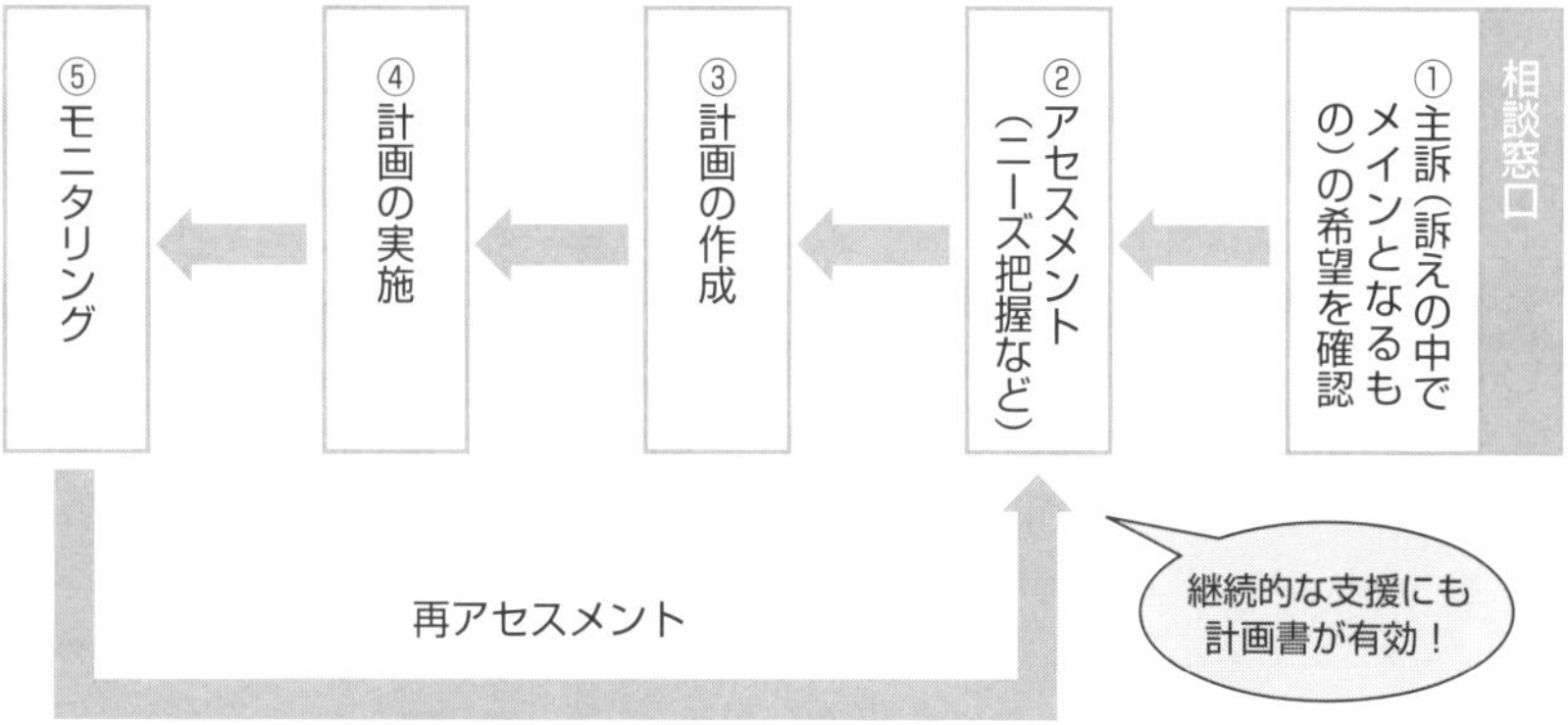
相談窓口
①主訴（訴えの中でメインとなるもの）の希望を確認
②アセスメント（ニーズ把握など）
③計画の作成
④計画の実施
⑤モニタリング
再アセスメント
継続的な支援にも計画書が有効！

ケアマネジメントの考え方

「利用者や家族が納得できる地域生活を営むことができるように、さまざまな配慮（利用者の身体的ケアに対する配慮、利用者や家族に対する心理的配慮、利用者、家族、利用者が住む地域住民のもち味や強みに関する配慮、利用者と家族との関係についての配慮、家族介護に対する配慮、利用者と地域とのつながりに関する配慮など）を行い、地域における社会資源（近隣、友人、民生委員、ボランティア、介護保険でのサービス提供者、他の医療・保健・福祉サービス提供者、年金制度など）をうまく活用しながら、利用者と家族の生活を支えていくための実践活動」

出典：岡田進一『ケアマネジメント原論―高齢者と家族に対する相談支援の原理と実践方法』（2011）ワールドプランニング

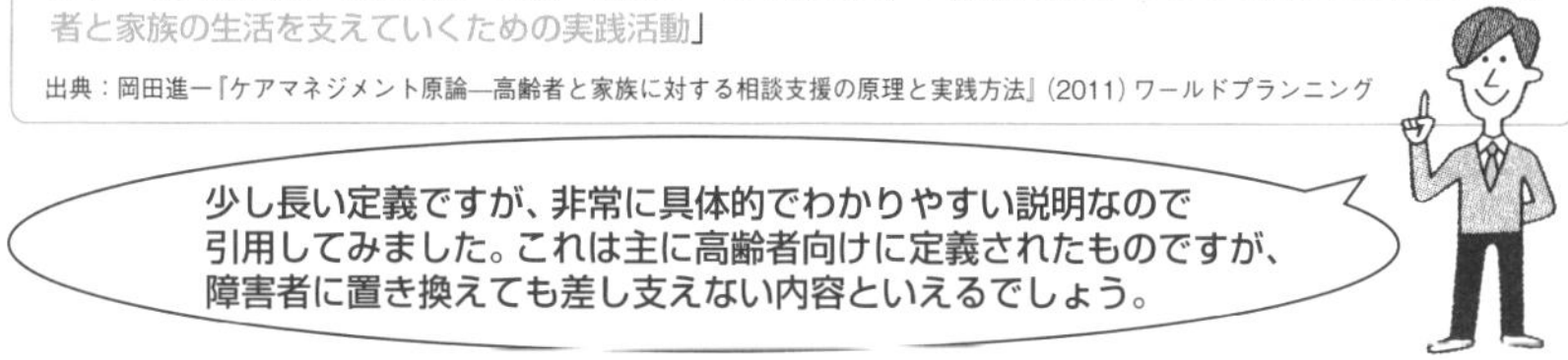
少し長い定義ですが、非常に具体的でわかりやすい説明なので引用してみました。これは主に高齢者向けに定義されたものですが、障害者に置き換えても差し支えない内容といえるでしょう。

サービス等利用計画の中身を見てみよう

サービス等利用計画には目標や課題など様々な情報が詰まっています。

サービス等利用計画の内容

サービス等利用計画の具体的内容と様式は、次ページに示した通りです。計画は、まず**利用者と家族の意向に沿った総合的な援助方針に基づく必要があります**。そのうえで、長期・短期目標や、利用するサービスを決め、また課題解決のための本人の役割などを決めていきます。支援全体の地図のような役割を果たします。

これらの項目に沿って援助が組み立てられることになるのですが、なかでも**最も重要な項目は、「①利用者及びその家族の生活に対する意向」**といえます。というのも、**この項目は利用者のニーズを表しているからです**。前項でも述べましたが、これまでの福祉サービスは利用者の意向を反映したサービス提供とはなっていませんでした。しかし、この項目が明確に示されたことで、利用者がどのような暮らしを望んでいるのかが一目瞭然です。

その他の項目については「①利用者及びその家族の生活に対する意向」を実現するための具体的手段となっています。

サービス等利用計画の実際

では、次ページの様式を用いて150～151ページで具体的な考え方を見ていきます。「①利用者及びその家族の生活に対する意向」を要約すると「就職訓練を行い就職すること、余暇の充実（特に水泳）」になります。

この生活の意向に対して「②総合的な援助の方針」では、「就職、余暇を含めた生活スタイルの確立」となっており、この生活スタイルを具体的に確立するため長期目標・短期目標は、「一人での通勤、指示なく一人で仕事を行うこと」になります。

さらに、この目標を達成するために、「③解決すべき課題」～「⑧その他留意事項」のなかでより細かく、具体的な課題や目標、頻度・時間、本人の役割などが決められます。達成時期や評価時期といったことも設定されます。

サービス等利用計画の内容

① 利用者及びその家族の生活に対する意向
② 総合的な援助の方針
　(1)長期目標(2)短期目標
③ 解決すべき課題(本人のニーズ)
④ 支援目標と達成時期
⑤ 福祉サービス等
⑥ 課題解決のための本人の役割
⑦ 評価時期
⑧ その他留意事項
⑨ モニタリング期間

→ ①〜⑨：「計画案」に記載する内容

⑩ 福祉サービスの利用料
⑪ 福祉サービスの担当者

→ ⑩〜⑪：支給決定後に、「計画書」に記載する内容

まずは計画案を作成します。支給が決定したら、サービス事業者と連絡調整して、サービスの種類や内容、担当者などの情報を記載します。

サービス等利用計画の様式

サービス等利用計画

利用者氏名		障害支援区分		相談支援事業者名	⑪
障害福祉サービス受給者証番号		利用者負担上限額	⑩	計画作成担当者	⑪
地域相談支援受給者証番号					
計画作成日		モニタリング期間(開始年月)	⑨	利用者同意署名欄	

利用者及びその家族の生活に対する意向(希望する生活)	①
総合的な援助の方針	②
長期目標	
短期目標	

優先順位	解決すべき課題(本人のニーズ)	支援目標	達成時期	福祉サービス等 種類・内容・量(頻度・時間)	福祉サービス等 提供事業者名(担当者名・電話)	課題解決のための本人の役割	評価時期	その他留意事項
1	③	④	④	⑤		⑥	⑦	⑧
2								
3								
4								
5								
6								

記入例は150〜151ページ参照

利用計画

	相談支援事業者名	○○相談支援センター
	計画作成担当者	○○　○○

月毎月（20××年4月～6月）	利用者同意署名欄	○○　○郎

きるようになりたい。 暇を楽しくすごしたい。できれば、水泳は得意なので、スペシャルオリンピックスにも出てみたい。
に基づいた生活が送れるようになる。
になる。
ルが理解でき、一定時間、一人で仕事ができるようになる。

く等 提供事業者名 （担当者名・電話）	課題解決のための 本人の役割	評価 時期	その他留意事項
○○就労移行支援事業所 （△△ △△支援員 ***-***-****）	家族（母親）と朝スケジュールを確認した上で、就労移行支援事業所の送迎バスの乗降場まで歩いていき、そこで事業所の送迎バスに乗り、就労移行支援事業所に通う。	20××年6月	就労移行支援事業所への通いは、新しい生活スタイルに慣れるまでは、事業所の通所送迎車を利用する。支援に当たっては、就業・生活支援センターと連携を取りながら、事業所外実習のタイミングを探っていく。 また、本人への月間、週間スケジュール提示の方法については、居宅事業所、家族等と連絡を取り合い統一していく。
××ステーション （○○サービス提供責任者 ***-***-****）	家族（母親）と週間スケジュールを確認した上で、ヘルパーの支援を受けて、スイミングスクールに通う。	20××年6月	これまで、家族との外出が中心であったが、支援者と外出する経験を通じて、一人で外出し、余暇を楽しめる方向で、居宅介護計画を作成していく。
○○特別支援学校 （□□教諭 ***-***-****）	家族（母親）と月間スケジュールを確認した上で、特別支援学校の通学時に利用していたバスに乗って同窓会に参加する。	20××年6月	同窓会には、特別支援学校の経験を活かしてバスを利用する。
○○相談支援センター（○○相談支援専門員 ***-***-****）	相談支援専門員と一緒に、活動グループを探す。	20××年10月	地域に障害者同士が集まれる活動サークルとの調整を実施する。当面は、家族の外出支援時とする。

出典：日本相談支援専門員協会「サービス等利用計画評価サポートブック」（平成25年3月）

利用者氏名	○○　○郎	障害支援区分	区分3
障害福祉サービス受給者証番号	1234567890	利用者負担上限額	9300円
地域相談支援受給者証番号			

計画作成日	20××年4月15日	モニタリング期間（開始年月）	当初3か

利用者及びその家族の生活に対する意向（希望する生活）		高等部卒業と同時に就職はできなかったけれど、働くための支援を受けながら、早く就職で そして、週末は、趣味のスイミングスクールに通ったり、家族と町に買い物に行ったりして、余
総合的な援助の方針		学校卒業後の新しい生活スタイルに慣れ、12ヶ月をめどに就職し、余暇も含め、スケジュール
	長期目標	スケジュールに沿って行動し、付き添いがなくても一人で職場に通勤し、仕事ができるよう
	短期目標	卒業後の新しい生活スタイルに慣れ、支援者の指示がなくとも、文字や数字等でスケジュー

優先順位	解決すべき課題（本人のニーズ）	支援目標	達成時期	福祉サービ
				種類・内容・量（頻度・時間）
1	就職するための支援を受けたい。	職場で半日程度の仕事に一人で取り組める力をつける。	20××年10月	就労移行支援事業所への通所 月曜日から金曜日まで週5日 午前9時半から午後3時半まで。
2	好きなスイミングに通い、余暇を楽しみたい。	支援者の付き添いで、スイミングスクールに週末通える生活スタイルをつくる。	20××年8月	行動援護 月12時間 毎週土曜日午後1時から4時まで。
3	特別支援学校の卒業生と同窓会で会いたい。	月1回の同窓会に、月間スケジュールに沿って、定期的に参加できるようにする。	20××年8月	毎月第3日曜日、午前10時から12時まで、同窓会の案内に沿って参加する。
4	休みの日は、出かけてデジカメで写真を撮りたい。	写真クラブ的な活動グループへ参加する。	20××年8月	相談支援 月1回～2回 活動サークルへの見学体験の相談を重ねる。
5				
6				

サービスは定期的に「モニタリング」する必要がある

モニタリングとは適切にサービスを受けているか、状態が変わっていないかを確認する作業です。

モニタリングとは？

モニタリングとは、**利用計画が利用者のニーズに合った計画になっているかどうかを確認**し、再評価や再計画につなげていくことです。

利用者のニーズを反映して作成したはずの支援計画も、いざ実施してみると、必ずしもうまくいくことばかりではありません。むしろ実際にサービス利用を開始してからわかることがほとんどでしょう。また、日が経つことによって利用者自身に変化が起こることや希望する生活も変化することも考えられます。

このような観点からも定期的にモニタリングを行うことは重要です。

モニタリングの注意点

モニタリングをする際に、注意しなくてはいけない点がいくつかあります。

1つ目は、利用者に不利益が生じていないか、です。自発的に意見をいうことができる利用者であれば問題ないですが、そうではない場合、注意深くサービスの実施状況を確認し、状況によっては**権利擁護の視点**からも代弁する必要があります。

2つ目は、利用者とその家族を含めて考えられているか、です。人の生活は本人のみで営まれているわけではありません。利用者はもちろんのこと、家族も含めて安心・納得できる利用計画になっているかを確認する必要があります。

モニタリングは、現状についてきちんと把握する必要があるため、利用者本人や家族の話を十分に聞くことが重要です。また、当初の利用計画と大きく異なる場合は、なぜそのようなズレが発生したのかについても把握する必要があるでしょう。

最初に立てた利用計画の先入観を持って話を聞くことや、意見を押しつけることがあってはいけません。**利用者やその家族のニーズが利用計画に適切に反映されるようにすることが重要**です。

モニタリングとは

利用計画が……

利用者のニーズに合った計画になっているかどうかを確認し、
再評価や再計画につなげていくこと

モニタリングによって、サービスを受けてみたら考えていたのと違った、または状況が変わった、という場合に、支援内容を修正することができるんですね。

再評価が必要となったら、147ページのようにアセスメントを再度行い、計画を修正していきます。

モニタリング期間は状況によって異なる

対象者	期間
①新規又は支給決定の内容に著しい変更があった者	1月間 ※利用開始から3月のみ
②集中的な支援が必要な者	1月間
③就労定着支援、自立生活援助、日中サービス支援型共同生活援助の利用者	3月間
④居宅介護、行動援護、同行援護、重度訪問介護、短期入所、就労移行支援、自立訓練の利用者	3月間
⑤生活介護、就労継続支援、共同生活援助（日中支援型を除く）、地域移行支援、地域定着支援、障害児通所支援の利用者	6月間 ※65歳以上で介護保険のケアマネジメントを受けていない者は3月間
⑥障害者支援施設、のぞみの園、療養介護入所者、重度障害者等包括支援の利用者	6月間

出典：厚生労働省「社会保障審議会障害者部会第114回資料1」（令和3年7月16日）

新規の方の場合、様子を見るという意味もあり、早めのモニタリングを行います。また、重度の方や連絡調整がなかなかできない事情がある方の場合は、毎月行うというケースもあります。

モニタリング期間はサービス内容や状況によって異なる

モニタリング期間は個別に決められ、これは受給者証に記載されます。

モニタリング期間は誰が決める?

モニタリングを行う期間は、対象者の状況に応じて柔軟に設定されます。すなわち、市町村が対象者の状況を見ながら個別に定める仕組みとなっています。また、一定の目安として、国からも対象者ごとの標準期間が示されています（153ページの表参照）。

モニタリング期間を設定するのは、特定相談支援事業者・障害児相談支援事業者（計画作成担当）です。国が定める標準期間、勘案事項をふまえて、サービス等利用計画案に「モニタリング期間（毎月、3か月ごと等）」を記載します。この作成されたサービス等利用計画案を、利用者が市町村に提出するのです。

市町村は、支給決定と併せて、国が定める標準期間、勘案事項をふまえて、支給決定の有効期間内に「モニタリング期間は3か月」などと決めます。また、その期間は受給者証に記載されます。

セルフプラン作成者の場合

利用計画は自分で作成することも認められています。セルフプラン作成者は、自ら計画を作成できる利用者であることから、指定特定相談支援事業者・障害児相談支援事業者（計画作成担当）によるモニタリングは実施されません。

相談支援専門員がサービス提供事業所の職員と兼務する場合

サービス提供事業所との中立性確保のため、次のやむを得ない場合を除き、基本的にモニタリングは利用するサービス提供事業所と兼務しない相談支援専門員が実施します。

・身近な地域に相談支援事業者がない
・新規支給決定または変更後、おおむね3か月以内

※計画作成とその直後のモニタリングは一体的な業務であること、また、計画作成事業者の変更は利用者が別の事業者と契約を締結し直すことが必要となるため、一定期間を猶予。

モニタリングの標準期間のイメージ

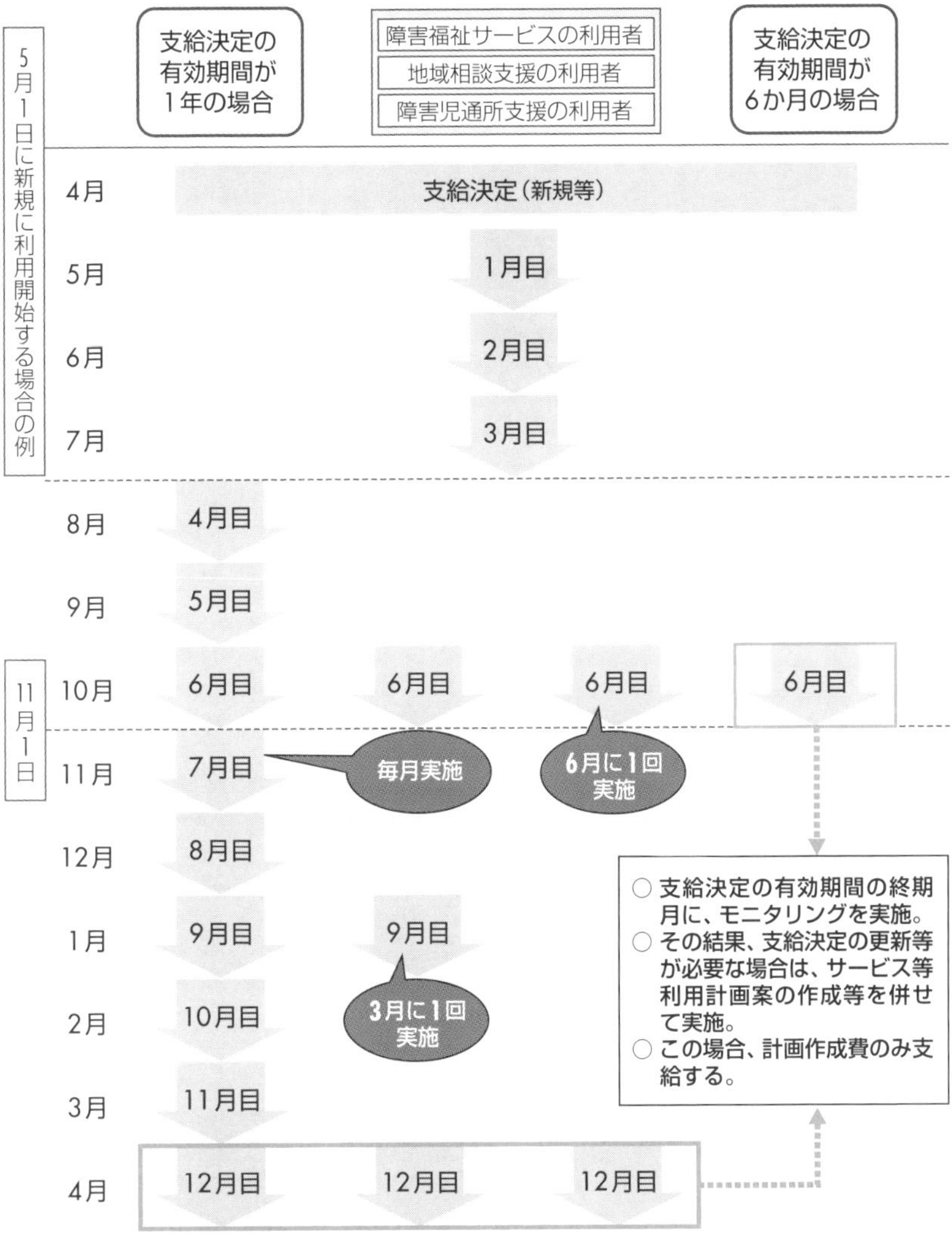

出典：厚生労働省「社会保障審議会障害者部会第114回資料1」（令和3年7月16日）

標準のモニタリング期間より短い期間で設定することが望ましいケース

- 単身者（単身生活を開始した者、開始しようとする者）
- 複合的な課題を抱えた世帯に属する者　●医療観察法対象者
- 犯罪をした者等（矯正施設退所者、起訴猶予または執行猶予となった者 等）
- 医療的ケア児　●強度行動障害児者
- 被虐待者または、その恐れのある者（養護者の障害理解の不足、介護疲れがみられる、養護者自身が支援を要する者、キーパーソンの不在や体調不良、死亡等の変化 等）

介護保険制度とはどんな関係にある？

障害者が65歳以上になった場合は、基本的に介護保険が優先されます。

一律に介護保険が優先されるわけではない

障害者が65歳以上となったとき、基本的には、介護保険制度の給付が優先されます。また、障害者も65歳以上の人および40歳以上65歳未満の医療保険加入者は、原則として介護保険の被保険者となります。

自立支援給付に優先する介護保険の保険給付は、介護給付、予防給付、市町村特別給付です。

サービス内容や機能から、障害福祉サービスに相当する介護保険サービスがある場合は、**介護保険サービスを優先して受けることが原則です。**しかし、利用者の心身状況やサービスを必要とする理由は多様であるため、一律に介護保険サービス優先とはなっていません。

また「共生型サービス」が導入されたので、これまで以上に利用者のニーズに即したサービスが提供されるでしょう。

補装具費と介護保険との関係

介護保険で貸与される福祉用具には、補装具と同様の品目（車いす、歩行器、歩行補助つえ）が含まれており、これらは介護保険が優先されます。ただし、車いす等保険給付として貸与されるこれらの品目は、標準的な既製品のなかから選択することになるため、利用者に合わないことも考えられます。そのため**医師や身体障害者更生相談所等により障害者の身体状況に個別に対応することが必要と判断される障害者については、補装具費として支給して差し支えありません。**

また、障害の状況に応じて貸与が望ましい場合は、貸与後に購入の場合もあります。

障害福祉制度固有のサービス

サービス内容や機能から、介護保険サービスには相当するものがない固有の障害福祉サービスは、行動援護、自立訓練（生活訓練）、就労移行支援、就労継続支援等があります。

障害福祉サービスと介護保険サービスの関係

	介護保険サービス	障害福祉サービス
介護保険に同様のサービスが、「ある」（介護給付、予防給付、市町村特別給付）	優先	原則受給できない
介護保険に同様のサービスが、「ない」（行動援護、自立訓練、就労移行支援、就労継続支援等）	—	受給できる
補装具	基本は、福祉用具優先	※ただし、身体状況によって個別に判断が必要な場合は、市町村判断

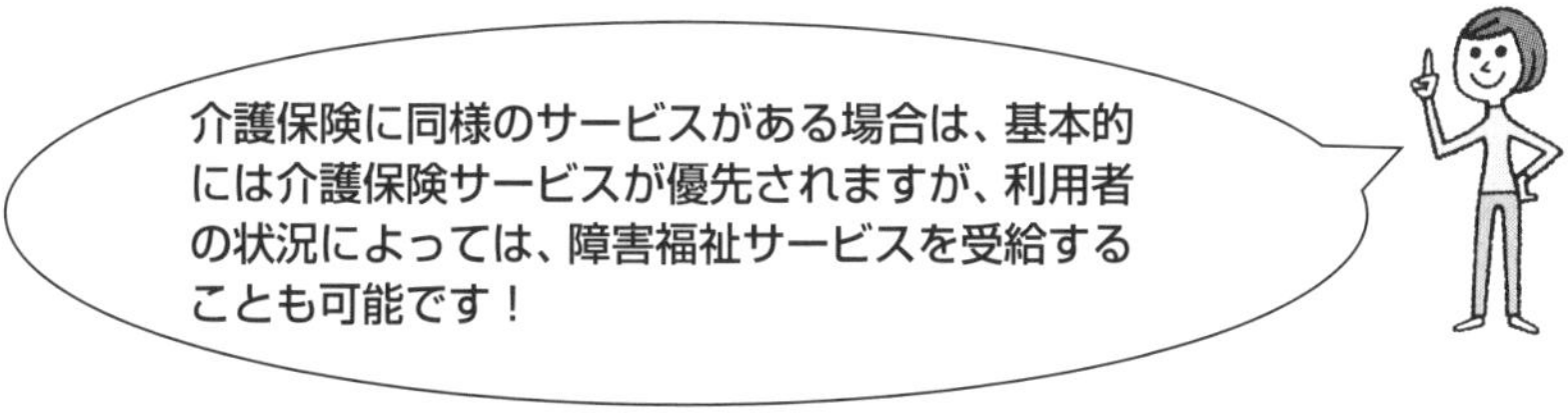
介護保険に同様のサービスがある場合は、基本的には介護保険サービスが優先されますが、利用者の状況によっては、障害福祉サービスを受給することも可能です！

介護保険サービスでは不十分・利用できない場合

しかし、次のようなとき、障害福祉サービスを利用できる

- 在宅の障害者で、申請に係る障害福祉サービスについて市町村に適当な支給量が、障害福祉サービスに相当する介護保険サービスの居宅介護サービス支給限度基準額の制約から、介護保険のみでは不足すると認められる場合
- 利用可能な介護保険サービスの事業所や施設が身近にないか、あっても利用定員に空きがないため、介護保険サービスを利用することが困難と市町村が認める場合（事情が解消するまでの間に限る）
- 要介護認定で非該当と判定されるなど、介護保険サービスを利用できない場合であり、さらに障害福祉サービスによる支援が必要と市町村が認める場合（介護給付費に係るサービスについては、必要な障害支援区分が認定された場合に限る）

利用者負担は所得に応じて金額が決まる

さらに利用者負担（自己負担のこと）には、所得に応じた上限額が設定されています。

応能負担と応益負担

平成15年から支援費制度が導入されましたが、このときの利用者負担は、「応能負担」でした。「応能負担」とは、サービスの利用量に関係なく、利用者の所得に応じて利用者負担が決まる仕組みのことです。

しかし、平成18年施行の障害者自立支援法において、サービスを利用した分だけ定率（1割）を支払う「応益負担」が導入されました。この導入の狙いは、利用者がサービス料を負担することにより、サービス提供側の質を向上させようとしたことです。例えば一般的な市場では、消費者はサービスやものを購入する際、より良いものを選ぼうとするので、提供者は選んでもらうためによいものを提供しようと努力します。

障害福祉サービスにおいても、消費者と提供者という構図を作ることにより、市場が活性化され質の向上が見込まれると期待されていました。

しかし、実際はそううまくいきませんでした。定率負担は、サービスを利用すればするほど費用も多くかかります。サービス量は障害が重いほど多くなりますが、こうした方は所得が少ない方が大勢でした。したがって障害が重いほど負担感は大きく、サービス利用が制限される状況となってしまいました。

そこで、平成22年から**応能負担を再び導入**して、平成24年の障害者自立支援法改正のときに法律上でも明確に示されました。

利用者負担の軽減の種類と上限額

利用者負担の軽減の種類は次の図の通りです。このうち、すべての利用者に共通しているのが「**利用者負担の上限額**」です。現在の障害福祉サービスは「応能負担」であり、利用者負担の上限は、利用者の世帯所得に応じて5区分が定められています。負担上限額よりもサービス利用額が低い場合は、1割負担となります。

障害者の利用者負担

世帯区分	世帯の収入状況	負担上限月額
生活保護	生活保護受給世帯	0円
低所得1	市町村民税非課税世帯[注1]	0円
低所得2		
一般1	市町村民税課税世帯（所得割16万円[注2]未満） ※入所施設利用者（20歳以上）、グループホーム利用者を除く[注3]	9,300円
一般2	上記以外	37,200円

世帯収入によって金額が異なる

注1：3人世帯で障害基礎年金1級受給の場合、収入が概ね300万円以下の世帯が対象となる。
注2：収入が概ね600万円以下の世帯が対象となる。
注3：入所施設利用者（20歳以上）、グループホーム利用者は、市町村民税課税世帯の場合、「一般2」となる。

サービスをたくさん利用しても、上限額を超えた分の負担は不要です。また、生活保護を受けている方や低所得の方は、負担はゼロです。これを“応能負担”といいます。

ここでいう「世帯」は、大きく分けて、①18歳以上の障害者（障害者と配偶者）、②障害児（保護者の属する住民基本台帳での世帯）の2つのことです。なお、障害児の利用負担は別途定められています。

利用者負担の軽減措置の種類

	訪問系サービス利用者	通所サービス利用者	入所施設利用者（20歳未満）	グループホーム利用者	入所施設利用者（20歳以上）	医療型施設利用者（入所）
自己負担	月額負担上限額の設定					
	高額障害福祉サービス費					医療型個別減免
	生活保護への移行防止					
食費・光熱水費等		食費人件費による軽減	補足給付 食費・光熱水費負担を軽減	補足給付 家事負担を軽減	補足給付 食費・光熱水費負担を減免	

出典：厚生労働省HPをもとに著者作成

所得が低いことが多い利用者のために、様々な軽減措置が設けられています。これらは利用者によって適用されるものが異なります。

医療型施設の利用者が使える負担の軽減措置とは？

医療費と食費療養費を合算した上限額が設定できる――つまり医療費と食費が減免される支援です。

療養介護とは

療養介護とは、入院中の病院など医療型施設で受けることができる支援です。つまり実施機関は医療機関です。療養介護は、病院入院中、かつ常時介護を必要とする利用者に対して行われる機能訓練や、療養上の管理、看護、医学的管理の下における介護、日常生活上の世話などのサービスです。また、これらのうち胃ろう管理などの医療にかかわるものを「療養介護医療」として提供します。

医療型個別減免とは

療養介護医療にかかる費用は、健康保険の対象となる医療費であるため、本来は介護給付等とは異なる給付費です。

ですが、療養介護の利用者は、障害者総合支援法のサービスである療養介護費の自己負担額に、医療費と食事療養費を合算して、上限額を設定することになります。これを「医療型個別減免」と呼びます。

医療型個別減免では、**市町村税非課税世帯のうち「低所得」である利用者は、少なくとも〝2万5000円が手元に残るように〟利用者負担額が軽減**されます。すなわち、上限額は、この手元に残る金額によって調整されることになります。

年齢によって負担軽減が異なる

療養介護は入所サービスに関連しているため、20歳未満と20歳以上では負担軽減の内容が変わります。

20歳未満は、未成年であることを踏まえて、家庭の負担に配慮した軽減が行われています。具体的には、地域で子どもを養育する世帯と同程度の負担となるよう、負担限度額※を設定し、限度額を上回る額について減免を行います。また、所得が少ない20歳以上の利用者に対しても、利用料負担が厳しいであろうことを考慮しています。

※低所得世帯・一般1は5万円。一般2は7・9万円。

療養介護の対象者

①筋萎縮性側索硬化症（ALS）患者などの気管切開を伴う人工呼吸器による呼吸管理を行っている者であって、障害支援区分が区分6
②筋ジストロフィー患者または重症心身障害者であって、障害支援区分が区分5以上
③重症心身障害児施設に入居した者（改正前の児童福祉法第43条に規定）または指定医療機関に入所した者（改正前の児童福祉法第7条第6項に規定）であって、平成24年4月1日以降に指定療養介護事業所を利用する①②以外の者

20歳以上の入所者の医療型個別減免

療養介護利用者（平均事業費：福祉22.9万円、医療41.4万円）、障害基礎年金1級受給者（年金月額81,343円）の場合

認定収入額
（81,343円）

手元に残る額（50,900円）　負担上限額（30,443円）　減免額（9,037円）

その他生活費 （28,000円）	福祉部分負担相当額 （22,900円）	食費負担額 （14,880円）	医療費負担額 （24,600円）

負担額（62,380円）

障害基礎年金1級受給者のほかに、60～64歳の人、65歳以上で療養介護を利用する人も28,000円。それ以外の人は25,000円

療養介護では、福祉部分負担相当額と、医療費・食事療養費を合算して、上限額を設定する

いったん福祉部分の利用者負担が発生するものと計算。

すると「収入（81,343円）－負担（62,380円）＝18,963円」となり、手元に28,000円残らない。まず28,000円手元に残るように調整が必要となるため、「28,000円－ 18,963円＝9,037円」を計算して、減免額が決まる。

つまり、上限額（と減免額）は、先に「手元に残る金額」を設定してから計算される。

ちなみに、世帯区分が「低所得」の場合は、少なくとも手元に「その他の生活費」として**25,000**円残るように、減免額が調整されます。

療養介護医療費の負担上限額

	療養介護医療費
①市町村民税課税者	40,200円
②市町村民税非課税者（③の者を除く）	24,600円
③市町村民税非課税者のうち、年収が80万円以下の者	15,000円
④生活保護者	0円

サービスが高額になったら払い戻してもらえる

複数のサービスの負担額が一定額を超えた場合に払い戻してくれる制度です。

高額障害福祉サービス等給付費とは？

高額障害福祉サービスとは、1つの世帯で複数のサービス（例えば障害福祉サービスと介護保険サービス）を利用している場合で、さらに**利用負担額が基準額を超えた場合に、超えた分の利用料が戻ってくる制度**です。支給方法は、障害者、障害児ともに償還払い（払い戻し）です。

合算の対象となるのは、次のサービスです。

①障害福祉サービス
②補装具費
③介護保険サービス
④障害児支援サービス

障害児の場合

障害児の場合、障害者総合支援法に基づく障害福祉サービスや、児童福祉法に基づく障害児通所支援、障害児入所支援のうちいずれか2つ以上のサービスを利用している場合は、利用者負担額の合算が、**それぞれのいずれか高い額を超えた部分について、高額障害福祉サービス費等が支給**されます。

障害者夫婦でサービスを受給している場合

例えば、利用者負担額上限が「一般2」（159ページ参照）に該当するAさん、Bさんの二人暮らしの夫婦が障害福祉サービスを利用しているとします。Aさんは3万5000円、Bさんは2万6000円の自己負担分が発生した場合、AさんBさんは同一世帯なので夫婦合わせた上限額は3万7200円となります。

Aさん自己負担分と、Bさん自己負担分を足してみると、6万1000円となり、これでは負担上限額（3万7200円）を超えています。このため、実際には合計額から負担上限額を引いた額、2万3800円が償還払いされて戻ってきます。ただし、AさんとBさんそれぞれに戻ってくる額を計算する必要があります。

合算の対象になるサービス

①障害福祉サービス：障害者総合支援法に基づくもの
→ **居宅介護、重度訪問介護、短期入所、就労移行・継続支援など**

②補装具費
→ **購入・修理にかかった費用**

③介護保険サービス：介護保険法に基づくもの
→ **訪問介護、訪問看護、訪問入浴、通所リハビリ、福祉用具貸与など**

④障害児支援サービス（入所・通所）：児童福祉法に基づくもの
→ **障害児通所支援（児童発達支援・放課後等デイサービス等）、障害児入所支援など**

それぞれ1か月にかかった費用の合計額が合算の対象となる

払い戻しを受けるには申請が必要です。書類（申請書や負担の領収書、預金通帳のコピーなど）を揃えて、市町村に申請します。

高額障害福祉サービスの上限額の設定例

●「一般2」世帯の夫婦：Aさんが35,000円、Bさんが26,000円を自己負担している場合

Aさん	Bさん	
障害福祉サービス 35,000円	障害福祉サービス 26,000円	「一般2」世帯

同一世帯である**A**さん、**B**さんの負担額を合算すると……
世帯の負担額＝35,000円+26,000円＝61,000円

「一般2」のサービス上限額である37,200円を超えてしまう

高額障害福祉サービスは対象者ごとに算定する！

（利用者負担世帯合算額－上限額）×個別サービス利用額÷利用者負担世帯合算額

Aさんの場合：
(61,000－37,200)×35,000÷61,000＝13,656円
Bさんの場合：
(61,000－37,200)×26,000÷61,000＝10,144円

世帯としては上限額を超えた分の23,800円が償還払いされるが、内訳をみると、Aさん、Bさんそれぞれに戻ってくる額はこの通り

食費や光熱水費などの実費負担を軽くしてくれる

補足給付費は収入に応じて実費を負担してくれる軽減措置です。

食費・光熱水費に対する負担軽減

補足給付には、食費・光熱水費の負担軽減と、グループホームの家賃補助があります。最初に、入所サービス、通所サービスを利用している障害者の食費・光熱水費に対する負担軽減について説明します。

自立支援法以前、施設入所者の食費・光熱水費の負担方法は、身体障害者は給付対象でしたが、精神障害者は自己負担となるなど障害種別によって異なり、公平性に欠けていました。また、在宅で生活する人は、もともと食費・光熱水費は自己負担となるわけですから、施設入所者と在宅で暮らす障害者の間にも負担格差がありました。

そこで自立支援法では、3障害共通で食費・光熱水費を実費負担としました。しかし、今度はすべて実費負担とすると、生活に困窮してしまう世帯が出てきました。そのため、この**自己負担分を軽減しようとして、補足給付が制定**されたのです。

支給の手続きには、本人の収入がわかるもの（年金証書など）、必要経費の額がわかるもの（国民健康保険の保険料等を納付した証明書等）が必要になります。収入額を示す書類は、通帳の写しなどでもよいことになっています。

入所者等によっても金額が変わる

食費・光熱水費の負担軽減の金額は、**①20歳以上の入所者、②20歳未満の入所者、③通所施設の利用者**によって異なります。入所の場合は、生活にかかる食費・光熱水費の両方がかかります。

グループホームの家賃補助

もう1つの補足給付は、グループホーム（重度障害者等包括支援の一環として提供される場合を含む）の利用者（生活保護または低所得の世帯）が負担する家賃への補足給付です。給付の上限額は、利用者一人当たり月額1万円を上限としています。

20歳以上の入所者の補足給付（食費・光熱水費の減免）

入所施設利用者（障害基礎年金１級受給者：年金月額81,343円）の場合

手元に残る額		実費負担	
自己負担額（7,338円）	その他生活費（28,000円）	食費、光熱水費（46,005円）	補足給付（7,995円）
収入認定額（81,343円）＋補足給付（7,995円）			

54,000円を限度として施設ごとに金額を設定

世帯区分が「低所得」の場合は、自己負担分を差し引いても、少なくとも手元に25,000円残るように、減免額が調整されます。

住民票が入所前の世帯に残っている場合（ただし、配偶者が同一の住民票にある場合は除く）も、補足給付の対象となります。

補足給付の計算例（上図の場合）

・負担限度額（月額）＝（66,667円－その他生活費）＋（控除後認定収入額－66,667円）×50％
・補足給付額（月額）＝54,000円－負担限度額（月額）
・補足給付額（日額）＝補足給付額（月額）÷30.4（1円未満切り上げ）

実際に要した費用が補足給付額を下回る場合は、実際に要した費用を補足給付額とする。

上記の計算式に当てはめると……

・負担限度額（月額）＝（66,667円－その他の生活費28,000円）
＋（収入認定額81,343円－66,667円）×50％
＝46,005円
・補足給付額（月額）＝54,000円－負担限度額（月額）46,005円
＝7,995円
・補足給付額（日額）＝補足給付月額7,995円÷30.4
＝263円

出典：厚生労働省「障害福祉サービス・障害児通所支援等の利用者負担認定の手引き【令和５年４月】Ver.17」をもとに著者作成

心身の障害を軽減するための医療費を負担してくれる

自立支援医療には、精神通院医療・更生医療・育成医療の3つがあります。

自立支援医療とは?

自立支援医療制度とは、心身の障害を取り除くためにかかった医療費を、公費が負担して軽くしてくれる医療制度です。

以前この制度は、精神障害者は精神保健福祉法（精神通院医療）、身体障害者は身体障害者福祉法（更生医療）、身体障害児は児童福祉法（育成医療）と、異なる法律に基づく3つの制度に分かれていました。しかし、それぞれの制度で、支給認定の手続きなどがバラバラでわかりにくいものであったため、**仕組みを共通化することを目的**に自立支援法施行とともに統合されました。

医療費負担が変わった

まず自立支援医療という大きな制度のなかに、精神通院医療、更生医療、育成医療という3つの制度が組み込まれるという形となり、制度上異なっていた部分も合わせることとなりました。その1つが医療費負担です。

統合前の医療費の自己負担は、精神障害者の通院は一律5%、更生医療と育成医療は、所得に応じた応能負担でした。つまり、同じ障害者にもかかわらず、障害の種類によって負担が変わるという不利益を被ることになっていました。

そこで、制度間の不均衡を解消するために、医療費と所得の双方に着目した自己負担の仕組みを作ることになりました。障害者の医療費自己負担分の公平化を図り、また障害者を含めた国民全員で費用を負担し、制度の持続性や安定性を高めることにしたのです。

負担額に上限が設定されている

現在の自己負担額は、どの医療でも原則1割負担です。しかし、その人の所得や障害によっては、医療費負担が大きくなることから、**それぞれの状況に応じて、月当たりの負担額に上限が設定されています。**

3つの制度が統合された

以前		現在
精神通院医療（精神保健福祉法）		自立支援医療（障害者総合支援法）
更生医療（身体障害者福祉法）	平成18年4月に移行	支援認定の実施主体
育成医療（児童福祉法）		●精神通院医療：都道府県 ●更生医療：市町村 ●育成医療：市町村

●支給認定の手続きを共通化
●利用者負担のしくみを共通化

自立支援医療における利用者負担の基本的な枠組み

※年収については、夫婦＋障害者である子の３人世帯の粗い試算

所得区分		更生医療・精神通院医療	育成医療	重度かつ継続		
一定所得以上		対象外	対象外	20,000円	市町村民税235,000円以上	
中間所得	中間所得2	医療保険の高額療養費 ※精神通院のほとんどは重度かつ継続	10,000円	10,000円	市町村民税課税以上235,000円未満	市町村民税33,000円以上235,000円未満
	中間所得1		5,000円	5,000円		市町村民税課税以上33,000円未満
低所得2		5,000円	5,000円	5,000円	市町村民税非課税（低所得1を除く）	
低所得1		2,500円	2,500円	2,500円	市町村民税非課税（本人または障害児の保護者の年収が800,000円以下）	
生活保護		0円	0円	0円	生活保護世帯	

出典：厚生労働省HP

負担が重くならないよう、所得に応じてひと月の負担額が設定されています。
図の太枠部分は、負担上限月額の経過的特例措置です。育成医療の中間所得1、2と「重度かつ継続」の一定所得以上の負担上限月額については、令和**6**年**3**月**31**日までとなっています。

子どもの身体障害を軽減する医療費を負担してくれる

障害状態を改善できるような治療は公費が費用の一部を負担してくれます。

支給認定の申請

育成医療とは、手術などの治療を行うことで障害の状態が改善するなど、**確実に効果が期待できる障害児（児童福祉法で規定）に対して、治療費の一部を公費が負担する制度**です。また、医療を行わないと将来障害を残すような疾患がある子どもも対象になっています。

医療費支給の有効期間は原則3か月以内です。ただし、腎臓機能障害による人工透析療法や、免疫機能障害による抗HIV療法等治療など、治療が長期におよぶ場合については最長1年以内と決まっています。

育成医療の対象は18歳までとされているため、それ以降にも医療が必要であると判断された場合は、更生医療が対応することになっています。ただし、支給認定の有効期間内に満18歳になった場合は、急に更生医療に切り替わるのではなく、当初の支給認定の有効期間中は育成医療が継続されます。再認定時に提出する書類は、新規認定時と変わりませんが、医師の自立支援医療意見書に、再認定の必要性を詳細に記してもらう必要があります。

困ったときはMSWに相談を

育成医療の支給認定は市町村が行います。育成医療を必要とすると認められた場合は、「世帯」の所得状況を確認のうえ、高額治療継続者への該当・非該当、負担上限月額の認定を行うことになります。

申請を行う際は、申請書や所得が確認できる書類のほか、医師の意見書等が必要になります。自立支援医療は申請主義であるため、申請しなければいつまでたっても支援を受けることができません。

自分は申請をすることができるだろうか、どう医師に話せばいいだろうか、と不安に思う保護者もいるでしょう。そのようなときには医療機関に配置されている医療ソーシャルワーカー（MSW）へ相談するといいでしょう。

育成医療の対象となる障害と治療例

障害	標準的な治療の例
視覚障害	白内障、先天性緑内障
聴覚障害	先天性耳奇形 → **形成術**
言語障害	口蓋裂等 → **形成術** 唇顎口蓋裂に起因した音声・言語機能障害を伴う者であって、鼻咽腔閉鎖機能不全に対する手術以外に歯科矯正が必要な者 → **歯科矯正**
肢体不自由	先天性股関節脱臼、脊椎側彎症、くる病（骨軟化症）等 → **関節形成術、関節置換術、義肢装着のための切断端形成術など**

形成術とは、身体を構成している外観を元に戻す、あるいは改善する手術のことです。

市町村によっては、独自の給付として、育成医療の自己負担分を補助する制度を行っている場合もあります。自分の市町村が該当するかがわからない場合は、市町村の担当課やMSWに確認しましょう。

育成医療の対象となる内部障害と治療例

障害（内部障害）	標準的な治療の例
心臓	先天性心疾患 → **弁口、心室心房中隔に対する手術** 後天性心疾患 → **ペースメーカー埋込み手術**
腎臓	腎臓機能障害 → **人工透析療法、腎臓移植術（抗免疫療法を含む）**
肝臓	肝臓機能障害 → **肝臓移植術（抗免疫療法を含む）**
小腸	小腸機能障害 → **中心静脈栄養法**
免疫	HIVによる免疫機能障害 → **抗HIV療法、免疫調節療法、その他HIV感染症に対する治療**
その他の先天性内臓障害	先天性食道閉鎖症、先天性腸閉鎖症、鎖肛、巨大結腸症、尿道下裂、停留精巣（睾丸）等 → **尿道形成、人工肛門の造設などの外科手術**

内臓の機能の障害は、手術をすることで将来的にも生活能力を維持できる状態のものに限られています。内科的治療のみのものは除くことになっています。

18歳以上の身体障害を軽減する医療費を負担してくれる

育成医療と同様に障害状態を改善できる治療は公費が費用の一部を負担してくれる制度です。

更生医療とは

更生医療は、手術などの治療を行うことで、障害の状態が改善されるなど確実に効果が期待できる18歳以上の身体障害者に対して提供される、更生のために必要な自立支援医療費の支給を行うものです。更生とは、もともとリハビリテーションという意味で使われていることからも、**症状をよくするために行われる医療**であるといえるでしょう。

支給の対象となる医療の内容は、育成医療と同じく、診察や薬剤、治療材料の支給、医学的処置、手術、居宅・入院における看護、移送費（医療保険により給付を受けることができない者の移送に限る）となっています。

給付には手帳が必要！

更生医療が、育成医療と異なる点は給付を受けるために**身体障害者手帳が必要になる点**です。育成医療では必要がないため、申請をせず治療を続け、18歳以上になって更生医療が必要になったとき、利用できないということが起こってしまいます。身体障害者への支援では手帳が必要になるケースが多いため、持っていない場合はすぐに申請して取得するようにしましょう。

なお、腎臓機能障害に対する人工透析療法の場合については、手帳だけではなく、特定疾病療養受療証の写しが必要です。

身体障害者更生相談所が判定

更生医療の支給認定の実施主体は、市町村ですが、**判定を行うのは、身体障害者更生相談所（身更相）**です。

判定後、必要と認められた場合には、医療の具体的な見通しや除去軽減される障害の程度を判断して、必要な費用の算定を行います。身更相では支給判定のほか、身体障害者に対して、医師や心理判定員・ケースワーカーなどの専門職が医学的・心理的判定や相談・指導、身体障害者手帳の交付にかかわる事務を行っています。

更生医療の対象となる障害と治療例

障害	標準的な治療の例
視覚障害	白内障 → **水晶体摘出手術** 網膜剥離 → **網膜剥離手術** 瞳孔閉鎖 → **虹彩切除術** 角膜混濁 → **角膜移植術**
聴覚障害	鼓膜穿孔 → **穿孔閉鎖術** 外耳性難聴 → **形成術**
言語障害	外傷性または手術後に生じる発音構語障害 → **形成術** 唇顎口蓋裂に起因した音声・言語機能障害を伴う者であって鼻咽腔閉鎖機能不全に対する手術以外に歯科矯正が必要な者→ **歯科矯正**
肢体不自由	関節拘縮、関節硬直 → **形成術、人工関節置換術等**

更生医療の対象となる内部障害と治療例

障害（内部障害）	標準的な治療の例
心臓	先天性心疾患 → **弁口、心室心房中隔に対する手術** 後天性心疾患 → **ペースメーカー埋込み手術**
腎臓	腎臓機能障害 → **人工透析療法、腎臓移植術（抗免疫療法を含む）**
肝臓	肝臓機能障害 → **肝臓移植術（抗免疫療法を含む）**
小腸	小腸機能障害 → **中心静脈栄養法**
免疫	HIVによる免疫機能障害 → **抗HIV療法、免疫調節療法、その他HIV感染症に対する治療**

更生医療の対象となる障害は、その障害が永続するものに限られていますね。
治療についても、確実な治療の効果が期待できるものとなっているんですね。

申請の流れ

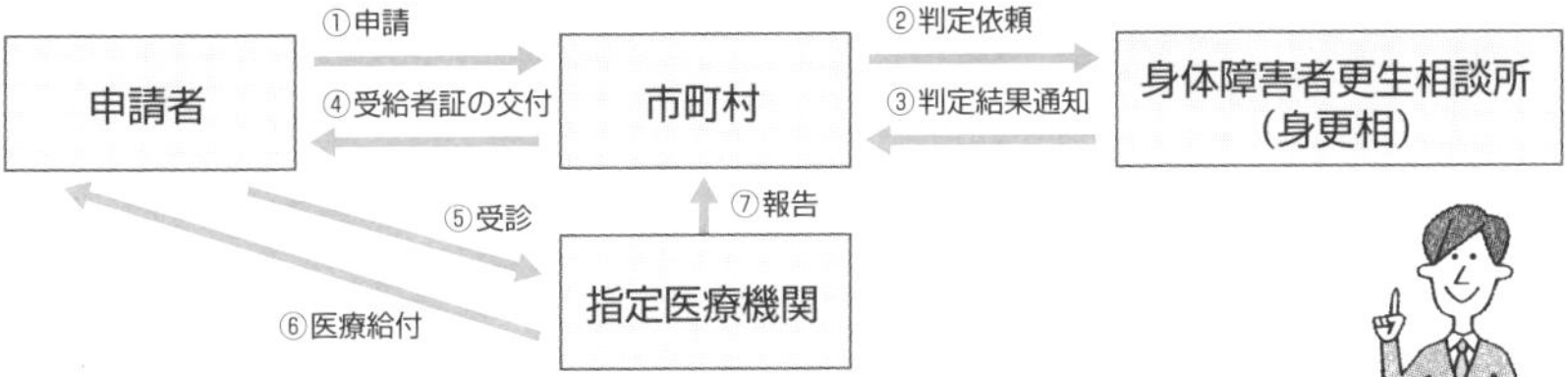

身更相では、医師などが専門的・技術的な立場から申請内容を審査し、
内容の妥当性や給付の必要性について、判定を行います。

通院による精神医療費を負担してくれる

精神疾患のため医療機関に通院している場合の医療費の一部を負担してくれる制度です。

精神通院医療とは

精神通院医療は、精神保健福祉法が規定している**統合失調症、精神作用物質による急性中毒、その他の精神疾患（てんかんを含む）を持っていて、通院による精神医療を継続的に必要とする病状にある障害者に対して、自立支援医療費の支給を行う**ものです。あくまでも〝通院〟に対して支払われるものですから、入院医療は含まれません。入院医療は自治体によって助成がある場合があります。

また、症状がほとんど出ていない患者でも、再発予防で通院治療を続ける必要がある場合も対象となります。

判定は精神保健福祉センターが行う

申請は市町村に行いますが、その判定業務は都道府県にある精神保健福祉センターが行います。また政令指定都市については、政令指定都市の**精神保健福祉センター**です。

精神保健福祉センターは、ほかにも精神障害者保健福祉手帳の判定業務や、精神科病院での扱いの審査（精神医療審査会）運営、精神保健についての知識を広める啓発活動、市町村や保健所などへの指導、教育活動、調査研究など様々な仕事を引き受けている機関です。

支給認定

自立支援医療では、医療を行う指定医療機関が都道府県によって決められています。どこでも医療を受けられるわけではありません。また申請の段階で、指定医療機関のなかのどこに通院するのか、1か所決める必要があります。

しかし、診察は今の病院がいいがデイケアがないため、他のデイケアに通いたい、などと希望する場合もあるでしょう。自立支援医療では、精神通院医療に限らず、医療に重複がなく、やむを得ない事情がある場合に限り、例外的に複数の医療機関を指定することが可能です。

精神通院医療の対象となる精神疾患

1. 病状性を含む器質性精神障害
2. 精神作用物質使用による精神および行動の障害
3. 統合失調症、統合失調症型障害および妄想性障害
4. 気分障害
5. てんかん
6. 神経症性障害、ストレス関連障害および身体表現性障害
7. 生理的障害および身体的要因に関連した行動症候群
8. 成人の人格および行動の障害
9. 精神遅滞
10. 心理的発達の障害
11. 小児期および青年期に通常発症する行動および情緒の障害

※1～5は高額治療継続者（いわゆる「重度かつ継続」）の対象疾患

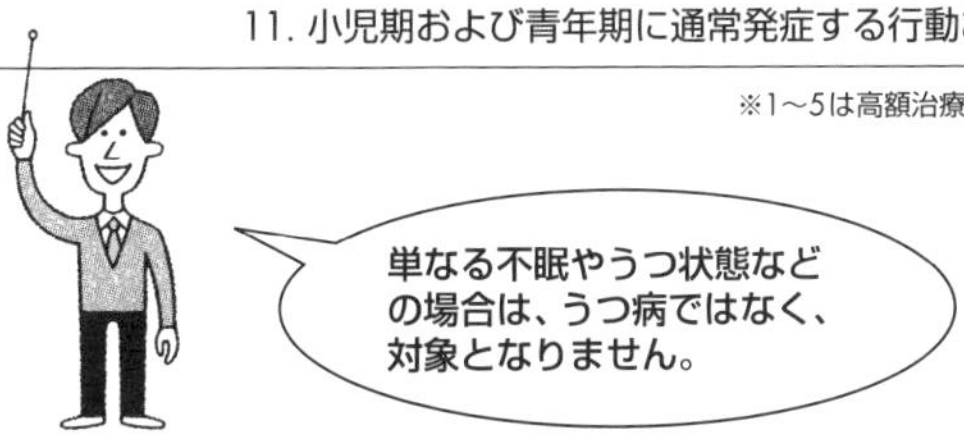

精神通院医療のレセプト件数（医科と調剤の合計）

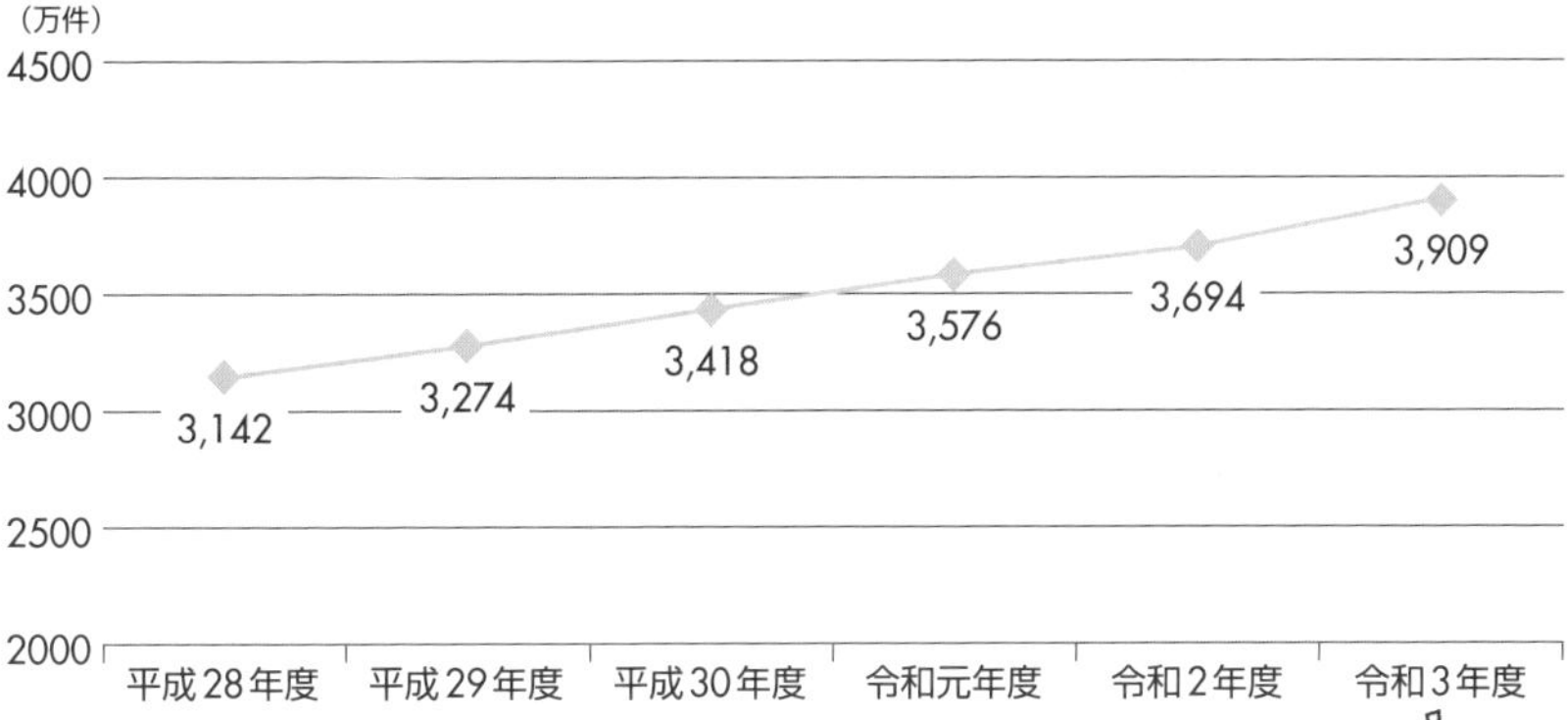

出典：厚生労働省「福祉行政報告例」をもとに著者作成

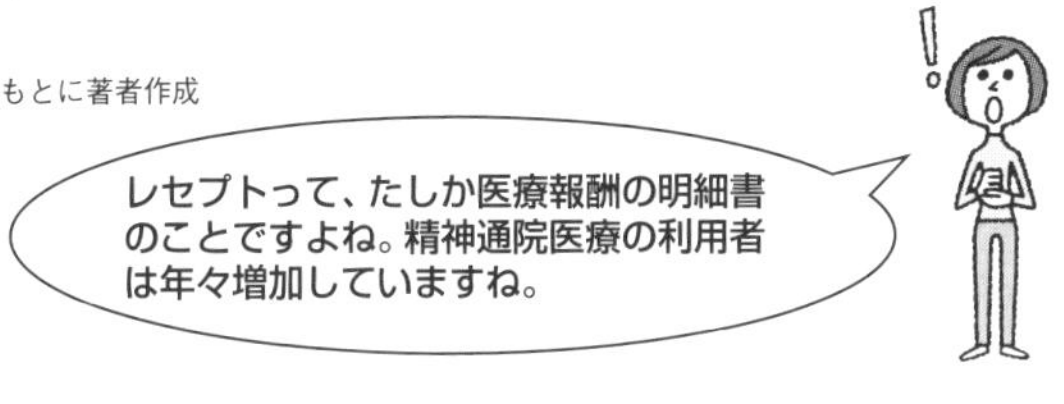

身体障害者の動きを助ける補装具

義手や義足といった身体障害者の行動を助ける補装具に対しても、費用負担の支援があります。

補装具ってなに?

補装具とは、次の3つの要件をすべて満たすものを指します。

①障害者等の身体機能を補完、代替し、かつ、その身体へ合うように製作されたもの

②日常生活や就労のために、同一の製品につき長期間にわたり継続して使用されるもの

③医師等による専門的な知識に基づく意見や診断に基づき使用されることが必要とされるもの

補装具の申請

補装具の購入や修理の必要があるとき、障害者や障害児の保護者は、市町村に申請します。その後、身体障害者更生相談所や指定自立支援医療機関の判定・意見をもとに、市町村長が必要と認めた場合に補装具費を支給します。必要な場合というのは、例えば**障害者が日常生活の移動手段を確保したり就労場面で能率向上を期待できたり、また障害児が将来、自立できるようになるための育成に必要なとき**です。利用者は、補装具の業者の情報を市町村からもらって直接契約を結びます。

なお、購入に加えて一部種目では、身体の成長や障害の進行等障害の状況に応じて「貸与」が認められています。

補装具の利用者負担は?

原則、定率1割負担です。ただし、世帯の所得に応じて、負担上限額が設定されています。負担額は市町村民税非課税世帯・生活保護受給者については費用負担なし、それ以外は3万7200円です。その他、補装具の負担をすると生活保護の対象となるけれども、負担額の減免をすると生活保護の対象にならない場合は、生活保護の対象とならない程度まで軽減します。

障害者本人または世帯員が一定所得以上の場合（市町村民税所得割の最多納税者の納税額が46万円以上）には補装具費の支給対象外となっています。

補装具種目一覧

種目				
義肢				
装具				
座位保持装置				
視覚障害者安全つえ	普通用	繊維複合材料		
		木材		
		軽金属		
	携帯用	繊維複合材料		
		木材		
		軽金属		
	身体支持併用			
義眼	レディメイド			
	オーダーメイド			
眼鏡	矯正用	6D未満		
		6D以上10D未満		
		10D以上20D未満		
		20D以上		
	遮光用	前掛け式		
		掛けめがね式		
	コンタクトレンズ			
	弱視用	掛けめがね式		
		焦点調整式		
補聴器	高度難聴用ポケット型			
	高度難聴用耳かけ型			
	重度難聴用ポケット型			
	重度難聴用耳かけ型			
	耳あな型（レディメイド）			
	耳あな型（オーダーメイド）			
	骨導式ポケット型			
	骨導式眼鏡型			
車椅子	普通型			
	リクライニング式普通型			
	ティルト式普通型			
	リクライニング・ティルト式普通型			
	手動リフト式普通型			
	前方大車輪型			
	リクライニング式前方大車輪型			
	片手駆動型			
	リクライニング式片手駆動型			
	レバー駆動型			
	手押し型A			
	手押し型B			
	リクライニング式手押し型			
	ティルト式手押し型			
	リクライニング・ティルト式手押し型			
電動車椅子	普通型（4.5km/h）			
	普通型（6.0km/h）			
	簡易型	A 切替式		
		B アシスト式		
	リクライニング式普通型			
	電動リクライニング式普通型			
	電動リフト式普通型			
	電動ティルト式普通型			
	電動リクライニング・ティルト式普通			
座位保持椅子（児のみ）				
起立保持具（児のみ）				
歩行器	六輪型			
	四輪型（腰掛つき）			
	四輪型（腰掛なし）			
	三輪型			
	二輪型			
	固定型			
	交互型			
頭部保持具（児のみ）				
排便補助具（児のみ）				
歩行補助つえ	松葉づえ	木材	A 普通	
			B 伸縮	
		軽金属	A 普通	
			B 伸縮	
	カナディアン・クラッチ			
	ロフストランド・クラッチ			
	多脚つえ			
	プラットフォーム杖			
重度障害者用意思伝達装置	文字等走査入力方式			
		簡易なもの		
			簡易な環境制御機能が付加されたもの	
			高度な環境制御機能が付加されたもの	
			通信機能が付加されたもの	
	生体現象方式			
人工内耳	人工内耳用音声信号処理装置修理			

D（ジオプトリー）とは、レンズの屈折力の大きさを表す単位。ここでは数値が大きいほど見えにくい状態を示す

低所得の高齢障害者は介護保険サービス利用料が軽減される

65歳にいたるまで長期間、障害福祉サービスを利用していた一定の高齢者は介護保険利用料が軽減されます。

これまでの障害福祉サービスと介護保険サービスの関係とは？

障害福祉サービスに相当するサービスが介護保険サービスにある場合は、**介護保険法が優先**されます。これまで障害者総合支援法と介護保険法では利用者負担上限額が異なっていたため、65歳以上になって介護保険に切り替わると負担額が増える現象が起きる場合があり、このことが問題でした。

障害福祉でも介護保険でも同様のサービスにもかかわらず、高齢者になることによって負担額が増加するのは、なんだかおかしいですよね。そこで、65歳で介護保険を利用することになった方の1割負担を「自己負担なし」に軽減（償還）されることになっています。ただし、すべての障害者に当てはまるわけではありません。

サービス利用料軽減の対象者は？

介護保険サービス利用料が軽減される具体的対象者は、下記の通りです。

①65歳に達する日の前日までに5年間にわたり介護保険サービスに相当する障害福祉サービスの支給決定を受けていたこと

②65歳に達する日の前日までに「低所得」または「生活保護」に該当しており、65歳以降に利用者負担の軽減申請の際も「低所得」、「生活保護」に該当すること

③65歳に達する日の前日までに障害支援区分2以上であること

④65歳まで介護保険サービスを利用してこなかったこと

なお、65歳に達する日の前日までに5年間にわたり入院等のやむを得ない理由によって、障害福祉サービスの支給決定を受けていない期間があった場合も、介護保険サービス利用料減額の対象者に該当します。

また、介護保険の自己負担額が2割・3割の方が減額されるわけではなく、あくまで**「低所得」「生活保護」に該当する方が対象**であることに注意が必要です。

介護保険利用料の負担が軽減される条件

対象者の具体的条件	内容
障害福祉サービスの支給期間	65歳に達する日の前日までに5年間にわたり、介護保険サービスに相当する障害福祉サービスに係る支給決定を受けていたことを要件とする。
所得条件	65歳に達する日の前日において「低所得」又は「生活保護」に該当し、65歳以降に利用者負担の軽減の申請をする際にも「低所得」又は「生活保護」に該当することを要件とする。
障害程度	65歳に達する日の前日において障害支援区分2以上であったことを要件とする。
その他	65歳まで介護保険サービスを利用してこなかったことを要件とする。

ただし、この5年間のなかで入院等やむを得ない事情によって障害福祉サービスを受けていなかった場合は、その期間以外の期間でサービスを受けていればよいことになっています。

軽減措置の対象となる障害福祉サービスと対応する介護保険サービス

相当障害福祉サービス

居宅介護 重度訪問介護	生活介護	短期入所

（離島等で行われる、これらに係る基準該当サービスを含む）

相当介護保険サービス

訪問介護	通所介護 地域密着型 通所介護	短期入所 生活介護	小規模多機能型 居宅介護

（離島等で行われる、これらに相当するサービスを含む）
（介護予防サービスは含まない）

出典：厚生労働省 障害保健福祉関係会議資料（令和5年3月10日）

介護保険と同様のサービスを行っている事業が対象となります。
ただし、この制度の対象にならない人もいることに注意が必要です。

介護保険利用の負担額が変わる！

低所得者 ｜ 障害福祉サービス：自己負担額 0円

→ 65歳以降も →

低所得者 ｜ 介護保険サービス：自己負担額 0円

自己負担額が変わらず0円のままに！

介護給付費に不服があれば申し立てられる

障害福祉サービスの利用が適正に行われているかどうかを審査できる制度です。

審査請求をするには

障害者または障害児の保護者は、決定した介護給付費等に不服がある場合は、**都道府県知事に審査請求を行うことができます。**

審査請求を行うことができる期間は、原則として、処分（法律用語。ここでは給付の決定の意味合い）があったことを知った日の翌日から起算して3か月以内です。請求は期間内に文章か口頭で行う必要があります。ただし、正当な理由（天災などやむを得ないと判断された場合）により、期間内に請求することができなかったときはこの限りではありません。

不服審査会の委員はどういう人？

都道府県知事は、審査請求を検討するための機関すなわち障害者介護給付費等不服審査会（以下、不服審査会）を置くことができます。不服審査会の設置は任意ですが、判定が適しているかどうかを審査できるような専門性を持つ機関に判断を仰ぐことが適切と考えられるため、設置が望ましいものと考えられています。

委員は都道府県知事が任命します。一般には、**公正かつ中立な判断をすることができ、かつ障害者の保健や福祉について専門知識を持つ人格者のなかから選ばれる**とされています。

委員構成は、身体障害、知的障害、精神障害の各分野に対してバランスが取れていることが望ましく、定員は5人が標準とされています。また、都道府県知事が指定した医師などに診断や調査をさせることも可能です。

審査請求をする前に

市町村から通知された決定や認定の結果に、疑問や不服がある場合には、まずは市町村の窓口に、内容やその理由についてよく確認しましょう。制度が複雑なため、理解の行き違いも考えられます。わからないことは何でも聞いてみることが必要です。

審査請求できる内容

障害支援区分	障害支援区分の認定、変更	
支給決定	支給要否決定（支給が必要かどうか）	介護給付費等の支給要否決定
	支給量等の決定 （サービスの量について）	・支給決定（障害福祉サービスの種類、支給量、有効期間） ・支給決定の変更、取り消し
	支払決定 （金額が妥当かどうか）	・介護給付費 ・特例介護給付費 ・訓練等給付費 ・特例訓練等給付費 ・地域相談支援給付費 ・特例地域相談支援給付費 ・サービス利用計画作成費
利用者負担	利用者負担の月額上限に関する決定 （上限額が妥当かどうか）	・利用者負担月額上限区分の決定 ・生活保護境界層対象者に対する負担軽減措置の決定 ・施設入所者及びグループホーム等入居者に係る定率負担の個別減免の決定
	利用者負担の災害減免等の決定	
	高額障害福祉サービス費の給付決定	
	補足給付の決定	・特定障害者特別給付費 ・特例特定障害者特別給付費

なぜ「都道府県」への申立てなのか？

介護給付費等に不服があった場合、市町村ではなく、なぜ都道府県に申し立てるのですか？

確かに、支給決定事項や利用者負担に関することは、市町村が決定しているので、市町村に申し立てるのが普通と考えてしまいますよね。

ですが、公平性や客観性といった観点から、都道府県が審査を行うこととしています。これにより、障害者等の権利利益の保護に一層配慮している、ということです。

※行政不服審査法の改正に伴い、平成28年4月より、処分庁に対する異議申立て制度は審査請求制度に一本化されました。

資料　自立支援医療の申請先と必要書類

166ページで解説している自立支援医療の申請先と提出する書類をまとめました。

	育成医療	更生医療	精神通院医療	
			支給認定の申請のみを行う場合	手帳の交付と併せて支給認定の申請を行う場合
申請先	市町村	市町村	市町村（実施主体は、都道府県）	
必要書類	認定申請書	認定申請書	認定申請書	
	育成医療を主として担当する医師の作成する自立支援医療意見書	更生医療を主として担当する医師の作成する意見書	医師の診断書 （指定自立支援医療機関において精神障害の診断・治療を行う医師） （高額治療継続者は、「重度かつ継続」に関する意見書も必要）	精神保健指定医その他精神障害の診断・治療を行う医師で指定自立支援医療機関にて精神通院医療を担当する医師による精神障害者保健福祉手帳用の診断書 （高額治療継続者は「重度かつ継続」に関する意見書も必要）
	被保険者証・被扶養者証・組合員証など、医療保険の加入を示すもの（受診者及び受診者と同一の「世帯」に属する者の名前が記載されていること）			
	受診者の属する「世帯」の所得の状況等が確認できる資料 （市町村民税の課税状況が確認できる資料、生活保護受給世帯又は支援給付受給世帯の証明書、市町村民税世帯非課税世帯については受給者に係る収入の状況が確認できる資料）			
	※腎臓機能障害に対する人工透析療法の場合については、特定疾病療養受療証の写しが必要	身体障害者手帳の写し ※腎臓機能障害に対する人工透析療法の場合については、特定疾病療養受療証の写しが必要		

第6章

障害者支援には何がある？

障害者支援のための制度・施策は、障害者総合支援法だけではありません。障害者に対する市民、企業等の認識は様々で、その結果、いろいろな不利益を被ることも少なくないのが実情です。そのようなことをなくすために、どのような取り組みが行われているのかを見てみましょう。

共生社会について知っている？

「障害」を身近に感じられる機会を作っていくことが求められます。

「障害者」と聞いて思い浮かべることって？

障害者と聞いて、まずどのようなことを思い浮かべるでしょうか？「可哀想」「大変そう」「あまりかかわりたくない」といった、どちらかといえばマイナスイメージを持つ人が多いかもしれません。自分には全く関係がないと思っている人も少なくないと思います。

しかし、障害を持つ原因は病気や事故など、私達の身近なところにあります。自分や家族、友人が何らかの理由で障害を持つことがあるかもしれない。もしそうなったとしても暮らしやすいと思える社会づくりをしていけるといいと思いませんか？　これが、障害の有無にかかわらず誰もがお互いを尊重し、支え合って暮らす**「共生社会」**を作るために必要な考え方だと感じます。

身近にかかわる機会の創設を

内閣府が平成29年に行った「障害者に対する世論調査」によると、「『共生社会』という考え方を知っていますか」という問いに対して、約66％の方が「少なくとも聞いたことがある」と回答しました。100％には少し遠い数字ですが、それでも少しずつ浸透していることがわかります。一方で、**共生社会という言葉は、働き盛りである30代からの認知度が最も低い**（70代以上を除いて）という結果も出ており、社会を作っていく年代にまだ考えが届いていない状態も見受けられました。

「障害」は決して遠い世界の話ではありません。しかし、筆者の勤務校でも、心理・福祉系大学であるものの入学するまで障害者とかかわったことがないという学生は少なくありません。**令和4年から高校の保健体育のなかで精神疾患について学ぶ**ことになるなど、少しずつ知る機会は増えてきています。多感な時期に障害者とかかわる機会が少ないという現実に対し、どのように身近に感じてもらえるようにするか、今後の私達に課せられた大きな課題だと感じています。

共生社会という考え方を知っているか

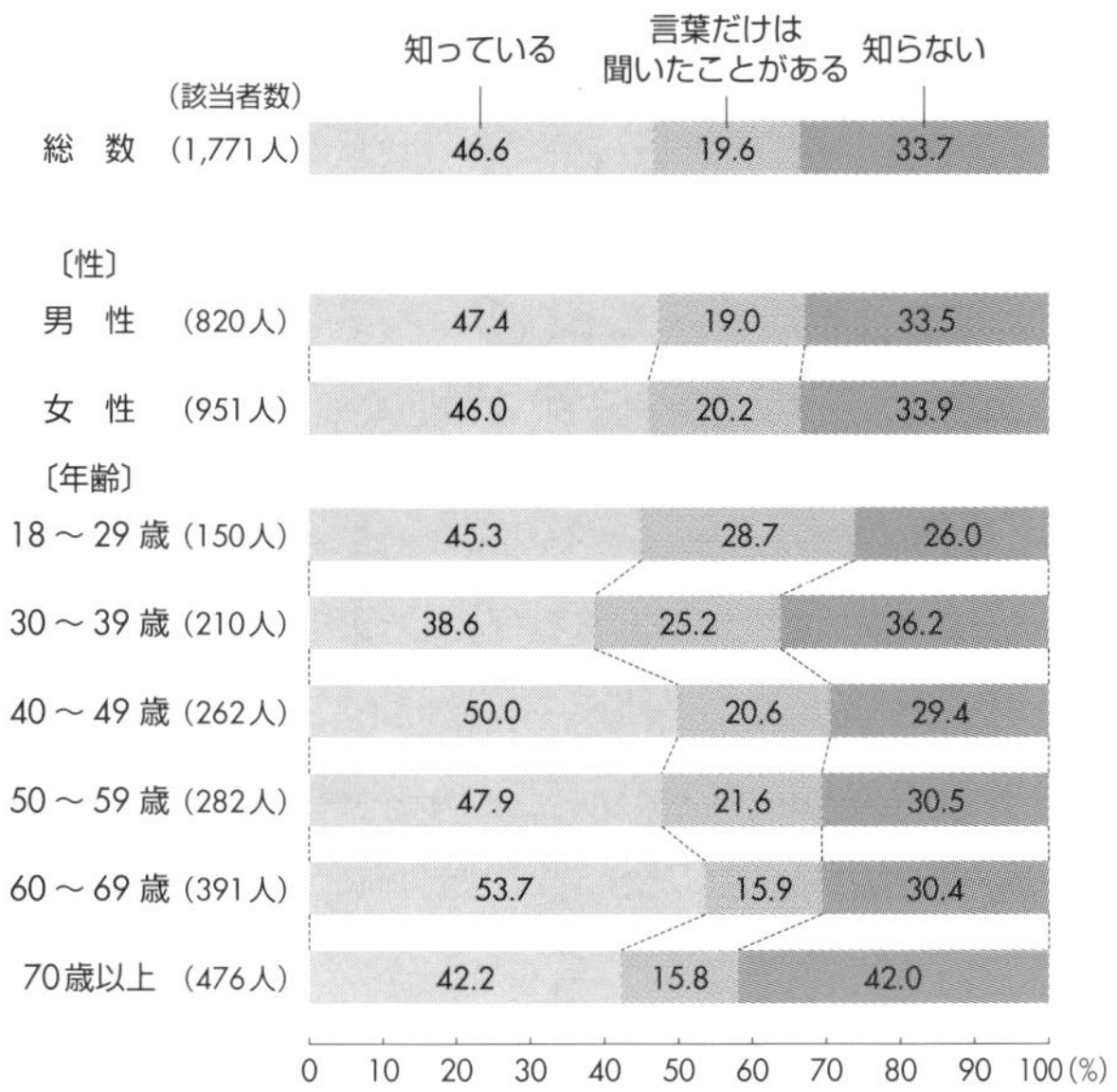

出典：内閣府政府広報室「障害者に関する世論調査」(平成29年9月)

障害者の理解を深めるための行事等に参加したいと思うか

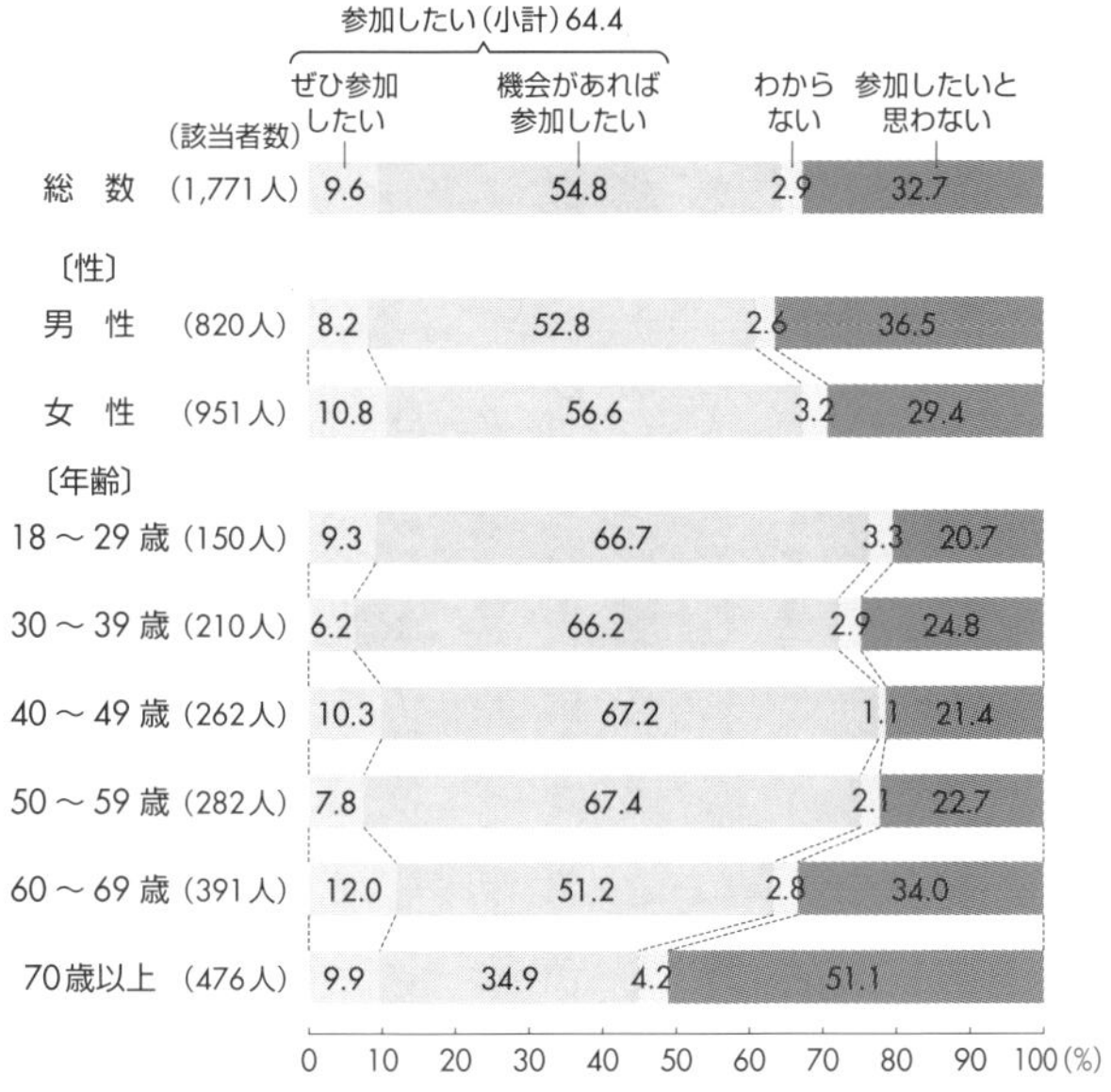

出典：内閣府政府広報室「障害者に関する世論調査」(平成29年9月)

障害者支援の根幹をなす法律

障害があってもなくても、ともに尊重し合いながら暮らせる共生社会を目指します。

障害者施策の基本となる法律

障害者に関係する法律はたくさんありますが、なかでも重要とされるのが**「障害者基本法」**です。もともとは心身障害者対策基本法として身体障害者と知的障害者に関して規定していたものですが、平成5年に精神障害が障害として位置づけられ、現在の法律名に変更されました。

障害者基本法は、障害者に関する施策について基本的な考え方を述べているものであり、**障害者に関するすべての法律は、この基本法の考え方に則して作られる**ことが求められます。ある意味、障害者分野における憲法といってもあながち間違いではありません。

共生社会の実現に向けて

障害者基本法は、平成16年と平成23年に大きな改正がありました。平成16年の際には、諸外国で障害者差別を禁止する法律が成立される流れに沿って、我が国においても障害者基本法の理念に障害者差別の禁止条項が追加されました。また障害の予防に関する基本的施策の条項も盛り込みました。そして、平成23年には、障害者の定義に「社会的障壁」が含められ、また合理的配慮の考え方が導入されるなど、障害者権利条約に基づいた障害者施策が進められました。障害者が主体的に、分け隔てなく社会に参加することができるよう目指した改正が行われたのです。

障害者基本法は、その目的にもあるように「全ての国民が、障害の有無によつて分け隔てられることなく、相互に人格と個性を尊重し合いながら共生する社会を実現」（第1条）するために重要な法律です。障害があってもなくても暮らしやすい社会を築くということは、書くだけならとてもシンプルな願いですが、その反面実現までのハードルはとても高いものです。まずは多くの方が障害について知ること、かかわってみることから始めてほしいと思います。

障害者基本法

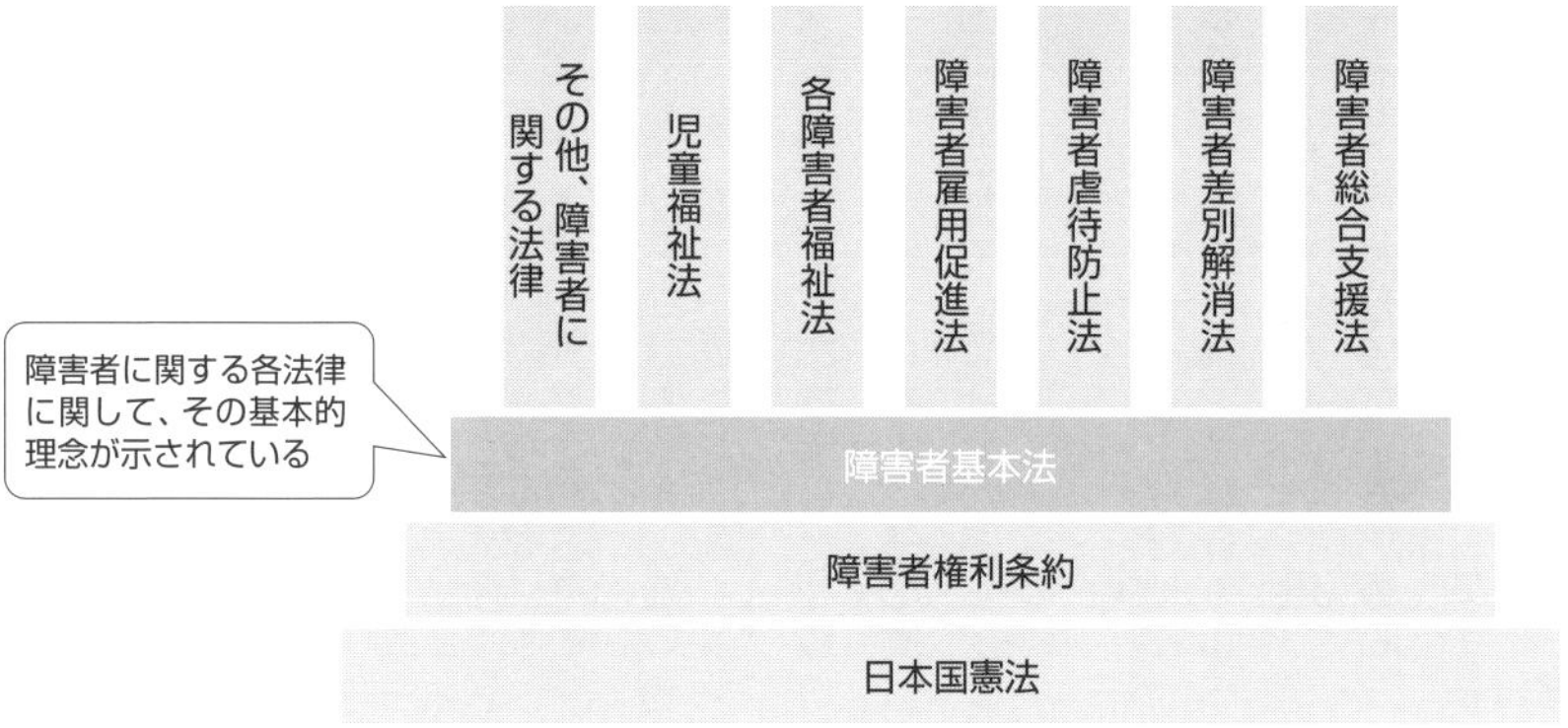

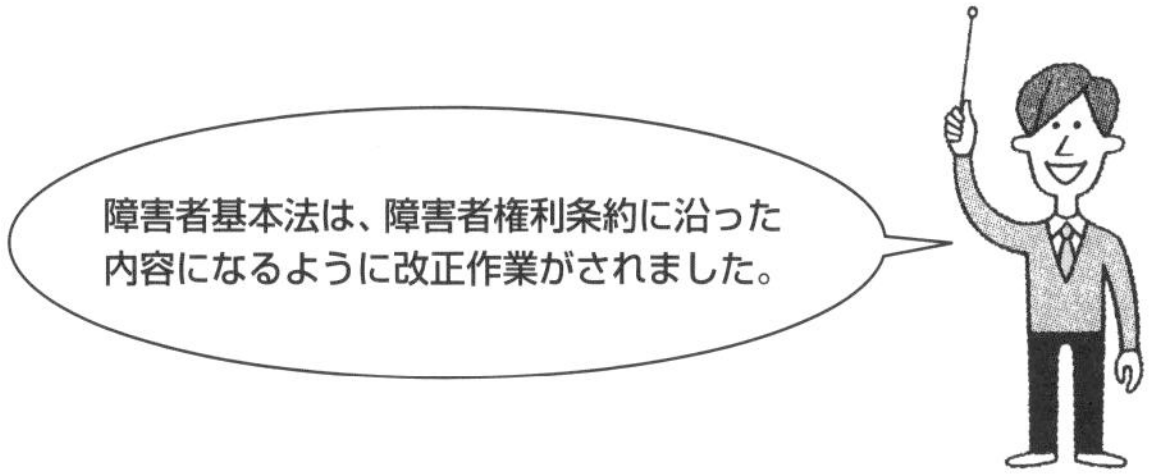

障害者基本法の改正内容

平成16年改正	平成23年改正
1.基本的理念の第3項に「何人も、障害者に対して、障害を理由として、差別することそのための権利利益を侵害する行為をしてはならない」が追加 2.国及び地方公共団体の責務として、障害者の権利擁護と差別の禁止に関する責務が追加 3.障害者の日を削除し、障害者週間（12月3日～12月9日）が新設 4.障害者基本計画について、都道府県と市町村についても策定が義務化 5.「国及び地方公共団体は、障害のある児童及び生徒と障害のない児童及び生徒との交流及び共同学習を積極的に進めることによって、その相互理解を促進しなければならない」との条文を追加し、統合教育の考え方を導入 6.成年後見制度その他の障害者の権利利益の保護のための施策または制度が適切に、広く利用されるよう努めることを国及び地方公共団体に義務化 7.障害の予防に関する基本的施策が追加	1.目的規定を見直し共生社会の実現について記載 2.障害者の定義に発達障害や「その他の心身の機能の障害」が追加され、併せて「社会的障壁（障害があるものの障壁となるような事物・制度・慣行・観念その他一切のもの）」の定義が追加 3.共生社会を実現するにあたって旨とすべき事項の追加 4.差別の禁止を第4条に集約。また合理的配慮の考え方の導入 5.国際的強調の追加 6.国民の責務に、共生社会の実現に寄与するよう努めることを記載 7.施策の基本方針の修正（障害者施策の策定実施にあたって、年齢及び障害の状態に加え、障害者の性別と生活の実態も勘案すべき、など）

国際的な決まりごとを定めた条約を批准した

2022年に初めて国連による審査を受け、今後の課題も示されました。

法的拘束力を持った条約

世界の動きを振り返ると、障害者の権利に関しては1971年の知的障害者の権利宣言から始まり、その後障害者の権利宣言、国際障害者年の採択と、いくつもの宣言が出されました。しかし、いずれも強制力はなく、その実行は各国に任されている部分がありました。

そこで法的拘束力を持った条約を作成することが求められ、2001年に国際条約を検討するためのアドホック委員会（その問題を検討するために設置される委員会）が設置。計8回の検討が行われた結果、2006年の国連総会において、**障害者権利条約**が採択されました。

共生社会の実現に向けて

障害者権利条約は、障害者の誰もが持っている**人権や基本的自由を守り、尊厳を大切にするために必要な取り組みについて規定**したものです。宣言とは異なり法的拘束力があることから、条約を批准するには、条約の内容に合わせた国内法の整備が求められました。

我が国でも、条約に賛成する署名をしたのは2007年ですが、実際に批准をしたのは2014年です。この間に、障害者基本法の改正をはじめとして、障害者総合支援法や障害者差別解消法の成立、障害者雇用促進法の改正など、障害者権利条約の内容を実行できる体制を整え、ようやく批准しました。

国内法を改正し、批准したから終わりではありません。実際に条約が守られているか、国連による審査が行われることになっています。2022年に初めての審査が行われ、勧告のなかで、障害児の分離教育について**インクルーシブ教育**の推進や、精神科における非自発的入院を定めた法律の廃止が求められました。いずれも今後議論が必要な内容ですが、より良い制度になるように、今回の勧告内容を真摯に受け止めて検討していくことが求められます。

条約の締結から批准までの流れ

＜世界の動き＞

平成18（2006）年12月	国連総会で「障害者権利条約」が採択
平成19（2007）年 9月	日本が条約に署名
平成20（2008）年 5月	「障害者権利条約」が発効

＜日本国内＞

条約の締結に先立ち、集中的に国内制度改革・法整備を推進

平成23（2011）年 8月	障害者基本法の改正
平成24（2012）年 6月	障害者総合支援法の成立
平成25（2013）年 6月	障害者差別解消法の成立および障害者雇用促進法の改正

一通りの障害者制度が充実し、条約締結に向けて国会での議論がスタート

平成25（2013）年11月	衆議院本会議 ｝全会一致で条約の締結が承認
12月	参議院本会議 ｝全会一致で条約の締結が承認
平成26（2014）年 1月	日本にて「障害者権利条約」を批准
2月	日本にて「障害者権利条約」が発効

2022年勧告でのインクルーシブ教育への指摘

インテグレーション（統合）教育　　インクルーシブ（包括）教育

現状は、特別支援学級など、通常学校のなかにあるものの、区分けがされている

障害のある人が一般的な教育制度から排除されないインクルーシブ教育システムを目指すように求められている

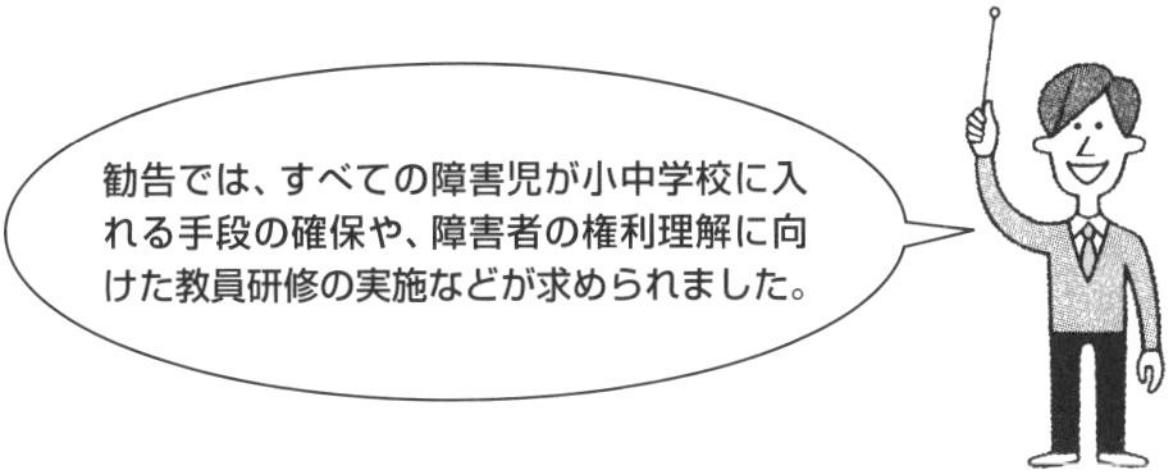
勧告では、すべての障害児が小中学校に入れる手段の確保や、障害者の権利理解に向けた教員研修の実施などが求められました。

差別をなくすための法が5年ぶりに改正された

自治体だけではなく、民間事業者に対しても、合理的配慮が義務化されました。

不当な差別をなくすための法律が見直しされた

障害者権利条約の批准に向けて、日本でも、平成28年に「障害を理由とする差別の解消の推進に関する法律」（**障害者差別解消法**）が施行されました。障害者基本法で示した「障害を理由とする差別等の権利侵害行為の禁止」「社会的障壁の除去を怠ることによる権利侵害の防止」「国による啓発・知識の普及を図るための取組」の3つを**どのように具体化させるかを定めたもの**になっています。

当初より、施行されてから3年後に見直しがされることが法律上示されており、それに基づいて令和3年に法改正が行われました。この法改正では、差別解消に向けてより一層の取り組みを進めるために、国と地方公共団体に対して連携協力の責務が法律上に示されました。また障害を理由とする差別を解消するための支援措置として、基本方針に支援措置に関する基本的な事項を追加すること、人材養成、各種取り組みに対する情報収集やその提供をすることが盛り込まれました。

事業者も合理的配慮が義務に

障害者差別解消法では、行政機関等と事業者は事務や事業を行うに当たり、障害者から何らかの配慮を求められた場合には、過重な負担がない範囲で社会的障壁を取り除くために必要かつ合理的な配慮（**合理的配慮**）を行うことが求められていました。**事業者はこれが努力義務にとどまっていましたが、今回義務化された**ことは大きな改正点です。

範囲の拡大は望ましいことですが、一方どのような配慮ができるのか、事業所も悩むところでしょう。事業者と障害者の双方がお互いの利益のみを追求するのではなく、同じ街の住民として一緒に考えながら暮らしやすい街を作っていくきっかけとなるよう願っています。

障害者差別解消法 令和3年改正の内容

1. 国及び地方公共団体の連携協力の責務の追加

国及び地方公共団体は、障害を理由とする差別の解消の推進に関して必要な施策の効率的かつ効果的な実施が促進されるよう、適切な役割分担を行うとともに、相互に連携を図りながら協力しなければならないものとする。

2. 事業者による社会的障壁の除去の実施に係る必要かつ合理的な配慮の提供の義務化

事業者による社会的障壁（障害がある者にとって日常生活又は社会生活を営む上で障壁となるような社会における事物、制度、慣行、観念その他一切のもの）の除去の実施に係る必要かつ合理的な配慮の提供について、現行の努力義務から義務へと改める。

3. 障害を理由とする差別を解消するための支援措置の強化

(1) 基本方針に定める事項として、障害を理由とする差別を解消するための支援措置の実施に関する基本的な事項を追加する。

(2) 国及び地方公共団体が障害を理由とする差別に関する相談に対応する人材を育成し又はこれを確保する責務を明確化する。

(3) 地方公共団体は、障害を理由とする差別及びその解消のための取組に関する情報（事例等）の収集、整理及び提供に努めるものとする。

施行期日：令和6年4月1日

合理的配慮と基礎的環境整備の関係

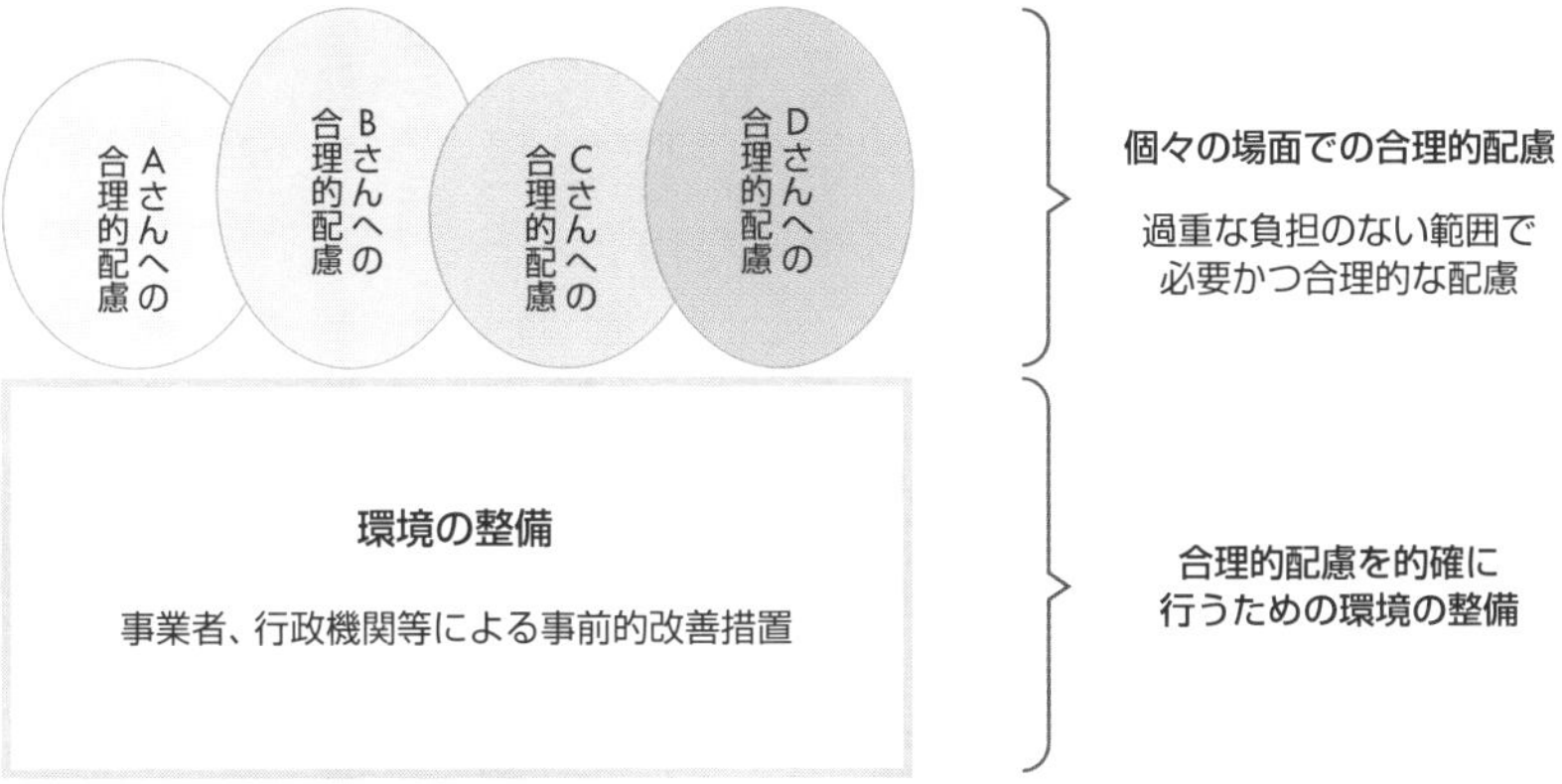
Aさんへの合理的配慮
Bさんへの合理的配慮
Cさんへの合理的配慮
Dさんへの合理的配慮
個々の場面での合理的配慮
過重な負担のない範囲で必要かつ合理的な配慮
環境の整備
事業者、行政機関等による事前的改善措置
合理的配慮を的確に行うための環境の整備

必要となる合理的配慮は一律に述べられるものではありません。実際に利用する障害者との対話のなかでどのような手段があるかを検討していくことが大切です。
環境整備では、公共施設やお店などのハード面のほか、社員教育などのソフト面なども大事になってきます。

障害者の雇用を定める法改正が進んでいる

雇用率水増し問題を契機に、障害者雇用政策の見直しがなされました。

障害者雇用促進を進めていくために

障害者の自立支援を考えるうえで、就労支援は欠かすことができません。しかし、受け入れ側の企業が積極的にならなければ、いくら訓練等を行っても就職には結びつかないことから、行政のかかわりも必須です。そこで、**民間企業や公的機関等での障害者の雇用を進めるための法律として障害者雇用促進法**があります。

この法で規定しているもののなかに、**法定雇用率**があります。法定雇用率は企業や機関に対して雇用する人のうち、一定の割合で障害者を雇用することを義務づけているものです。民間企業では現在の2・3％から令和8年7月に**2・7％**まで、段階的に引き上げることになっています。また、重度障害者や特性上短時間しか勤務が難しい精神障害者などの雇用を促進するため、ダブルカウント、ハーフカウント制度も導入されています。

法改正も進んでいる

しかし、平成30年に国や地方公共団体において、障害者雇用率のカウントを適切に行っていなかったことが発覚し、大きな問題となりました。

このことを踏まえ、令和元年度の改正では不適切計上の再発防止に向けた取り組みや、障害者の雇用促進を進めるための計画である「障害者活躍推進計画」の策定の義務化、中小企業の障害者雇用を促進させるための認定制度などが作られました。また、38ページでも述べたとおり、令和6年度からはさらなる改正が行われ、20時間未満の障害者の雇用率算定等も始まります。

障害者の雇用状況は着実に進んでいますが、まだまだ後ろ向きの企業があったり、就職した後の定着率の問題があったりなど、課題は山積しています。今回の法改正により、すべての事業所で障害者のみならず、すべての人にとって働きやすい環境を作りあげることが求められます。

近年における障害者雇用促進法の改正内容

課題	対象障害者の不適切計上の再発防止	精神障害者や重度障害者を含めた、障害者雇用の計画的な推進	短時間であれば就労可能な障害者等の雇用機会の確保	中小企業における障害者雇用の促進
取り組み	● 報告徴収の規定の新設 ● 書類保存の義務化 ● 対象障害者の確認方法の明確化 ⇒適正実施勧告の規定の新設	● 国等が率先して障害者を雇用する責務の明確化 ●「障害者活躍推進計画」の作成・公表の義務化 ● 障害者雇用推進者・障害者職業生活相談員の選任の義務化	週所定労働時間が特に短い（週20時間未満）精神障害者、重度身体障害者及び重度知的障害者についても雇用率に算定可能とする（令和6年度より）	● 中小事業主（300人以下）の認定制度の新設

出典：厚生労働省「最近の障害者雇用対策について」（令和2年3月9日）をもとに著者作成

障害者雇用に関する優良な中小事業主の認定制度

障害者を雇用していて法定雇用率を満たしているなど、一定の条件を満たした中小企業事業主に対して、下記の項目について採点し、一定以上の得点がある事業主を認定する。

大項目	中項目	小項目
取組（アウトプット）	体制づくり	①組織面　②人材面
	仕事づくり	③事業創出　④職務選定・創出 ⑤障害者就労施設等への発注
	環境づくり	⑥職務環境　⑦募集・採用　⑧働き方
		⑨キャリア形成　⑩その他の雇用管理
成果（アウトカム）	数的側面	⑪雇用状況　⑫定着状況
	質的側面	⑬満足度、ワーク・エンゲージメント ⑭キャリア形成
情報開示（ディスクロージャー）	取組（アウトプット）	⑮体制・仕事・環境づくり
	成果（アウトカム）	⑯数的側面　⑰質的側面

出典：厚生労働省「障害者雇用に関する優良な中小事業主に対する認定制度 申請マニュアル（事業主向け）」をもとに著者作成

50点満点中、各項目の得点と合計得点が基準を満たした場合に認定されます。

認定されると、商品や広告、求人票に認定マークを掲載できたりと、社会的メリットを得ることができるんですね。

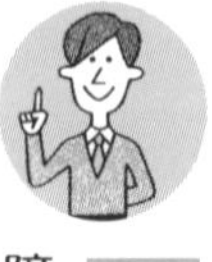

国や地方自治体の方針のベースとなる計画

障害者基本計画は、政府が実施する障害者施策の最も基本となる計画です。

障害者施策の最も基本的な計画

障害者基本法は国に対して、**障害者施策の最も基本的な計画**として、**障害者基本計画**を策定することを義務づけています。現在の基本計画は令和5年度からの5年間を対象としたもので、障害者権利条約の理念の尊重や条約との整合性の確保のための取り組み、共生社会の実現に向けた取り組みの推進、当事者本位の総合的・分野横断的な支援などを踏まえながら各施策が進められることになります。

この国の基本計画をもとに、都道府県と市町村に対しても、それぞれ「都道府県障害者計画」「市町村障害者計画」の策定が義務づけられています。これは、障害者施策を効果的に進めるためには、それぞれに異なった事情を持つ都道府県・市町村が連携しながら、各自治体の状況に合わせて適切な計画を策定することが必要であるからといえます。

自治体によって課題は様々

各都道府県・市町村では、国による障害者基本計画が示した「安全・安心な生活環境の整備」「情報アクセシビリティの向上及び意思疎通支援の充実」「保健・医療の推進」等の分野に合わせて施策の内容を整理しています。

例えば東京都は、障害者計画と障害福祉計画、障害児福祉計画を一体的なものとして整備しています。令和3年度から令和5年度に実施するものとして策定した東京都障害者・障害児施策推進計画では「①すべての都民が共に暮らす共生社会の実現、②障害者が地域で安心して暮らせる社会の実現、③障害者がいきいきと働ける社会の実現」の3つが理念として掲げられています。

ただし、**計画は立てただけでは意味がありません**。住民一人ひとりがその目標の達成に寄与できるよう、まずは自分の自治体では、どのような計画が立てられているのか、ぜひ一度確認をしてみてください。

障害者基本計画と障害者計画・障害（児）福祉計画との関係

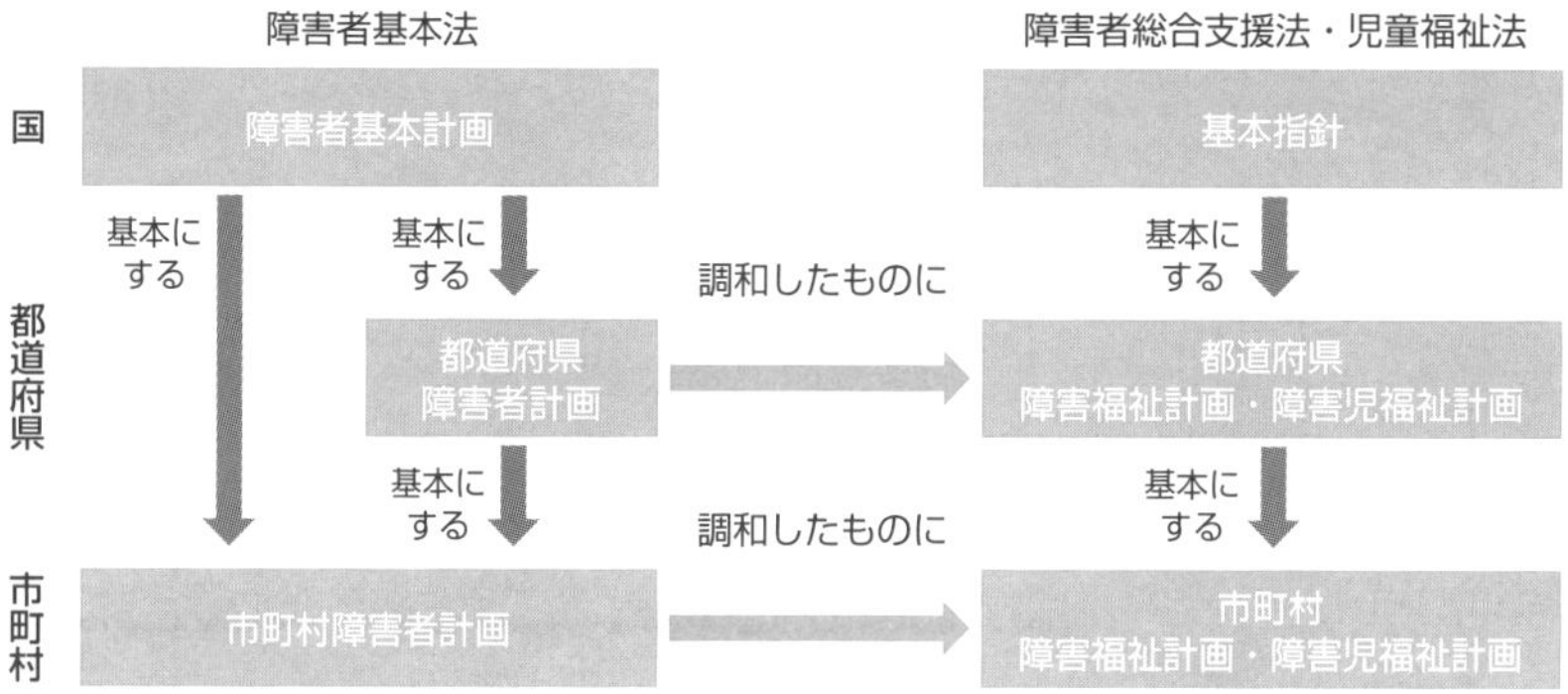

障害者基本計画（第5次）における基本的方向と把握すべき状況（一部）

障害者施策の基本的方向	把握すべき状況
差別の解消、権利擁護の推進及び虐待の防止	ピアサポートの実施状況、障害者差別解消に向け行政機関職員が遵守すべき服務規律の整備状況など
安全・安心な生活環境の整備	障害者が地域で安全に安心して暮らせる住環境の整備状況、旅客施設のバリアフリー化の進捗状況など
情報アクセシビリティの向上及び意思疎通支援の充実	障害者に配慮した情報通信の充実に向けた支援の進捗状況、障害者に配慮した放送番組の普及状況など
防災、防犯等の推進	災害発生時における迅速な避難等に関する取組の実施状況、復興施策における障害者に関する取組の実施状況など
行政等における配慮の充実	選挙における視覚障害者への配慮の状況など
保健・医療の推進	精神病棟における長期入院の状況、医療の提供が必要な障害者の受入れ体制の整備状況など
自立した生活の支援・意思決定支援の推進	成年後見制度の適切な利用のための支援の実施状況、障害者等に対する相談支援の実施状況など
教育の振興	個別の指導計画や個別の教育支援計画の活用、特別支援学校の教師の専門性の向上など
雇用・就業、経済的自立の支援	就労支援の実施状況、民間企業における障害者雇用の状況など
文化芸術活動・スポーツ等の振興	障害者の文化芸術活動に対する支援の状況、地域における障害者スポーツの普及状況など
国際社会での協力・連携の推進	国際協力の担い手の育成状況、国際交流等を担う民間団体等への支援の状況など

身体障害者を支援するための法律は？

支援策のほか、国、地方公共団体や国民などの責務について定めているのが身体障害者福祉法です。

障害者の定義は？

障害者総合支援法が定義している「障害者」は、17ページでも示したように、身体障害者は身体障害者福祉法、精神障害者なら精神保健福祉法といったように各法律で規定されています。ここでは、まず**身体障害者福祉法**について確認してみましょう。

身体障害者福祉法とは？

この法は、社会福祉を規定する法律のなかでも中心的な法律である「福祉六法」の1つとして、戦後に制定されました。身体障害者の自立と社会経済活動への参加促進のための活動を規定した法律で、基本的には18歳以上の身体障害者を対象としています。なお、18歳未満の身体障害児への支援は児童福祉法が対応しています（手帳制度など、共通して利用できるものもある）。

身体障害者福祉法には、身体障害者の定義のほかに、**総合支援法に規定されていない独自の施設、身体障害者手帳制度、社会への参加促進のための施策など**が盛り込まれています。そのほか、身体障害の発生予防や早期治療に向けた啓発活動、支援体制の整備、必要に応じた障害者支援施設などへの入所の措置（通常契約により入所するところを市町村の権限で入所させる）なども規定しています。

身体障害者更生相談所ってなに？

身体障害者に対する支援は市町村を中心に行われますが、市町村単独では対応に苦慮する場合も当然あります。そのため、特に専門的な知識や技術を必要とすることへの対応や、市町村への指導などのために、各都道府県に「**身体障害者更生相談所**」が設置されています。この施設では、他にも身体障害者手帳の審査や交付、補装具費支給の判定や自立支援医療（更生医療）の要否判定などを行ったりしています。身体障害者が各種福祉サービスを受けるには欠かせない機関です。

身体障害者福祉法とは？

目的（第1条）	障害者総合支援法と相まって、身体障害者の自立と社会経済活動への参加を促進するため、身体障害者を援助し、必要に応じて保護し、もって身体障害者の福祉の増進を図ること
身体障害者（第4条）	別表で定められた身体上の障害がある18歳以上の者であって、都道府県知事から身体障害者手帳の交付を受けたもの

身体障害者手帳

手帳制度	それぞれの状態に応じて身体障害者障害程度等級表に基づき、1級から7級まで区分。このうち、身体障害者手帳に記載されるのは**6級**までとされており、7級単独では障害者手帳は交付されない。ただし、7級の障害が2つ以上ある場合は、**合わせて6級**として認定される ● 視覚（1～6級） ● 聴覚（2～4、6級）または平衡機能（3、5級） ● 音声機能、言語機能または咀嚼機能（3～4級） ● 肢体不自由（1～7級） ● 内部障害（心臓、腎臓、呼吸器、膀胱または直腸、小腸（以上1、3～4級）、ヒト免疫不全ウイルスによる免疫機能、肝臓（以上1～4級））
交付	都道府県知事（指定都市、中核市長を含む）により交付される

どの程度であればどの等級になるのかは、等級表や認定基準に具体的に示されています。なお、肢体不自由は上肢、下肢、体幹など5分野に分かれます。

身体障害者福祉法が規定している身体障害者社会参加支援施設

身体障害者福祉センター（第31条）	無料または低額な料金で、身体障害者に関する各種の相談に応じ、身体障害者に対し、**機能訓練**、**教養の向上**、**社会との交流の促進及びレクリエーション**のための便宜を総合的に供与する
補装具製作施設（第32条）	無料または低額な料金で、**補装具**の製作または修理を行う
盲導犬訓練施設（第33条）	無料または低額な料金で、**盲導犬**の訓練を行うとともに、視覚障害のある身体障害者に対し、盲導犬の利用に必要な訓練を行う
視聴覚障害者情報提供施設（第34条）	無料または低額な料金で、**点字刊行物**、**視覚障害者用の録音物**、**聴覚障害者用の録画物**その他各種情報を記録した物であって専ら視聴覚障害者が利用するものを製作し、もしくはこれらを視聴覚障害者の利用に供し、または点訳（文字を点字に訳すことをいう。）もしくは手話通訳等を行う者の養成もしくは派遣その他の厚生労働省令で定める便宜を供与する

この4つが身体障害者のための施設「身体障害者社会参加支援施設」として、身体障害者福祉法第5条に定義されています。

知的障害者を支援するための法律は？

支援策のほか、国、地方公共団体や国民などの責務について定めているのが知的障害者福祉法です。

知的障害者福祉法とは？

知的障害者福祉法は、知的障害者のための福祉を図る法律です。身体障害者福祉法と同様、福祉六法として規定されています。知的障害者のための施設としては、知的障害者更生相談所があり、相談や判定業務、手帳の判定・発行業務を行っています。

元は、精神薄弱者福祉法として整備されていましたが、障害者団体等が「表現の的確性や差別等の助長を引き起こす」として、表現の変更を求めた結果、平成11年に「精神薄弱」という表現から「知的障害」へと変更がなされました。

知的障害者の定義とは？

実は知的障害者福祉法では、**知的障害者を定義しておらず、障害者手帳制度も法律上は記載されていません**。そのため、制度や調査によって定義はまちまちです。一例としては、厚生労働省が行っていた知的障害児（者）基礎調査において用いられた「知的機能の障害が発達期（おおむね18歳まで）にあらわれ、日常生活に支障が生じているため、何らかの特別の援助を必要とする状態にあるもの」という定義が、よく示されます。

法律上の定義がなされていないことから、手帳制度は、法律のなかには組み込まれませんでしたが、昭和48年に厚生事務次官通知として「療育手帳制度について」が出されました。しかし、この制度はあくまでも法律に基づくものではないため、手帳によって受けられるサービスは全国統一（自治体等が独自で行うものは除く）であるものの、手帳の名称や等級などは、都道府県によって異なります。手帳の名称も異なり、一般的には「療育手帳」ですが、東京都や横浜市は「愛の手帳」、名古屋市などは「愛護手帳」としています。

なお、手帳がないからといって知的障害と認められないわけではありませんが、各種サービスを受けるには手帳の取得が推奨されています。

療育手帳制度

通知上では重度をA、それ以外をBとすることになっている

中度等の他の区分を定めることも可能。A1,2 B1,2などのように4区分にしている自治体もある

重度	**18歳未満の者** 下記の①または②に該当する程度の障害であって、日常生活において常時介護を要する程度の者 ① 知能指数が概ね35以下の児童であって次のいずれかに該当する者 ア 食事、洗面、排泄、衣服の着脱等の日常生活動作の介助を必要とし、社会生活への適応が著しく困難であること イ 頻繁なてんかん様発作または失禁、食べられないものを口に入れる、興奮、寡動その他の問題行動を有し、監護を必要とするものであること ② 盲児(強度の弱視を含む)若しくはろうあ児（強度の難聴を含む）又は肢体不自由児であって、知能指数が概ね50以下と判定された者 **18歳以上の者** 下記の①に該当する程度の障害であって、日常生活において常時介護を要する程度の者 ① 知能指数が概ね35以下（肢体不自由、盲、ろうあ等の障害を有する者については50以下）と判定された知的障害者であって、次のいずれかに該当する者であること ア 日常生活における基本的な動作(食事、排泄、入浴、洗面、着脱衣等)が困難であって、個別的指導及び介助を必要とする者 イ 失禁、異食、興奮、多寡動その他の問題行為を有し、常時注意と指導を必要とする者
それ以外	重度に該当する者以外の程度の者

身体障害者手帳は原則更新の必要はありませんが、療育手帳では再判定が必要になるのですね！ 18歳未満は児童相談所、18歳以上は知的障害者更生相談所が行うのですね。

療育手帳による援助措置（等級等による制限あり）

① 特別児童扶養手当
② 心身障害者扶養共済
③ 国税、地方税の諸控除及び減免税
④ 公営住宅の優先入居
⑤ NHK受信料の免除
⑥ JRなどの旅客運賃の割引
⑦ 生活保護の障害者加算
⑧ 生活福祉資金の貸付
⑨ NTTの無料番号案内
⑩ 携帯電話使用料の割引
⑪ 公共施設の利用料割引　など（自治体独自のサービスあり）

受けることのできるサービスは自治体・企業等で異なります。詳しくは、お住まいの自治体・企業にお問い合わせください。なお、身体障害者手帳と精神障害者保健福祉手帳も、共通の援助措置として、税の控除や減免などの措置が受けられますが、JR等の旅客運賃の減免制度は、精神障害者保健福祉手帳だけは対象外です
（民間・公営交通では減免される場合があります）。

精神障害者を支援するための法律は？

精神障害者に対する医療と福祉に関して規定しているのが精神保健福祉法です。

精神保健福祉法とは？

精神保健福祉法（正式名称：精神保健及び精神障害者福祉に関する法律）では、精神医療のほか、手帳制度、精神保健福祉活動の中核的機関である精神保健福祉センターなどが規定されています。「福祉」だけではなく、**「医療」に関しても規定**されている点や、精神障害者だけではなく、**広く国民を対象とした法律**である点が他の障害者福祉法とは異なります。

精神障害者とは？

精神保健福祉法において、精神障害者は「統合失調症、精神作用物質による急性中毒又はその依存症、知的障害、その他の精神疾患を有する者」と規定されています。知的障害者も含まれていますが、知的障害者の福祉に関しては、前述の知的障害者福祉法で対応することになっています。精神疾患は誰でもなり得るものですが、偏見も強く、精神疾患について正しく理解されることが望まれます。

手帳制度は整備されていますが、手帳を持つことが精神障害者の条件にはなっておらず、手帳の取得率は他の障害に比べ低くなっています。

医療と福祉が両輪

前述したように、精神保健福祉法は福祉だけではなく、医療に関する項目、例えば入院制度や入院中の処遇なども示されています。

精神疾患のために入院する場合は、他の疾患と異なり、病識（自分が病気であることを自覚すること）が低く、治療しなければならない状態であっても、当の本人が治療を拒否するケースも少なくありません。そのため、特に入院時や入院中における人権の取り扱いには細心の注意が必要になります。

また、精神疾患による症状に加えて、社会生活能力が低下することも特徴です。そのために、社会復帰に向けて医療と福祉が連携して支援することが重要といえるでしょう。

精神保健福祉のメイン機関「精神保健福祉センター」の役割は?

- 精神保健や精神障害者の福祉に関する知識の普及を図り、調査研究を行うこと
- 精神保健や精神障害者の福祉に関する相談・指導のうち、複雑または困難なものを行うこと
- 精神医療審査会※の事務を行うこと

※ 精神科病院に入院している精神障害者の処遇等について、書類審査や退院・処遇改善請求の審査を行うための機関

- 精神障害者保健福祉手帳、自立支援医療(精神通院)の判定業務を行うこと
- 市町村が、障害者総合支援法における介護給付費等の支給の要否を決めたり、または地域相談支援給付費等の給付の要否を決めたりする際に意見を述べること
- 市町村の求めに応じて、介護給付費等の支給決定業務または地域相談支援給付決定に関して、技術的事項についての協力や必要な援助を行うこと

精神保健福祉センターは、精神障害者の福祉にかかわる業務のほか、精神医療審査会の事務など、精神障害者の人権を守るための取り組みも行っているんですね。

精神医療審査会での審査の流れ

精神科病院の管理者からの
- 医療保護入院の届出
- 措置入院、医療保護入院患者の定期病状報告

→ 届出・報告

入院中の者、家族等からの
- 退院請求
- 処遇改善請求

→ 請求

→ 都道府県知事・指定都市の長 → 審査の求め → 精神医療審査会による審査 → 審査結果通知 → 都道府県知事・指定都市の長(※) → 必要な措置 →

- 当事者、関係者に通知
- 退院命令等

※審査会の審査結果に基づいて都道府県知事・指定都市の長は退院命令等の措置を採らなければならない。(審査会決定の知事への拘束性)

出典:厚生労働省「第7回これからの精神保健医療福祉のあり方に関する検討会資料2-2」(平成29年1月30日)

精神医療審査会は、適切な入院治療がされているか、不当な扱いをされていないか等をチェックする、人権擁護における重要な役割を担っています。

発達障害者が暮らしやすい生活を支えるための法律

発達障害者に対する支援体制も整ってきました。

一層の支援を進めるための改正が行われている

近年では発達障害という言葉を聞くことが増えてきました。この言葉が一般に知られる前は、知的障害というほどIQが低いわけではないけれど、何かに固執するなど「変わっている」と評価されてきた人がいました。彼らは支援を受けることもできず、制度の狭間に置き去りにされがちでした。**発達障害者支援法**は、発達障害のある人々が適切な支援を受けられる体制を整備することを目的に、平成17年に施行されたものです。平成28年には障害者基本法の基本理念に則したものにしたうえで、より一層の支援を進めるための改正がなされています。改正法では、発達障害者があらゆる分野の活動に参加でき、地域で人々と共生できる社会を目指して、乳幼児期から高齢期まで、本人だけではなく家族も含めた切れ目のない、きめ細かな支援を提供できる体制を進めていくことが示されました。また教育、情報共有、就労、権利擁護、司法手続きなど、生活のなかで必要となる支援がさらに重視されることとなりました。

発達障害者支援における中核機関

発達障害者の支援において、都道府県における中核的な役割を果たすのが**発達障害者支援センター**です。発達障害を持つ方への支援を行うには、医療や福祉だけの連携では足りず、教育や労働など関係機関との連携が必須となります。センターはそのためのネットワークを構築し、様々な助言、指導を行う機関です。

一方、相談件数の増加に伴い、市町村や事業所に対する助言指導などが不十分になってしまう状況も起きました。そこで、市町村等に対するバックアップのために、発達障害者支援体制整備事業として、関係機関を巡回し、アセスメントや支援ツールの導入、連携支援等を行う発達障害者地域支援マネジャーの配置等が行われています。

代表的な発達障害

知的な遅れを伴うこともある

自閉スペクトラム症（ASD）
- 言葉の発達の遅れ
- コミュニケーションの障害
- 対人関係・社会性の障害
- パターン化した行動、こだわり

注意欠如・多動症（ADHD）
- 不注意（集中できない）
- 多動・多弁（じっとしていられない）
- 衝動的に行動する（考えるよりも先に動く）

限局性学習症（SLD）
- 「読む」、「書く」、「計算する」等の能力が、全体的な知的発達に比べて極端に苦手

※このほか、トゥレット症候群や吃音（症）なども発達障害に含まれる。

出典：厚生労働省「社会保障審議会障害者部会第80回参考資料5」（平成28年6月30日）をもとに著者作成

診断基準の改定に伴い、自閉症やアスペルガー症候群と呼ばれていたものは、自閉スペクトラム症に一元化されました。

発達障害者支援センター運営事業

厚生労働省

↓ 補助

都道府県・指定都市
障害者総合支援法に基づく都道府県地域生活支援事業として実施（必須）

↓

発達障害者支援センター
（全都道府県、指定都市に設置）

（体制）職員配置
- 管理責任者
- 相談支援担当職員
- 発達支援担当職員
- 就労支援担当職員

都道府県が別途配置する「発達障害者地域支援マネジャー」と緊密に連携する

→ ①相談支援 ②発達支援 ③就労支援 → 発達障害児者・家族

↔ 連携 ④調整のための会議やコンサルテーション ⑤協議会への参加 ↔ 関係機関

→ ⑥研修（関係機関、民間団体等への研修） → 関係機関

関係機関：児童相談所や知的障害者更生相談所、医療機関、障害児施設、教育機関、ハローワークなど

関係機関 → 支援 → 発達障害児者・家族

→ ⑦普及啓発・研修 → 地域住民、企業

出典：内閣府「令和4年版 障害者白書」をもとに著者作成

難病を持つ人の生活を支える法律

医療費助成の拡大や相談センターなど支援施策が充実してきました。

対象が拡大された

医学は日々進歩を続けていますが、いまだ治療法が確立されておらず、完治、寛解まで至ることが困難で、医療費等、本人、家族にとって負担が大きい病気が少なからず存在します。そのような病気に対する医療費助成制度は以前からありましたが、残念ながら一部の疾患に限られていました。

そこで平成27年に、**発病の仕組みが解明されておらず、治療方法が確立していない難病**を抱える患者に対し、医療費助成の制度を設けるとともに、療養生活の環境を整備することを目的として「難病の患者に対する医療等に関する法律（**難病法**）」が施行されました。これにより、医療費助成を受けることができる患者の範囲は大きく広がり、対象疾患の数も法律施行当時の56から338（令和3年11月現在）にまで増えました。

医療費助成など難病を抱えながらの生活を支える制度

医療費助成については、医療受給者証の交付により医療費の自己負担は2割となり、所得に応じた上限金額も設定されました。ただし、その対象になるためには、難病指定医による診断書が必要になってきますので、利用を希望する場合は、主治医もしくは通っている医療機関の医療ソーシャルワーカーに相談してみてください。

難病法にはその他にも、患者の療養生活を支えるための施策として、療養上または日常生活上の相談や、難病と就労を両立できるよう支援する難病相談支援センターの設置、訪問看護の拡充などを行う**療養生活環境整備事業**が規定されています。

これらの制度や支援により、難病患者や家族が安心して療養生活を送ることができるよう環境が整えられています。一方で、助成を受けるためには指定難病であることが必要ですが、指定から漏れている疾患があるなど、狭間の問題はまだ残っています。

難病法における難病の定義

難病

- 発病の機構が明らかでなく
- 治療方法が確立していない
- 希少な疾病であって
- 長期の療養を必要とするもの

患者数等による限定は行わず、他の施策体系が樹立されていない疾病を幅広く対象とし、調査研究・患者支援を推進

例：悪性腫瘍は、がん対策基本法において体系的な施策の対象となっている

指定難病

難病のうち、患者の置かれている状況からみて良質かつ適切な医療の確保を図る必要性が高いもので、以下の要件の全てを満たすものを、厚生科学審議会の意見を聴いて厚生労働大臣が指定

- 患者数が本邦において一定の人数（注）に達しないこと
- 客観的な診断基準（又はそれに準ずるもの）が確立していること

（注）人口のおおむね千分の一（0.1%）程度に相当する数と厚生労働省令において規定している。

医療費助成の対象

出典：厚生労働省「難病対策の概要」

難病に係る医療費助成の制度

☆医療費助成における自己負担上限額（月額）

（単位：円）

階層区分	階層区分の基準 （（　）内の数字は、夫婦2人世帯の場合における年収の目安）		自己負担限度額（患者負担割合：2割、外来＋入院） 原則 一般	高額かつ長期（※）	人工呼吸器等装着者
生活保護	―		0	0	0
低所得Ⅰ	市町村民税非課税（世帯）	（本人年収～80万円）	2,500	2,500	1,000
低所得Ⅱ	市町村民税非課税（世帯）	（本人年収80万円超～）	5,000	5,000	1,000
一般所得Ⅰ	市町村民税課税以上7.1万円未満（約160万円～約370万円）		10,000	5,000	1,000
一般所得Ⅱ	市町村民税7.1万円以上25.1万円未満（約370万円～約810万円）		20,000	10,000	1,000
上位所得	市町村民税25.1万円以上（約810万円～）		30,000	20,000	1,000
入院時の食費			全額自己負担		

※「高額かつ長期」とは、月ごとの医療費総額が5万円を超える月が年間6回以上ある者（例えば医療保険の2割負担の場合、医療費の自己負担が1万円を超える月が年間6回以上）。

出典：厚生労働省「難病対策の概要」

誰もが暮らしやすい街にしていくために

バリアフリーに関する法律が統合・拡充され「バリアフリー法」が制定されました。

バリアフリー化を進める法律

街には公共施設のほか、大型ショッピングモールや公共交通機関など、不特定多数が集まる場所が多々あります。買い物をしたり、生活に必要な手続きをしたり、旅行にでかけたり。社会生活をするうえで、これらの場所は必要不可欠なものといえるでしょう。しかし、建物によっては段差が多かったり通路が狭かったりと、障害者や高齢者にとって使いにくい場合もあります。このような状態に対応すべく、ハートビル法と交通バリアフリー法を合わせて平成18年に作られた法律が「高齢者、障害者等の移動等の円滑化の促進に関する法律」（**バリアフリー法**）です。

利用者の意見が反映された街づくりを

従来あったハートビル法等で各種施設のバリアフリー化を進めても、そこに行くまでの道がバリアフリー化されていない、近隣の駐車場に障害者用スペースが設置されていないなど、実際に利用するうえでは不十分な状況がありました。そのためバリアフリー法では、今までのバリアフリーに関する法律では対象外になっていた、路外駐車場や都市公園にもバリアフリー化基準を満たすよう求めるようにしたことに加え、駅や商業施設が多く立地する地域など、多くの人が利用する地区（**重点整備地区**）について、重点的・一体的にバリアフリー化を進めていくための方針を定めた「マスタープラン」や具体的な事業を位置づけた計画である「基本構想」を市町村が作成できるようになっています。

なお、バリアフリー法による基本構想の作成や実施にあたって、実際に利用する障害者等当事者の声も反映できるよう、協議会制度が設けられています。計画が机上のもので終わらないよう、様々な立場の方々から出る多くの意見を反映したまちづくりが各地で進んでいくとよいですね。

公共交通事業におけるバリアフリー基準

	内容
ハード基準	• バリアフリー設備の設置（例：バス内に車椅子スペースを1以上確保） • バリアフリーとして機能させるために必要最低限の構造の諸元（例：バスの乗降口の有効幅が80cm以上）
ソフト基準	ハード基準のバリアフリー設備の機能が十分に発揮されるよう、設備の目的に合わせて規定されるもの 例： • 電車に乗るための渡り板等が設けられた場合は、当該渡り板等を使用して、車椅子使用者の円滑な乗降に必要な役務の提供を行うこと。 • 聴覚障害者からの求めに応じ、筆記用具を使用すること。

出典：国土交通省HPをもとに著者作成

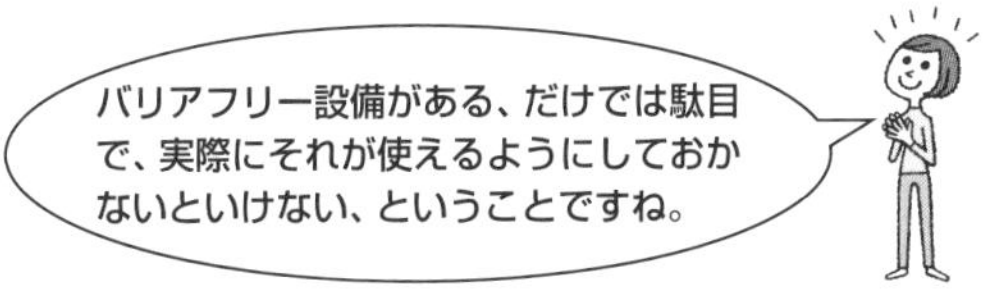

バリアフリー基準適合義務の対象

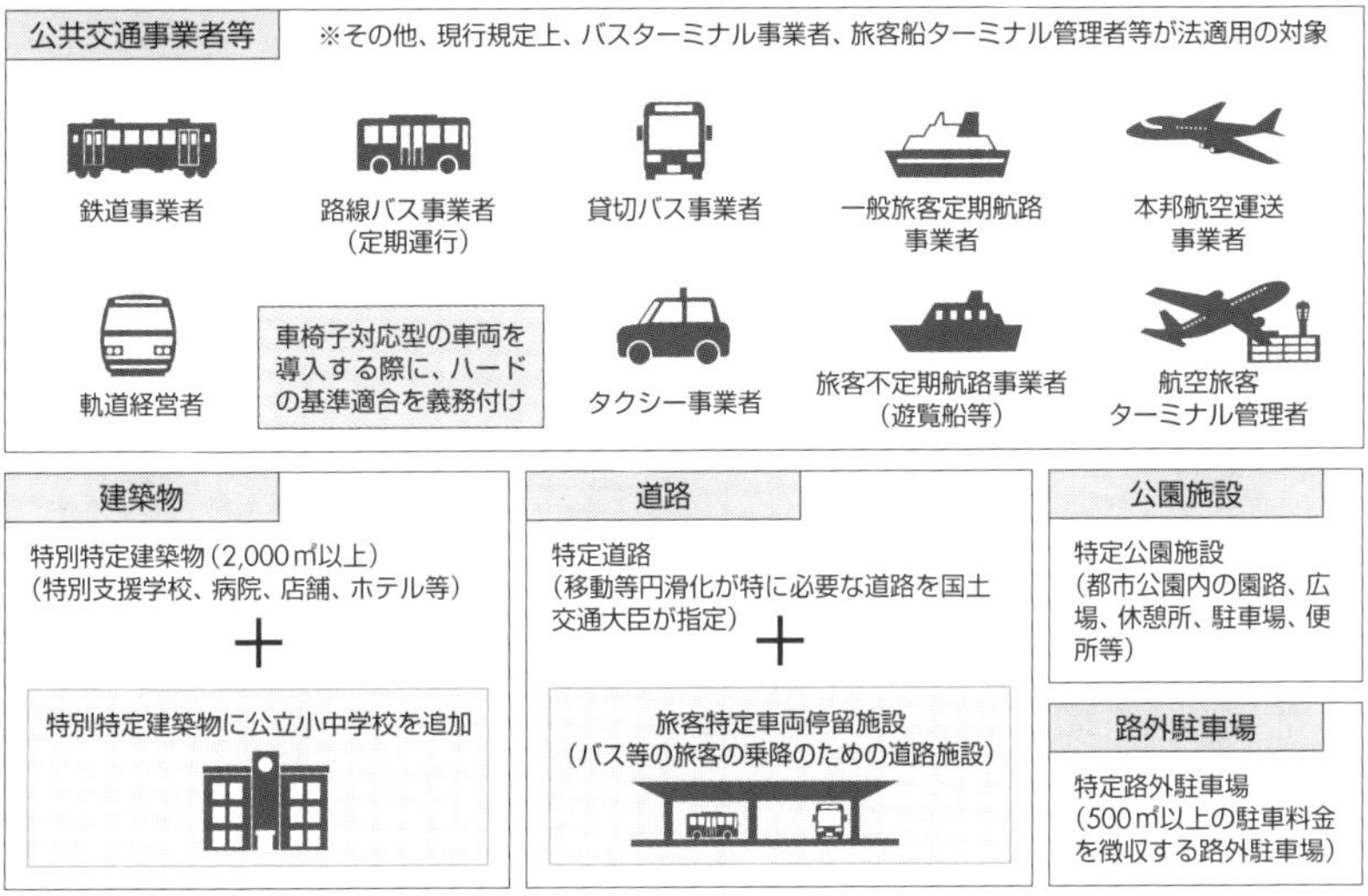

出典：国土交通省HPをもとに著者作成

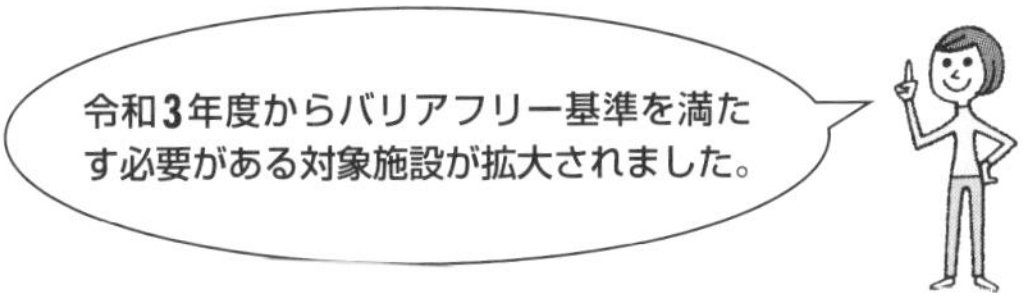

虐待を防ぐためにできることって？

障害者の人権を守ることと同時に、虐待が起きない社会を国民自身で作っていくことが大切です。

虐待防止施策を定めた法律

子どもや高齢者など、いわゆる社会的弱者に対しては、「虐待」という著しい人権侵害の問題がついて回ります。障害者も同様であり、平成24年に「障害者虐待の防止、障害者の養護者に対する支援等に関する法律」（**障害者虐待防止法**）が施行されました。この法律は、障害者虐待の防止や早期発見、虐待を受けた障害者の保護や支援、障害者の家族などの負担軽減を目的としているものです。

この法律では、障害者虐待の定義を、①家族など養護者によるもの、②施設の職員によるもの、③障害者を雇用する使用者によるもの、の3つに分類しています。虐待の種類としては、身体的虐待・性的虐待・心理的虐待・ネグレクト（放置）のほか、障害年金などを搾取するといった経済的虐待があります。

加害者だからと一律に責めることは必要か？

法律の内容としては、虐待防止に対する国等の責務や早期発見に向けた努力義務のほか、虐待を発見した場合の通報の義務づけやその具体的な対応についても規定がされています。そのほか、相談窓口等についても示されました。

障害者基本法や障害者差別解消法などによって障害者に対する人権について意識されるようになってきたものの、ニュース等で障害者への虐待事件を見聞きすることは少なくありません。身勝手な理由による虐待は許されるものではありませんが、一方で考えていかなければならないのが、加害者に対する支援です。

特に家族等による虐待の場合、介護等の負担により心身ともに疲弊し、結果として虐待行為に至ることもあります。大切なのは**虐待を起こさない、繰り返さない環境を作る**ことです。支援者支援、加害者支援についても今後進めていくことが必要です。

障害者虐待を防ぐ仕組み

養護者による虐待の場合

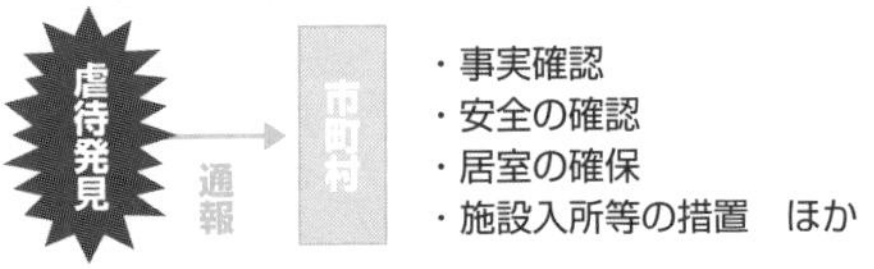

障害者福祉施設従事者等による虐待の場合

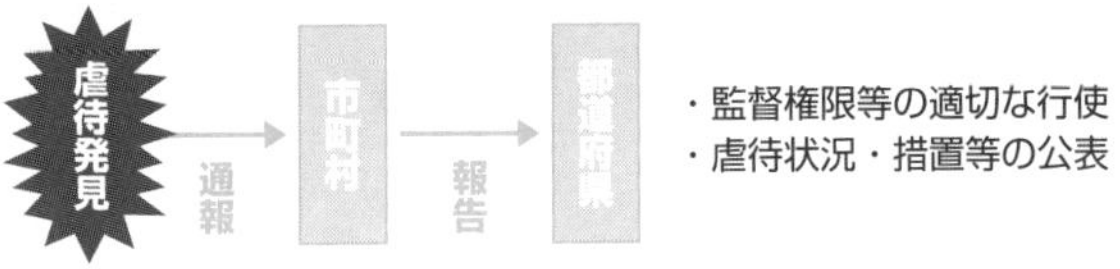

使用者による虐待の場合

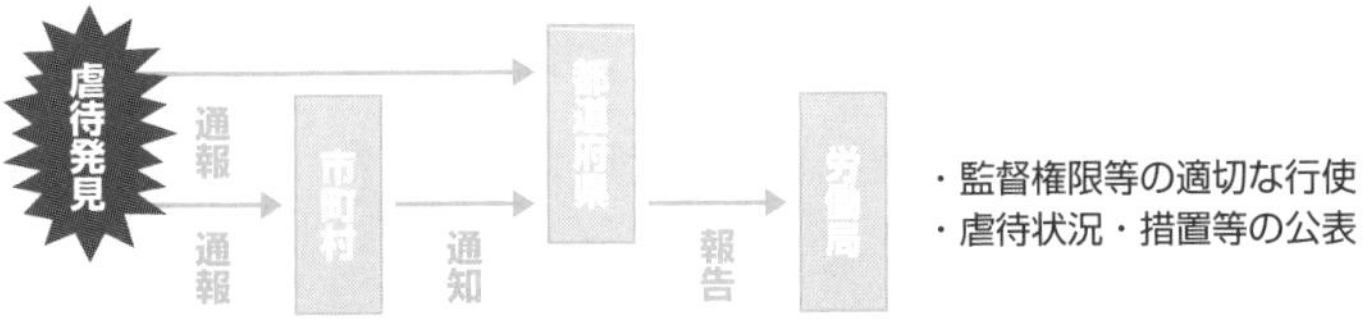

虐待の状況

虐待者（2,155人）

- 性別
  男性（64.8%）
  女性（35.2%）
- 続柄
  父（25.1%）
  母（23.1%）
  夫（16.8%）
  兄弟（10.9%）

虐待行為の類型（複数回答）

身体的虐待	性的虐待	心理的虐待	放棄、放置	経済的虐待
67.8%	3.7%	31.0%	12.4%	15.8%

市区町村職員が判断した虐待の発生要因や状況（複数回答）

家庭における被虐待者と虐待者の人間関係	42.5%
虐待者が虐待と認識していない	42.3%
虐待者の知識や情報の不足	25.6%
被虐待者の介護度や支援度の高さ	25.1%
虐待者の介護疲れ	20.7%
虐待者の障害、精神疾患や強い抑うつ状態	17.3%
虐待者の介護等に関する強い不安や悩み・介護ストレス	16.6%

被虐待者（2,004人）

- 性別
  男性（33.5%）、女性（66.5%）
- 障害種別（重複障害あり）

身体障害	知的障害	精神障害	発達障害	難病等
18.3%	45.7%	41.7%	4.1%	3.0%

- 虐待者と同居（86.9%）
- 世帯構成
  両親（14.5%）、配偶者（13.4%）、
  両親と兄弟姉妹（11.5%）、
  母（8.8%）

虐待をしてしまう状況まで追い込まれている家族の問題を解決することも虐待問題の解決のためには必要

出典：厚生労働省HPをもとに著者作成

情報を誰でも容易に得ることができる社会に

情報弱者を作らないための様々な取り組みを推進することが求められています。

情報弱者を作らない

今や情報はスマートフォンを開けばすぐに入手できるというイメージかもしれません。しかし情報を得る手段が格段に増えたからこそ、本当に自分に必要な情報を得ることが難しい社会になったともいえます。

さて、障害者または高齢者の立場からいえば、情報を得るということ自体が難しいケースは少なくありません。例えば聴覚障害者は、音声ではなく文字として読める状態で情報が届かなければ困ってしまいます。「文字ならメールでいいじゃないか」と思われるかもしれませんが、今までパソコンやスマホを使ったことがない方からすれば、メールの設定から四苦八苦するでしょうし、問い合わせ先にメールアドレスがない場合もあります。また、普段テレビや動画サイトに流れている様々な番組の内容は、字幕が付いていなければ内容を理解することができません。

情報社会が進むにつれ、結果として障害者が情報弱者にもなるという状態に陥っています。こうした状況を解消するために作られたのが、令和4年に成立した「障害者による情報の取得及び利用並びに意思疎通に係る施策の推進に関する法律」（**障害者情報アクセシビリティ・コミュニケーション推進法**）です。

情報のやり取りが気軽にできる社会に

情報アクセシビリティとは、簡単にいえば情報の受け渡しができることです。必要な情報が確実に届き、自分の伝えたい情報が確実に伝えられることは、社会のなかで生活するうえでは必須の能力といえます。

障害を理由に情報の受け渡しが阻害されることのないよう、同法では使いやすさを考えた機器開発への助成や、利用方法を習得させるための取り組みへの支援など、国や地方公共団体、事業者等への責務を示しています。

情報の壁の例

字幕がなくて内容が
わからない

聴覚障害があるが、
問い合わせにメール・
FAXが使えない

速報

災害速報など、重要な情報が
音声もしくは字幕のみでしか
流れない

言葉でのコミュニケー
ションが苦手でやりと
りがうまくいかない

すべての障害者が、あらゆる分野の活動に参加するためには、情報の十分な取得利用・円滑な意思疎通が極めて重要とし、それの達成の推進を目指しています。

基本理念

基本理念

障害者による情報の取得利用・意思疎通に係る施策の推進に当たり旨とすべき事項

①障害の種類・程度に応じた手段を選択できるようにする
②日常生活・社会生活を営んでいる地域にかかわらず等しく情報取得等ができるようにする
③障害者でない者と同一内容の情報を同一時点において取得できるようにする
④高度情報通信ネットワークの利用・情報通信技術の活用を通じて行う（デジタル社会）

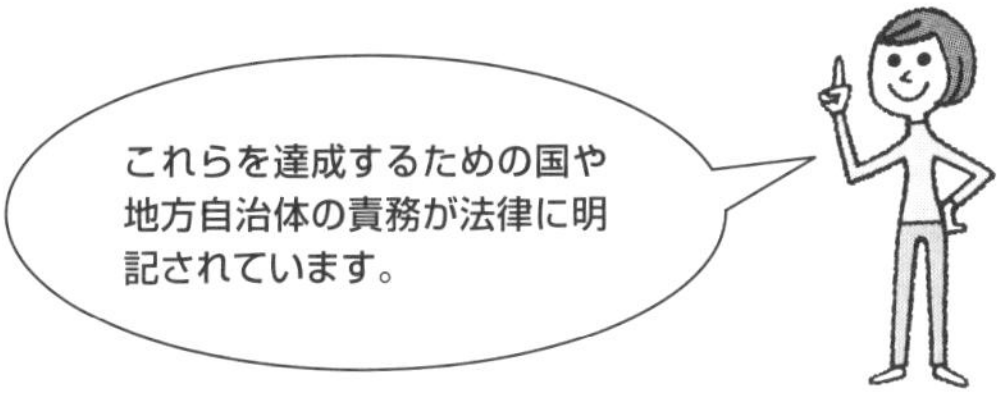
これらを達成するための国や
地方自治体の責務が法律に明
記されています。

年金はどんな場合に受け取れるの？

障害者の所得保障のため、障害や家庭の状況に応じて支払われます。

生活するうえでお金は大切

障害を持つと不安になることの1つに、お金の問題があります。「今まで働いてきたのに、急に収入源がなくなってしまった。これからどうやって生活したらいいのか」と悩む人も多いと思います。こうしたときに頼りになるのが**障害年金制度**です。

障害を負ったときに加入していた年金が国民年金（学生・自営業者など）か、厚生年金（会社員など）か。また、どの程度の障害を負っているのかによって、支給額については差があります。国民年金の加入者が受け取ることができる「障害基礎年金」でいえば、67歳以下2級で年間79万5０００円（令和5年4月現在）となっています。これに養育している子どもがいる場合には加算がされることになります。

受け取れるかどうか確認を

障害年金を受給するためには、以下のようなポイントがあります。

①障害の原因となる怪我、病気について初めて受診した日（**初診日**）が、年金制度に加入している時期にあること

②初診日から1年6か月もしくはそれより前にその怪我・病気が治り症状が固定した日（**障害認定日**）に基準以上の障害があること

③初診日の前日までに**年金保険料の納付が基準以上あること**

特に以前は「学生だから年金を払っていなかった」などの理由で③の納付要件が満たせず、障害年金を受け取れないケースが発生したこともありました。現在ではそのようなことがないよう、申請すれば学生時代は支払いが猶予される制度（学生納付特例制度）もあります。

障害年金制度は自身の生活の基盤を整える大切な制度です。「取得できるのか。どうしたらいいのか」がわからないときには、遠慮なく通院されている医療機関の医療ソーシャルワーカーに尋ねてみましょう。

障害年金の体系

	1級	2級	3級	該当しない場合
厚生年金（2階）	障害厚生年金（1級） 2級の1.25倍の額	障害厚生年金（2級） 報酬比例額	障害厚生年金（3級） 報酬比例額	
	配偶者加給	配偶者加給		障害手当金 （障害厚生年金を受けるよりも軽い障害を負った際に支給される一時金）
国民年金（1階）	障害基礎年金（1級） 2級の1.25倍の額	障害基礎年金（2級）		
	子の加算	子の加算		

実際にいくら貰えるか等については、
年度や個々人で差があるため、
年金事務所等で確認をしてみてください。

本来請求の流れ

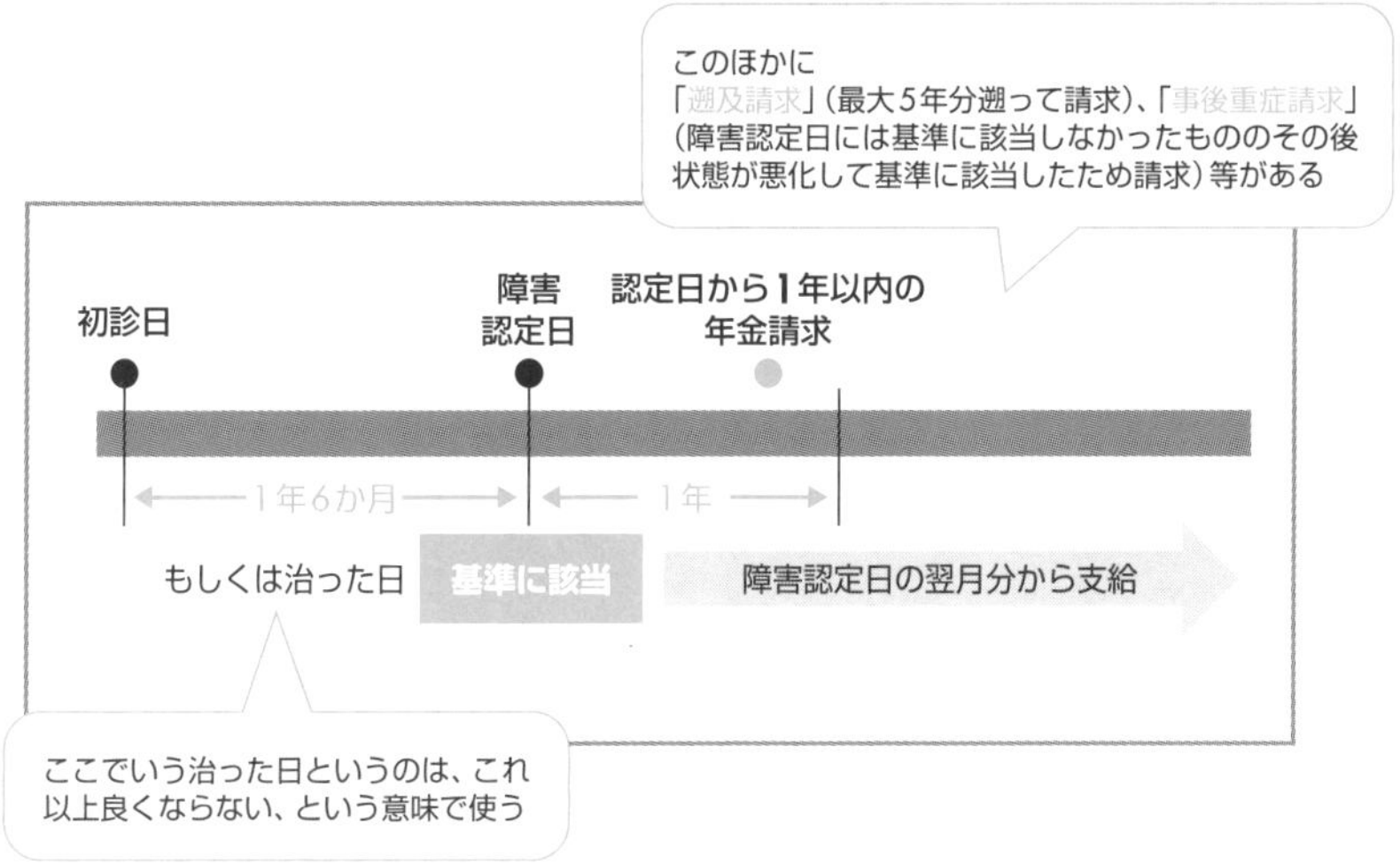
このほかに
「遡及請求」（最大5年分遡って請求）、「事後重症請求」（障害認定日には基準に該当しなかったもののその後状態が悪化して基準に該当したため請求）等がある
初診日
障害認定日
認定日から1年以内の年金請求
1年6か月
1年
もしくは治った日
基準に該当
障害認定日の翌月分から支給
ここでいう治った日というのは、これ以上良くならない、という意味で使う

他にはどんな金銭的支援がある？

障害（児）者を監護・養育する方々の負担軽減策が行われています。

障害年金以外にもお金にかかわる制度はある

金銭による支援は障害年金だけではありません。ここでは、各種手当制度について紹介します。

障害者を対象とする手当としては、「**特別障害者手当**」があります。これは、著しく重度の障害を有するため、生活をするうえで常時特別の介護を必要とする20歳以上の方（特別障害者）に対して支給されるものです。ただし、本人、その配偶者、もしくは父母等生計を維持する扶養義務者の所得によっては不支給となります。

障害児については、「特別児童扶養手当」「障害児福祉手当」があります。

特別児童扶養手当は、20歳未満の障害児をもつ家庭の父母等に支給されます。一方、**障害児福祉手当**は、重度障害児に限定した手当です。いずれも所得制限がかかりますので、受給できるかは、自治体窓口等で相談をしてみてください。制度を知らず、受給できるのに手続きできていない方も一定数いることから、自治体によるさらなる広報を期待しています。

視覚障害の基準が変更された

なお、これらを受給するためには政令で定める症状であることが必要になっています。この基準のうち、**眼の障害については令和4年度から基準が改正**されました。これは障害認定、障害年金判定にも反映されるものです。

視力障害については、今までは「両目の視力を合わせたもの」で判定していましたが、「**良いほうの目の視力**」で判定することになりました。これによって現在認定を受けている人にも不利益なく、適正な評価がされることになりました。

また、視野障害についても、1級と3級が追加され、2級の基準が変更され、さらには計測方法も従来のものに加えて自動視野計という、現在広く普及している検査方法が使えるようになるなど、大きな改定となりました。

各種手当の支給内容（令和5年4月現在）

	特別障害者手当	特別児童扶養手当	障害児福祉手当
対象	精神または身体に著しく重度の障害があるため、日常生活において常時特別の介護を必要とする状態にある在宅の20歳以上の者	精神または身体に障害がある20歳未満の児童を家庭で監護、養育している父母等	精神または身体に重度の障害があるため、日常生活において常時の介護を必要とする状態にある在宅の20歳未満の者
支給金額	27,900円	1級：53,700円 2級：35,760円	15,220円
支給時期 (各支給月に、それぞれの前月分までを支給)	2月、5月、8月、11月	4月、8月、12月	2月、5月、8月、11月

あくまで在宅での支援を目的にしているので、入所施設等で生活している場合は支給されない

眼の障害の認定基準の見直し

改正前 良い方の眼の視力は悪いが、両眼の視力の和が大きい場合、等級が低くなる（黒囲い部分）

改正後 改正後良い方の眼の視力に応じて適正に評価できるようになる（青囲い部分）

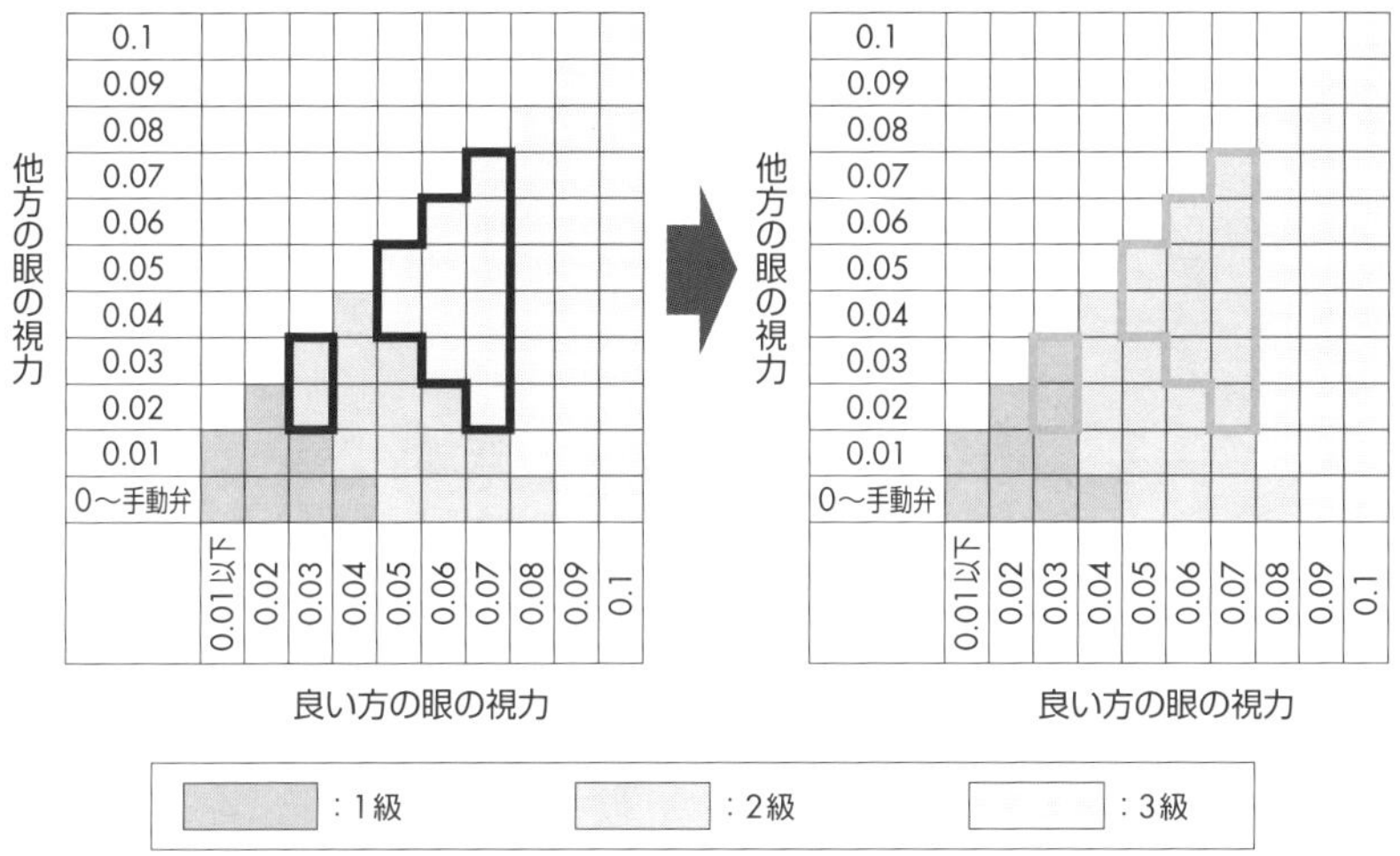

出典：日本年金機構リーフレット「令和4年1月1日から「眼の障害」の認定基準を一部改正します」

今回の見直しにより、視力や視野に障害があるのにこれまで認定されなかった方は、認定の可能性が高まりました。

Q ケアマネジメントってなに？

障害者総合支援法では、様々な障害福祉サービスがありますが、種別も多かったり施設ごとに特徴があったりと、単純に障害の種類だけで選ぶことはできません。特に中途障害者の場合、福祉とは無縁の生活を送ってきたわけですから、どんな制度があるのかすらわからないのが実情でしょう。そこで、本人の希望に応じて利用するサービス案を作成・修正するのが、特定相談支援事業所の役割であり、一般的には、この過程のことをケアマネジメントと呼んでいます。

ケアマネジメントは、介護保険が始まったときに導入されたことから「ケアマネジメント＝介護保険」のイメージが強いのですが、実際には支援方法の一種で、もとは障害者支援の分野で使われていました。ケアマネジメントが得意な場面は、抱えている課題が「大きく」、支援を「急がない」ものです。今にも死んでしまいそうという状態の場合は、その原因に対して速やかに対処しなければなりませんし、困っていることが1つしかないなら、サービスもその問題を解決するために利用すれば事足ります。ケアマネジメントは「今すぐ対処しないといけないほど切迫してはいないけど、問題が複雑に絡んでいて、1つの施設や制度だけでは対応できない」といった問題に対して、社会資源を最大限活用することで、より良い生活ができるよう支援します。そのためには、ケアマネジャー（支援計画を立てる人）は、ただ症状を聞いて施設を紹介するだけではなく、その人に必要なサービスが適切に提供できるよう、医療機関や障害サービス事業所などの関係機関や近隣住民などとの調整作業が必要です。何より大切なのは、本人が本当はどうなりたいかを、しっかりと理解して、それを実現することができ、かつ利用する本人が納得できるプランを提案することです。

ケアマネジメントとは、いってしまえば利用者を「寄ってたかって幸せにする」（故・野中猛 談）ことです。計画を立てる側が一生懸命考えるのはもちろんですが、支援を受ける側も受け身にならずに、どれだけ無理だと思っても「こうなりたい！」と、自分の願いを伝えてみてください。その願いを叶えるために、きっとみんなが集まってきます。

著者紹介

〈編著者〉

●第1章「障害者総合支援法ってなに？」、第2章「何が変わったの？」、第3章「障害者総合支援法で使えるサービス」、第4章「障害児のためのサービス」、第6章「障害者支援には何がある？」、各章コラム

二本柳　覚（にほんやなぎ・あきら）

京都文教大学臨床心理学部臨床心理学科講師。修士（福祉マネジメント：日本福祉大学）。日本福祉大学社会福祉学部卒業後、精神科病院、就労継続支援B型事業所、日本福祉大学、高知県立大学などを経て現職。専門は障害者福祉（特に精神保健福祉）、社会福祉専門職教育。著書に『これならわかる〈スッキリ図解〉障害者総合支援法』『これならわかる〈スッキリ図解〉精神保健福祉制度のきほん』（いずれも共著、翔泳社）『図解でわかる障害福祉サービス』（共著、中央法規）など。社会福祉士、精神保健福祉士。

〈著者〉

●第5章「障害福祉サービスの使い方」

鈴木 裕介（すずき・ゆうすけ）

明星大学人文学部福祉実践学科准教授。博士（社会福祉学：高知県立大学）。大正大学人間学部人間福祉学科社会福祉学専攻卒業後、病院のソーシャルワーカー（MSW）を経て現職。MSWとして退院支援や地域連携ネットワーク構築に関する業務を行う。現在は、中山間地域で暮らす高齢者の医療福祉ニーズを中心とした研究を行っている。社会福祉士。

●出典について

厚生労働省等の省庁からの出典元URLを、下記のPDFファイルにまとめています。

https://www.shoeisha.co.jp/book/download/9784798178677/detail

装丁　河南 祐介（FANTAGRAPH）
カバー・本文イラスト　寺山 武士
DTP　株式会社シンクス

これならわかる＜スッキリ図解＞
障害者総合支援法　第3版

2014年 4 月24日　初版第1刷発行
2018年 1 月31日　第2版第1刷発行
2023年 6 月19日　第3版第1刷発行
2024年 3 月 5 日　第3版第3刷発行

編著者　二本柳《にほんやなぎ》 覚《あきら》
著者　鈴木《すずき》 裕介《ゆうすけ》
発行人　佐々木 幹夫
発行所　株式会社 翔泳社（https://www.shoeisha.co.jp）
印刷・製本　株式会社 ワコー

本書へのお問い合わせについては、2ページに記載の内容をお読みください。

造本には細心の注意を払っておりますが、万一、乱丁（ページの順序違い）や落丁（ページの抜け）がございましたら、お取り替えいたします。03-5362-3705までご連絡ください。

ISBN978-4-7981-7867-7　Printed in Japan